AF451188

EL PORVENIR DE UNA ILUSIÓN

OBRAS COMPLETAS DE SIGMUND FREUD
TOMO XIV

EL PORVENIR DE UNA ILUSIÓN

(TÉCNICA DEL PSICOANÁLISIS. INTRODUCCIÓN
AL NARCISISMO Y OTROS ENSAYOS)

TRADUCCIÓN DIRECTA DEL ALEMÁN POR
LUIS LÓPEZ-BALLESTEROS Y DE TORRES

Editorial Iztaccíhuatl S. A. de C. V.

OBRAS COMPLETAS DE SIGMUND FREUD. TOMO XIV
El porvenir de una ilusión

Sigmund Freud
ISBN (obra completa): 978-607-8688-54-8
ISBN (tomo XIV): 978-607-8688-65-4
Segunda edición: mayo de 2022

© Sigmund Freud
© Luis López-Ballesteros y de Torres (traducción directa del alemán)
© Editorial Iztaccíhuatl S. A. de C.V.

© Editorial Iztaccíhuatl S. A. de C.V.
Miguel Schultz #21, Col. San Rafael,
Del. Cuauhtémoc, Ciudad de México

Corrección de estilo: Yoali E. Crespo López
Diseño y maquetación: Cecilia Neria Anaya
Licencia de impresión a Grupo Editorial Neisa
Impresión: Master Copy, S. A. de C.V. (DocuMaster)

Impreso en México

I

EL PORVENIR DE UNA ILUSIÓN

El porvenir de una ilusión fue publicado en 1927 por el Internationaler Psychoanalitischer Verlag, Leipzig, Viena y Zúrich. Posteriormente ha sido incluida por la misma editorial en su edición de las *Obras Completas* de Freud (tomo XI).

I

Todo aquel que ha vivido largo tiempo dentro de una determinada cultura y se ha planteado repetidamente el problema de cuáles fueron los orígenes y la trayectoria evolutiva de la misma, acaba por ceder también alguna vez a la tentación de orientar su mirada en sentido opuesto y preguntarse cuáles serán los destinos futuros de tal cultura y por qué avatares habrá aún de pasar. No tardamos, sin embargo, en advertir que ya el valor inicial de una tal investigación queda considerablemente disminuido por la acción de varios factores. Ante todo, son muy pocas las personas capaces de una visión total de la actividad humana en sus múltiples modalidades. La inmensa mayoría de los hombres se ha visto obligada a limitarse a escasos sectores o incluso a uno solo. Y cuanto menos sabemos del pasado y del presente, tanto más inseguro habrá de ser nuestro juicio sobre el porvenir. Pero, además, precisamente en la formación de este juicio intervienen, en un grado muy difícil de precisar, las esperanzas subjetivas individuales, las cuales dependen, a su vez, de factores puramente personales, esto es, de la experiencia de cada uno y de su actitud más o menos optimista ante la vida, determinada por el temperamento, el éxito o el fracaso. Por último, ha de tenerse también en cuenta el hecho singular de que los hombres viven, en general, el presente con una cierta ingenuidad; esto es, sin poder llegar a valorar exactamente sus contenidos. Para ello tienen que considerarlo a distancia, lo cual supone que el presente ha de haberse convertido en pretérito para que podamos hallar en él puntos de apoyo en que basar un juicio sobre el porvenir.

Así, pues, al ceder a la tentación de pronunciarnos sobre el porvenir probable de nuestra cultura, obraremos prudentemente teniendo en cuenta los reparos antes indicados, al mismo tiempo que la inseguridad inherente a toda predicción. Por lo que a mí respecta, tales consideraciones me llevarán a apartarme rápidamente de la magna labor total y a refugiarme en el pequeño sector parcial al que hasta ahora he consagrado mi atención, limitándome a fijar previamente su situación dentro de la totalidad.

La cultura humana —entendiendo por tal todo aquello en que la vida humana ha superado sus condiciones zoológicas y se distingue de la vida de los animales, y desdeñando establecer entre los conceptos de cultura y civilización separación alguna—; la cultura humana, repetimos, muestra, como es sabido, al observador dos distintos aspectos. Por un lado, comprende todo el saber y el poder conquistados por los hombres para llegar a dominar las fuerzas de la naturaleza y extraer los bienes naturales con que satisfacer las necesidades humanas, y por otro, todas las organizaciones necesarias para regular las relaciones de los hombres entre sí y muy especialmente la distribución de los bienes naturales alcanzables. Estas dos direcciones de la cultura no son independientes una de otra; en primer lugar, porque la medida en que los bienes existentes consienten la satisfacción de los instintos ejerce profunda influencia sobre las relaciones de los hombres entre sí; en segundo, porque también el hombre mismo, individualmente considerado, puede representar un bien natural para otro, en cuanto este utiliza su capacidad de trabajo o hace de él su objeto sexual. Pero, además, porque cada individuo es virtualmente un enemigo de la civilización, a pesar de tener que reconocer su general interés humano. Se da, en efecto, el hecho singular de que los hombres, no obstante serles imposible existir en el aislamiento, sienten como un peso intolerable los sacrificios que la civilización les impone para hacer posible la vida en común. Así, pues, la cultura ha de ser defendida contra el individuo, y a esta defensa responden todos sus mandamientos, organizaciones e instituciones, los cuales no tienen tan sólo por objeto efectuar una determinada distribución de los bienes naturales, sino también mantenerla e incluso defender contra los impulsos hostiles de los hombres los medios existentes para el dominio de la naturaleza y la producción de bienes. Las creaciones de los hombres son fáciles de destruir, y la ciencia y la técnica por ellos edificadas pueden también ser utilizadas para su destrucción.

Experimentamos así la impresión de que la civilización es algo que fue impuesto a una mayoría contraria a ella por una minoría que supo apoderarse de los medios de poder y de coerción. No es luego aventurado suponer que estas dificultades no son inherentes a la esencia misma de la cultura, sino que dependen de las imperfecciones de las formas de cultura desarrolladas hasta ahora. Es fácil, en efecto, señalar tales imperfecciones. Mientras que en el dominio de la naturaleza ha realizado la humanidad continuos progresos y puede esperarlos aún mayores, no puede hablarse de un progreso análogo en la regulación de las relaciones humanas, y probablemente en todas las épocas, como de nuevo ahora, se han preguntado muchos hombres si esta parte de las conquistas culturales merece, en general, ser defendida. Puede creerse en la posibilidad de una nueva regulación de las relaciones humanas, que cegará las fuentes del descontento ante la cultura, renunciando a la coerción y a la yugulación de los instintos, de manera que los hombres puedan consagrarse, sin ser perturbados por la discordia interior, a la adquisición y al disfrute de los bienes terrenos. Esto sería la edad de oro, pero es muy dudoso que pueda llegarse a ello. Parece, más bien, que toda la civilización ha de basarse sobre la coerción y la renuncia a los instintos y ni siquiera puede asegurarse que al desaparecer la coerción se mostrase dispuesta la mayoría de los individuos humanos a tomar sobre sí la labor necesaria para la adquisición de nuevos bienes. A mi juicio, ha de contarse con el hecho de que todos los hombres integran tendencias destructoras —antisociales y anticulturales— y que en gran número de personas son tales tendencias bastante poderosas para determinar su conducta en la sociedad humana.

Este hecho psicológico presenta un sentido decisivo para el enjuiciamiento de la cultura humana. En un principio, pudimos creer que su función esencial era el dominio de la naturaleza para la conquista de los bienes vitales y que los peligros que la amenazan podían ser evitados por medio de una adecuada distribución de dichos bienes entre los hombres. Mas ahora vemos desplazado el nódulo de la cuestión desde lo material a lo anímico. Lo decisivo está en si es posible aminorar, y en qué medida, los sacrificios impuestos a los hombres en cuanto a la renuncia a la satisfacción de sus instintos, conciliarlos con aquellos que continúen siendo necesarios y compensarles de ellos. El dominio de la masa por una minoría seguirá demostrándose siempre tan imprescindible como la imposición coercitiva de la labor cultural, pues las masas son perezosas e ignorantes, no admiten gustosas la renuncia al instinto, siendo inútiles cuantos argumentos se aduzcan para convencerlas de lo inevitable de tal renuncia, y sus individuos se apoyan unos a otros en la tolerancia de su desenfreno. Únicamente la influencia de individuos ejemplares a los que reconocen como conductores puede moverlas a aceptar aquellos esfuerzos y privaciones imprescindibles para la perduración de la cultura. Todo irá entonces bien mientras que tales conductores sean personas que posean un profundo conocimiento de las necesidades de la vida y que se hayan elevado hasta el dominio de sus propios deseos instintivos. Pero existe el peligro de que para conservar su influjo hagan a las masas mayores concesiones que estas a ellos, y, por tanto, parece necesario que la posesión de medios de poder los haga independientes de la colectividad. En resumen: el hecho de que sólo mediante cierta coerción puedan ser mantenidas las instituciones culturales es imputable a dos circunstancias ampliamente difundidas entre los hombres: la falta de amor al trabajo y la ineficacia de los argumentos contra las pasiones.

Sé de antemano la objeción que se opondrá a estas afirmaciones. Se dirá que la condición que acabamos de atribuir a las colectividades humanas, y en la que vemos una prueba de la necesidad de una coerción que imponga la labor cultural, no es por sí misma sino una consecuencia de la existencia de instituciones culturales defectuosas, que han exasperado a los hombres, haciéndolos vengativos e inasequibles. Nuevas generaciones, educadas con amor y en la más alta estimación del pensamiento, que hayan experimentado desde muy temprano los beneficios de la cultura, adoptarán también una distinta actitud ante ella, la considerarán como su más preciado patrimonio y estarán dispuestas a realizar todos aquellos sacrificios necesarios para su perduración, tanto en trabajo como en renuncia a la satisfacción de los instintos. Harán innecesaria la coerción y se diferenciarán muy poco de sus conductores. Si hasta ahora no ha habido en ninguna cultura colectividades humanas de esta condición, ello se debe a que ninguna cultura ha acertado aún con instituciones capaces de influir sobre los hombres en tal sentido y precisamente desde su infancia.

Podemos preguntarnos si nuestro dominio sobre la naturaleza permite ya, o permitirá algún día, el establecimiento de semejantes instituciones culturales, e igualmente de dónde habrán de surgir aquellos hombres superiores, prudentes y desinteresados que hayan de actuar como conductores de las masas y educadores de las generaciones futuras. Puede intimidarnos la magna coerción inevitable para la consecución de estos propósitos. Pero no podemos negar la grandeza del proyecto ni su importancia para el porvenir de la cultura humana. Se nos muestra basado en el hecho psicológico de que el hombre integra las más diversas disposiciones instintivas, cuya orientación definitiva es determinada por las tempranas experiencias infantiles. De este modo, los límites de la educabilidad del hombre supondrán también los de la eficacia de tal transformación cultural. Podemos preguntarnos si un distinto ambiente puede llegar a extinguir, y en qué medida, los dos caracteres de las colectividades humanas antes señalados, que tanto dificultan su conducción. Un tal experimento está aún por hacer. Probablemente un cierto tanto por ciento de la humanidad permanecerá siempre asocial, a consecuencia de una disposición patológica o de una exagerada energía de los instintos. Pero si se consigue reducir a una minoría la actual mayoría hostil a la cultura, se habrá alcanzado mucho, quizá todo lo posible.

No quisiera despertar la impresión de haberme desviado mucho del camino prescrito a mi investigación y, por lo tanto, he de afirmar explícitamente que no me he propuesto en absoluto enjuiciar el gran experimento de cultura emprendido actualmente en el amplio territorio situado entre Europa y Asia. Carezco de conocimiento suficiente de la cuestión y de capacidad para pronunciarme sobre sus posibilidades, contrastar la adecuación de los métodos aplicados o estimar la magnitud del abismo inevitable entre el propósito y la realización. Lo que allí se prepara, inacabado aún, elude, como tal, una precisa observación, a la cual ofrece, en cambio, rica materia nuestra cultura, consolidada hace ya largo tiempo.

II

Hemos pasado inadvertidamente de lo económico a lo psicológico. Al principio nos inclinamos a buscar el patrimonio cultural en los bienes existentes y en las instituciones para su distribución. La conclusión de que toda cultura reposa en la imposición coercitiva del trabajo y en la renuncia a los instintos, provocando, por consiguiente, la oposición de aquellos sobre los cuales recaen tales exigencias; nos hace ver claramente que los bienes mismos, los medios para su conquista y las disposiciones para su distribución no pueden ser el contenido único, ni siquiera el contenido esencial de la cultura, puesto que se hallan amenazados por la rebeldía y el ansia de destrucción de los partícipes de la misma. Al lado de los bienes se sitúan ahora los medios necesarios para defender la cultura; esto es, los medios de coerción y los conducentes a reconciliar a los hombres con la cultura y a compensarles sus sacrificios. Estos últimos medios constituyen lo que pudiéramos considerar como el patrimonio espiritual de la cultura.

Con objeto de mantener cierta regularidad en nuestra nomenclatura, denominaremos *interdicción* al hecho de que un instinto no pueda ser satisfecho, prohibición a la institución que marca tal interdicción y privación al estado que la prohibición trae consigo. Lo más inmediato será establecer una distinción entre aquellas privaciones que afectan a todos los hombres y aquellas otras que sólo recaen sobre grupos, clases o individuos determinados. Las primeras son las más antiguas; con las prohibiciones en las que tienen su origen inició la cultura hace muchos milenios, el desligamiento del estado animal primitivo. Para nuestra sorpresa, hemos hallado que se mantienen aún en vigor, constituyendo todavía el nódulo de la hostilidad contra la cultura. Los deseos instintivos sobre los que gravitan nacen de nuevo con cada criatura humana. Existe una clase de hombres —los neuróticos— en los que ya estas interdicciones provocan una reacción asocial. Tales deseos instintivos son el incesto, el canibalismo y el homicidio. Extrañará, quizá, ver reunidos estos deseos instintivos, en cuya condenación aparecen de acuerdo todos los hombres, con aquellos otros sobre cuya permisión o interdicción se lucha tan ardientemente en nuestra cultura, pero psicológicamente está justificado. La actitud cultural ante estos más antiguos deseos instintivos no es tampoco uniforme; tan sólo el canibalismo es unánimemente condenado y, salvo para la observación psicoanalítica, parece haber sido dominado por completo. La intensidad de los deseos incestuosos se hace aún sentir detrás de la prohibición, y el homicidio es todavía practicado e incluso ordenado en nuestra cultura bajo determinadas condiciones. Probablemente habrán de sobrevenir nuevas evoluciones de la cultura en las cuales determinadas satisfacciones de deseos, perfectamente posibles hoy, parecerán tan inadmisibles como hoy la del canibalismo.

Ya en estas más antiguas renuncias al instinto interviene un factor psicológico que integra también suma importancia en todas las ulteriores. Es inexacto que el alma humana no haya realizado progreso alguno desde los tiempos más primitivos y que, en contraposición a los progresos de la ciencia y la técnica, sea hoy la misma que al principio de la Historia. Podemos indicar aquí uno de tales progresos anímicos. Una de las características de nuestra evolución consiste en la transformación paulatina de la coerción externa en coerción interna por la acción de una especial instancia psíquica del hombre, el *super-yo*, que va acogiendo la coerción externa entre sus mandamientos. En todo niño podemos observar el proceso de esta transformación, que es la que hace de él un ser moral y social. Este robustecimiento del *super-yo* es uno de los factores culturales psicológicos más valiosos. Aquellos individuos en los cuales ha tenido efecto cesan de ser adversarios de la civilización y se convierten en sus más firmes sustratos. Cuanto mayor sea su número en un sector de cultura, más segura se hallará esta y antes podrá prescindir de los medios externos de coerción. La medida de esta asimilación de la coerción externa varía mucho según el instinto sobre el cual recaiga la prohibición.

En cuanto a las exigencias culturales más antiguas, antes detalladas, parece haber alcanzado —si excluimos a los neuróticos, excepción indeseada— una gran amplitud. Pero su proporción varía mucho con respecto a los demás instintos. Al volver a ellos nuestra vista, advertimos con sorpresa y alarma que una multitud de individuos no obedece a las prohibiciones culturales correspondientes más que bajo la presión de la coerción externa; esto es, sólo mientras tal coerción constituye una amenaza real e ineludible. Así sucede muy especialmente en lo que se refiere a las llamadas exigencias morales de la civilización, prescritas también por igual a todo individuo. La mayor parte de las transgresiones de que los hombres se hacen culpables lesionan estos preceptos. Infinitos hombres civilizados, que retrocederían temerosos ante el homicidio o el incesto, no se privan de satisfacer su codicia, sus impulsos agresivos y sus caprichos sexuales, ni de perjudicar a sus semejantes con la mentira, el fraude y la calumnia, cuando pueden hacerlo sin castigo, y así viene sucediendo, desde siempre, en todas las civilizaciones.

En lo que se refiere a las restricciones que sólo afectan a determinadas clases sociales, la situación se nos muestra claramente y no ha sido nunca un secreto para nadie. Es de suponer que estas clases postergadas envidiarán a las favorecidas sus privilegios y harán todo lo posible por libertarse del incremento especial de privación que sobre ellas pesa. Donde no lo consigan, surgirá en la civilización correspondiente un descontento duradero que podrá conducir a peligrosas rebeliones. Pero cuando una civilización no ha logrado evitar que la satisfacción de un cierto número de sus partícipes tenga como premisa la opresión de otros, de la mayoría quizá —y así sucede en todas las civilizaciones actuales—, es comprensible que los oprimidos desarrollen una intensa hostilidad contra la civilización que ellos mismos sostienen con su trabajo, pero de cuyos bienes no participan sino muy poco. En este caso, no puede esperarse por parte de los oprimidos una asimilación de las prohibiciones culturales, pues, por el contrario, se negarán a reconocerlas, tenderán a destruir la civilización misma y eventualmente a suprimir sus premisas. La hostilidad de estas clases sociales contra la civilización es tan patente que ha monopolizado la atención de los observadores, impidiéndoles ver la que latentemente abrigan también las otras capas sociales más favorecidas. No hace falta decir que una cultura que deja insatisfecho a un núcleo tan considerable de sus partícipes y los incita a la rebelión no puede durar mucho tiempo, ni tampoco lo merece.

El grado de asimilación de los preceptos culturales —o dicho de un modo popular y nada psicológico: el nivel moral de los partícipes de una civilización— no es el único patrimonio espiritual que ha de tenerse en cuenta para valorar la civilización de que se trate. Ha de atenderse también a su acervo de ideales y a su producción artística; esto es, a las satisfacciones extraídas de estas dos fuentes.

Nos inclinaremos demasiado fácilmente a incluir entre los bienes espirituales de una civilización sus ideales; esto es, las valoraciones que determinan en ella cuales son los rendimientos más elevados a los que deberá aspirarse. Al principio parece que estos ideales son los que han determinado y determinan los rendimientos de la civilización correspondiente, pero no tardamos en advertir que, en realidad, sucede todo lo contrario: los ideales quedan formados como una secuela de los primeros rendimientos obtenidos por la acción conjunta de las dotes intrínsecas de una civilización y las circunstancias externas, y estos primeros rendimientos son retenidos ya por el ideal para ser continuados. Así, pues, la satisfacción que el ideal procura a los partícipes de una civilización es de naturaleza narcisista y reposa en el orgullo del rendimiento obtenido. Para ser completa precisa de la comparación con otras civilizaciones que han tendido hacia resultados distintos y han desarrollado ideales diferentes. De este modo, los ideales culturales se convierten en motivo de discordia y hostilidad entre los distintos sectores civilizados, como se hace patente entre las naciones.

La satisfacción narcisista, extraída del ideal cultural, es uno de los poderes que con mayor éxito actúan en contra de la hostilidad adversa a la civilización, dentro de cada sector civilizado. No sólo las clases favorecidas que gozan de los beneficios de la civilización correspondiente, sino también las oprimidas participan de tal satisfacción, en cuanto el derecho a despreciar a los que no pertenecen a su civilización les compensa de las imitaciones que la misma se impone a ellos. Cayo es un mísero plebeyo, agobiado por los tributos y las prestaciones personales, pero es también un romano y participa como tal en la magna empresa de dominar a otras naciones e imponerles leyes. Esta identificación de los oprimidos con la clase que los oprime y los explota no es, sin embargo, más que un fragmento de una más amplia totalidad, pues, además, los oprimidos pueden sentirse afectivamente ligados a los opresores y, a pesar de su hostilidad, ver en sus amos su ideal. Si no existieran estas relaciones, satisfactorias en el fondo, sería incomprensible que ciertas civilizaciones se hayan conservado tanto tiempo, a pesar de la justificada hostilidad de grandes masas de hombres.

La satisfacción que el arte procura a los partícipes de una civilización es muy distinta, aunque, por lo general, permanece inasequible a las masas, absorbidas por el trabajo agotador y poco preparadas por la educación. Como ya sabemos, el arte ofrece satisfacciones sustitutivas compensadoras de las primeras y más antiguas renuncias impuestas por la civilización al individuo —las más hondamente sentidas aún—, y de este modo es lo único que consigue reconciliarle con sus sacrificios. Pero, además, las creaciones del arte intensifican los sentimientos de identificación, de los que tanto precisa todo sector civilizado, ofreciendo ocasiones de experimentar colectivamente sensaciones elevadas. Por último, contribuyen también a la satisfacción narcisista cuando representan el rendimiento de una civilización especial y expresan en forma impresionante sus ideales.

No hemos citado aún el elemento más importante del inventario psíquico de una civilización. Nos referimos a sus representaciones religiosas —en el más amplio sentido— o con otras palabras que más tarde justificaremos, a sus ilusiones.

III

¿En qué consiste el singular valor de las ideas religiosas?

Hemos hablado de una hostilidad contra la civilización engendrada por la presión que la misma ejerce sobre el individuo, imponiéndole la renuncia a los instintos. Supongamos levantadas de pronto a sus prohibiciones: el individuo podrá elegir como objeto sexual a cualquier mujer que encuentre a su gusto, podrá desembarazarse sin temor alguno de los rivales que se la disputen y, en general, de todos aquellos que se interpongan de algún modo en su camino, y podrá apropiarse los bienes ajenos sin pedir siquiera permiso a sus dueños. La vida parece convertirse así en una serie ininterrumpida de satisfacciones. Pero en seguida tropezamos con una primera dificultad. Todos los demás hombres abrigan los mismos deseos que yo y no han de tratarme con más consideración que yo a ellos. Resulta, pues, que en último término sólo un único individuo puede llegar a ser ilimitadamente feliz con esta supresión de las restricciones de la civilización: un tirano, un dictador que se haya apoderado de todos los medios de poder, y aun para este individuo será muy deseable que los demás observen, por lo menos, uno de los mandamientos culturales: el de no matar.

Pero el hecho de aspirar a una supresión de la cultura testimoniaría de una ingratitud manifiesta y de una acusada miopía espiritual. Suprimida la civilización, lo que queda es el estado de naturaleza, mucho más difícil de soportar. Desde luego, la naturaleza no impone la menor limitación a nuestros instintos y nos deja obrar con plena libertad; pero, en último término, posee también su modo especial de limitarnos: nos suprime, a nuestro juicio, con fría crueldad, y preferentemente con ocasión de nuestras satisfacciones. Precisamente estos peligros con los que nos amenaza la naturaleza son los que nos han llevado a unirnos y a crear la civilización que, entre otras cosas, ha de hacer posible la vida en común. La función capital de la cultura, su verdadera razón de ser, es defendernos contra la naturaleza.

En algunos puntos lo ha conseguido ya bastante y es de esperar que vaya lográndolo cada vez mejor; pero nadie cae en el error de creer ya totalmente sojuzgada a la naturaleza, y sólo algunos se atreven a esperar que llegará un día en el cual quede sometida por completo a los hombres. Están los elementos que parecen burlarse de toda coerción humana: la tierra que tiembla, se abre y sepulta a los hombres con la obra de su trabajo; el agua que inunda y ahoga; la tempestad, que destruye y arruina, y las enfermedades, en las que sólo recientemente hemos reconocido los ataques de otros seres animados; está, por último, el doloroso enigma de la muerte, contra la cual no se ha hallado aún, ni se hallará probablemente, la triaca. Con estas poderosas armas se alza contra nosotros la naturaleza, magna, cruel e inexorable, y presenta una y otra vez a nuestros ojos nuestra debilidad y nuestra indefensión, a las que pretendíamos escapar por medio de la obra de la cultura. Una de las pocas impresiones satisfactorias y elevadas que la Humanidad nos procura es la de verla olvidar, ante una catástrofe natural, la inconsistencia de su civilización, todas sus dificultades y sus disensiones internas, y recordar la gran obra común, su conservación contra la prepotencia de la naturaleza.

Como para la Humanidad en conjunto, también para el individuo la vida es difícil de soportar. La civilización de la que participa le impone determinadas privaciones y los demás hombres le infligen cierta medida de sufrimiento, bien a pesar de los preceptos de la civilización, bien a consecuencia de la imperfección de la misma, agregándose a todo esto los daños que recibe de la naturaleza indominable, a la que él llama el destino. Esta situación ha de provocar en el hombre un continuo temor angustiado y una grave lesión de su narcisismo natural. Sabemos ya cómo reacciona el individuo a los daños que le infiere la civilización o le son causados por los demás: desarrolla una resistencia proporcional contra las instituciones de la civilización correspondiente, cierto grado de hostilidad contra la cultura. Pero, ¿cómo se defiende de los poderes prepotentes de la naturaleza, de la amenaza del destino?

La civilización toma también a su cargo esta función defensora y la cumple por todos y para todos en igual forma, dándose el hecho singular de que casi todas las civilizaciones proceden aquí del mismo modo. No detiene en este punto su labor de defender al hombre contra la naturaleza, sino que la continúa con otros medios. Esta función toma ahora un doble aspecto: el hombre, gravemente amenazado, demanda consuelo, pide que el mundo y la vida queden libres de espantos; pero, al mismo tiempo, su ansia de saber, impulsada, desde luego, por decisivos intereses prácticos, exige una respuesta.

El primer paso es ya una importante conquista. Consiste en humanizar la naturaleza. A las fuerzas impersonales, al destino, es imposible aproximarse; permanecen eternamente incógnitas. Pero si en los elementos rugen las mismas pasiones que en el alma del hombre; si la muerte misma no es algo espontáneo, sino el crimen de una voluntad perversa; si la naturaleza está poblada de seres como aquellos con los que convivimos, respiraremos aliviados, nos sentiremos más tranquilos en medio de lo inquietante y podremos elaborar psíquicamente nuestra angustia. Continuamos acaso inermes, pero ya no nos sentimos, además, paralizados; podemos, por lo menos, reaccionar, e incluso nuestra indefensión no es quizá ya tan absoluta, pues podemos emplear contra estos poderosos superhombres que nos acechan fuera los mismos medios de que nos servimos dentro de nuestro círculo social; podemos intentar conjurarlos, apaciguarlos y sobornarlos, despojándoles así de una parte de su poderío. Esta sustitución de una ciencia natural por una psicología no sólo proporciona al hombre un alivio inmediato, sino que le muestra el camino por el que llega a dominar más ampliamente la situación.

Esta situación no constituye, en efecto, nada nuevo. Tiene un precedente infantil, y no es, en realidad, más que la continuación del mismo. De niños, todos hemos pasado por un período de indefensión con respecto a nuestros padres —a nuestro padre, sobre todo—, que nos inspiraban un profundo temor, aunque al mismo tiempo estábamos seguros de su protección contra los peligros que por entonces conocíamos. Así, no era difícil asimilar ambas situaciones, proceso en el cual hubo de intervenir también, como en la vida onírica, el deseo. Cuando un presagio de muerte asalta al durmiente y quiere hacerle asistir a su propio entierro, la elaboración onírica sabe elegir las circunstancias en las cuales también este suceso tan temido se convierte en la realización de un deseo, y el durmiente se ve en un sepulcro etrusco al que ha descendido encantado de poder satisfacer sus curiosidades arqueológicas. Obrando de un modo análogo, el hombre no transforma sencillamente las fuerzas de la naturaleza en seres humanos, a los que puede tratar de igual a igual —cosa que no correspondería a la impresión de superioridad que tales fuerzas le producen—, sino que las reviste de un carácter paternal y las convierte en dioses, conforme a un prototipo infantil, y también, según hemos intentado ya demostrar en otro lugar, a un prototipo filogénico.

Andando el tiempo surgen luego las primeras observaciones de la regularidad y la normatividad de los fenómenos físicos, y las fuerzas naturales pierden sus caracteres humanos. Pero la indefensión de los hombres continúa, y con ello perdura su necesidad de una protección paternal y perduran los dioses, a los cuales se sigue atribuyendo una triple función: espantar los terrores de la naturaleza, conciliar al hombre con la crueldad del destino, especialmente tal y como se manifiesta en la muerte, y compensarle de los dolores y las privaciones que la vida civilizada en común le impone.

Pero poco a poco va desplazándose el acento dentro de estas funciones. Se observa que los fenómenos naturales se desarrollan espontáneamente conforme a las leyes internas, pero los dioses no dejan por ello de seguir siendo dueños y señores de la naturaleza: la han creado y organizado de esta suerte y pueden ya abandonarla a sí misma. Sólo de cuando en cuando intervienen en su curso con algún milagro, como para demostrar que no han renunciado a nada de lo que constituía su poder primitivo. Por lo que respecta a la distribución de los destinos humanos, perdura siempre una inquieta sospecha de que la indefensión y el abandono de los hombres tienen poco remedio. En ese punto fallan en seguida los dioses, y si realmente son ellos quienes marcan a cada hombre su destino, es de pensar que sus designios son impenetrables. El pueblo mejor dotado de la antigüedad vislumbró la existencia de un poder superior a los dioses —la *moira*—, y sospechó que estos mismos tenían marcados sus destinos. Cuanto más independiente se hace la naturaleza y más se retiran de ella los dioses, tanto más interesante van concentrándose las esperanzas en derredor de la tercera de las funciones a ellos encomendadas, llegando a ser así lo moral su verdadero dominio. De este modo, la función encomendada a la divinidad resulta ser la de compensar los defectos y los daños de la civilización, precaver los sufrimientos que los hombres se causan unos a otros en la vida en común y velar por el cumplimiento de los preceptos culturales, tan mal seguidos por los hombres. A estos preceptos mismos se les atribuye un origen divino, situándolos por encima de la sociedad humana y extendiéndolos al suceder natural y universal.

Se crea así un acervo de representaciones, nacido de la necesidad de hacer tolerable la indefensión humana, y formado con el material extraído del recuerdo de la indefensión de nuestra propia infancia individual y de la infancia de la Humanidad. Fácilmente se advierte que este tesoro de representaciones protege a los hombres en dos direcciones distintas: contra los peligros de la naturaleza y del destino y contra los daños de la propia sociedad humana. Su contenido, sintéticamente enunciado, es el siguiente: la vida en este mundo sirve a un fin más alto, nada fácil de adivinar desde luego, pero que significa seguramente un perfeccionamiento del ser humano. El objeto de esta superación y elevación ha de ser, probablemente, la parte espiritual del hombre, el alma, que tan lenta y rebeldemente se ha ido separando del cuerpo en el transcurso de los tiempos. Todo lo que en este mundo sucede, sucede en cumplimiento de los propósitos de una inteligencia superior que, por caminos y rodeos difíciles de perseguir, lo conduce todo en definitiva hacia el bien; esto es, hacia lo más satisfactorio para el hombre. Sobre cada uno de nosotros vela una guarda bondadosa, sólo en apariencia severa, que nos preserva de ser juguete de las fuerzas naturales, prepotentes e inexorables. La muerte misma no es un aniquilamiento, un retorno a lo inanimado anorgánico, sino el principio de una nueva existencia y el tránsito a una evolución superior. Por otro lado, las mismas leyes morales que nuestras civilizaciones han estatuido rigen también el suceder universal, guardadas por una suprema instancia justiciera, infinitamente más poderosa y consecuente. Todo lo bueno encuentra al fin su recompensa, y todo lo malo, su castigo, cuando no ya en esta vida sí en las existencias ulteriores que comienzan después de la muerte.

De este modo quedan condenados a desaparecer todos los terrores, los sufrimientos y asperezas de la vida. La vida de ultratumba, que continúa nuestra vida terrenal como la parte invisible del espectro solar, continúa la visible, trae consigo toda la perfección que aquí hemos echado de menos. La suprema sabiduría que dirige este proceso, la suprema bondad que en él se manifiesta y la justicia que en él se cumple son los atributos de los seres divinos que nos han creado y han creado el Universo entero. O, mejor dicho, de aquel único ser divino en el que nuestras civilizaciones han condensado el politeísmo de épocas anteriores. El pueblo que primero consiguió semejante condensación de los atributos divinos se mostró muy orgulloso de tal progreso. Había revelado el nódulo paternal oculto desde siempre detrás de toda imagen divina. Pero, en el fondo, esto no significa sino un retroceso a los comienzos históricos de la idea de Dios. No habiendo ya más que un solo y único dios, las relaciones con él pudieron recobrar todo el fervor y toda la intensidad de las relaciones infantiles del individuo con su padre. Mas a cambio de tanto amor se quiere una recompensa, ser el hijo predilecto, el pueblo elegido. Mucho tiempo después ha elevado la piadosa América la pretensión de ser *God's own country*, y lo es ciertamente en cuanto a una de las formas bajo las cuales adoran los hombres a la divinidad.

Las ideas religiosas sintéticamente enunciadas en lo que precede han pasado, claro está, por una larga evolución y han sido retenidas por diversas civilizaciones en distintas fases. En el presente ensayo hemos aislado una sola de estas fases evolutivas: la de su cristalización definitiva en nuestra actual civilización blanca, cristiana. No es difícil observar que en el conjunto formado por estas ideas no todos los elementos armonizan igualmente bien entre sí, y que ni se da con ellas respuesta a todas las interrogantes que nos apremian, ni resulta tampoco tarea fácil defenderlas de la constante contradicción de la experiencia cotidiana. Pero así y todo, estas representaciones, religiosas en el más amplio sentido, pasan por ser el tesoro más precioso de la civilización, lo más valioso que la misma puede ofrecer a sus partícipes, y son más estimadas que las artes de beneficiar los tesoros de la tierra, procurar a la humanidad su alimento o vencer las enfermedades. Los hombres creen no poder soportar la vida si no dan a estas representaciones todo el valor al que para ellas se aspira. Habremos, pues, de preguntarnos qué significan estas ideas a la luz de la Psicología, de dónde extraen su alta estimación y —con interrogante harto tímida— cuál es su verdadero valor.

IV

Una investigación que avanza libre de objeciones exteriores, como un monólogo, corre cierto peligro. Es muy difícil ceder, además, a la tentación de apartar a un lado aquellas ideas propias que tratan de interrumpirla, y todo ello se paga con una sensación de inseguridad que luego se quiere encubrir por medio de conclusiones demasiado radicales. Así, pues, situaré frente a mí un adversario que siga mi exposición con desconfiada crítica y le cederé la palabra de cuando en cuando.

Por lo pronto, le oigo ya decir: "Se ha servido usted repetidamente de expresiones que me han producido cierta extrañeza. Ha dicho usted, por ejemplo, que la civilización crea las representaciones religiosas y las pone a disposición de sus partícipes. Sin saber a punto fijo por qué, encuentro en estas afirmaciones algo extraño. No las encuentro tan naturales como encontraría, por ejemplo, la de que la civilización ha regulado el reparto de los productos del trabajo o los derechos sobre la mujer y el hijo".

A mi juicio, tales afirmaciones están plenamente justificadas. He intentado mostrar que las representaciones religiosas han nacido de la misma fuente que todas las demás conquistas de la cultura: de la necesidad de defenderse contra la abrumadora prepotencia de la naturaleza; necesidad a la que más tarde se añadió un segundo motivo, el impulso a corregir las penosas imperfecciones de la civilización. También es absolutamente exacto decir que la civilización procura al individuo estas ideas, pues el individuo las encuentra ya acabadas entre sí y sería incapaz de hallarlas por sí mismo. Son para él como la tabla de multiplicar o la geometría, un legado de generaciones anteriores. La sensación de extrañeza que usted me objeta puede provenir, en parte, de que las ideas religiosas nos son presentadas como una revelación divina. Pero esa pretensión es ya una parte del sistema religioso y desatiende por completo la evolución histórica de tales ideas y sus diferencias en las distintas épocas y civilizaciones.

"Hay todavía otra objeción que creo más importante. Hace usted nacer el antropomorfismo de la naturaleza de la necesidad de poner término a la perplejidad y a la indefensión de los hombres ante las fuerzas naturales, tan temidas; entrar en relación con ellas y conquistar sobre ellas alguna influencia. A mi juicio, resulta completamente innecesario buscar semejante motivación. El hombre primitivo no puede hacer otra cosa; su pensamiento no puede seguir otro camino. El impulso a proyectar en el mundo su propio ser y ver en todos los sucesos que observa manifestaciones de seres análogos en el fondo a él mismo es algo natural y como innato en él. Es su único método de comprensión. Y el hecho de que abandonándose así simplemente a sus disposiciones naturales consiga satisfacer una de sus grandes necesidades no es, desde luego, nada esperado y axiomático, sino una coincidencia harto singular".

Yo no lo encuentro tan chocante. ¿O acaso cree usted que el pensamiento del hombre no conoce motivo práctico alguno y es tan sólo la expresión de una curiosidad desinteresada? No me parece probable. Creo, más bien, que al personificar las fuerzas de la naturaleza sigue el hombre un precedente infantil. En su primera infancia descubrió ya que para llegar a adquirir alguna influencia sobre las personas que le rodeaban le era preciso entrar en relación con ellas, y posteriormente aplica este método, con igual propósito, a todo aquello que a su paso encuentra. No contradigo, pues, su observación descriptiva. Efectivamente, la tendencia a personificar todo aquello que quiere comprender —el dominio físico como preparación del dominio psíquico— es un impulso natural del hombre; pero yo expongo, además, el motivo y la génesis de esta peculiaridad del pensamiento humano.

"Un tercer reparo: en su libro *Tótem y tabú* ha tratado usted ya anteriormente del origen de la religión; pero con muy distinto criterio. Allí todo queda reducido a la relación paternofilial. Dios es una superación del padre, y la necesidad de una instancia protectora —la nostalgia de un padre— es la raíz de la necesidad religiosa. Posteriormente parece haber descubierto usted un nuevo factor: la impotencia y la indefensión humanas, al que se adscribe corrientemente el papel principal en el origen de la religión, y ahora atribuye usted a la indefensión todo lo que antes era complejo paterno. ¿Puedo preguntarle a usted las razones de esta rectificación?"

Desde luego. Esperaba su demanda. En realidad no hay tal rectificación. En la obra a que usted se refiere, *Tótem y tabú*, no se trataba de explicar la génesis de las religiones, sino únicamente la del totemismo. ¿Puede usted acaso explicar desde alguno de los puntos de vista conocidos por la primera forma en que la divinidad protectora se reveló a los hombres fuese la de un animal, y que se instituyera, al mismo tiempo que la prohibición de matar a dicho animal y comer de su carne, la costumbre solemne de sacrificarlo y comerlo una vez al año en colectividad? Esto es precisamente lo que sucede en el totemismo. Y no merece la pena discutir si el totemismo puede o no ser considerado como una religión. Entraña íntimas relaciones con las posteriores religiones deístas, y los animales totémicos se convierten luego en animales sagrados adscritos a los distintos dioses. Igualmente, las primeras restricciones morales, las más decisivas y profundas —la prohibición del incesto y del homicidio—, nacen en los dominios del totemismo. Acepte usted o no las conclusiones deducidas en *Tótem y tabú*, habrá de reconocer que en este libro quedan reunidas en un todo consistente muchas cosas singulares antes inconexas. Desde luego, apenas rozamos en él la razón de que el dios zoológico resultase a la larga insuficiente, teniendo que ser sustituido por un dios humano, y ni siquiera mencionamos varios otros problemas del origen de las religiones. Pero esta limitación de nuestro campo de estudio no equivale a una negación de la existencia de tales problemas. Nuestro trabajo se limitaba rigurosamente a definir la posible colaboración del psicoanálisis en la solución del problema religioso. Si ahora intento añadir otros factores menos ocultos, no debe usted acusarme de contradicción, como tampoco antes hubiese sido justo tacharme de unilateral. De mi cuenta corre, naturalmente, indicar el enlace entre lo anteriormente dicho y lo que ahora trato de exponer, entre la motivación profunda y la manifiesta, entre el complejo paterno y la impotencia y necesidad de protección del hombre.

No es nada difícil hallar dicho enlace. Lo encontramos en las relaciones de la indefensión del niño con la del adulto, continuación de ella, resultando así, como era de esperar, que la motivación psicoanalítica de la génesis de la religión constituye la aportación infantil a su motivación manifiesta. Vamos a transferirnos a la vida anímica del niño pequeño. ¿Recuerda usted el proceso de la elección de objeto conforme al tipo infantil, del que nos habla el análisis? La libido sigue los caminos de las necesidades narcisistas y se adhiere a aquellos objetos que aseguran la satisfacción de las mismas. De este modo, la madre, que satisface el hambre, se constituye en el primer objeto amoroso y, desde luego, en la primera protección contra los peligros que nos amenazan desde el mundo exterior, en la primera protección contra la angustia, podríamos decir.

Sin embargo, la madre no tarda en ser sustituida en esta función por el padre, más fuerte, que la conserva ya a través de toda la infancia. Pero la relación del niño con el padre entraña una singular ambivalencia. En la primera fase de las relaciones del niño con la madre, el padre constituía un peligro y, en consecuencia, inspiraba tanto temor como cariño y admiración. Todas las religiones muestran profundamente impresos los signos de esta ambivalencia de la relación con el padre, según lo expusimos ya en *Tótem y Tabú*, y cuando el individuo en maduración advierte que está predestinado a seguir siendo siempre un niño necesitado de protección contra los temibles poderes exteriores, presta a tal instancia protectora los rasgos de la figura paterna y crea sus dioses, a los que, sin embargo de temerlos, encargará de su protección. Así, pues, la nostalgia de un padre y la necesidad de protección contra las consecuencias de la impotencia humana son la misma cosa. La defensa contra la indefensión infantil presta a la reacción ante la impotencia que el adulto ha de reconocer, o sea, precisamente a la génesis de la religión, sus rasgos característicos. Pero no entra en nuestros propósitos adentrarnos más en la investigación del desarrollo de la idea de Dios. A lo que hemos de atender es al acabado tesoro de representaciones religiosas que la civilización procura al individuo.

V

Volviendo a nuestra investigación, ¿cuál será, pues, la significación psicológica de las representaciones religiosas y dónde podremos clasificarlas?

Al principio no parece nada fácil dar respuesta a estas interrogantes. Después de rechazar varias fórmulas, nos atendremos a la siguiente: son principios y afirmaciones sobre hechos y relaciones de la realidad exterior (o interior) en los que se sostiene algo que no hemos hallado por nosotros mismos y que aspiran a ser aceptados como ciertos. Particularmente estimados por ilustrarnos sobre lo más importante e interesante de la vida, ha de considerarse muy ignorante a quien nada sabe de ellos, y el que los acoge entre sus conocimientos, puede tenerse por considerablemente enriquecido.

Naturalmente hay muchos principios semejantes sobre las cosas más diversas de este mundo. Toda enseñanza está llena de ellos. Elijamos la clase de Geografía: en ella nos dicen que la ciudad de Constanza se alza en la orilla del lago de su nombre. Y una canción estudiantil añade: "El que no lo crea, que vaya y lo vea". Yo he ido allí casualmente y puedo confirmar que la bella ciudad se encuentra emplazada a orillas de una vasta superficie líquida, conocida entre los habitantes del contorno con el nombre de lago de Constanza. Estoy, pues, plenamente convencido de la exactitud de aquella afirmación geográfica. A este propósito, recuerdo ahora otro singular suceso de mi vida. Siendo ya un hombre maduro, hice un viaje a Grecia. La primera vez que me hallé sobre la colina de la Acrópolis ateniense, entre las ruinas de sus templos y teniendo a mis pies el mar azul, sentí mezclarse a mi felicidad un cierto asombro: ¡Aquello era realmente tal y como nos lo habían descrito en el colegio! ¡Ciertamente, no debió de ser mucha mi fe en la verdad real de lo que oía a mis profesores cuando tanto me asombraba ahora verlo confirmado! Pero no quiero acentuar demasiado esta interpretación de aquel suceso, pues mi asombro admite también una explicación distinta, totalmente subjetiva y relacionada con la peculiaridad del lugar, explicación que no se me ocurrió de momento.

Así, pues, todos estos principios aspiran a ser aceptados como ciertos, pero no sin fundamentar tal aspiración. Se presentan como el resultado abreviado de un largo proceso mental, basado en la observación y, desde luego, también en la deducción, y si hay quien prefiere seguir por sí mismo tal proceso en lugar de aceptar su resultado, le señalan el camino. Asimismo, se indica siempre la fuente del conocimiento integrado en el principio de que se trate, cuando el mismo no puede considerarse axiomático, como sucede con las afirmaciones geográficas. Al afirmar, por ejemplo, que la Tierra es redonda, se aducen como pruebas el experimento del péndulo de Foucault, la curva del horizonte y la posibilidad de circunnavegar la Tierra. Pero como es imposible hacer realizar a todos los alumnos un viaje alrededor del mundo —cosa que reconocen sin excepción los interesados—, no hay más remedio que dejarles abrir un amplio margen de confianza a las enseñanzas escolares, sabiendo, de todos modos, que siempre tienen abierto el camino para comprobarlas personalmente.

Intentemos medir con la misma medida los principios religiosos. Si preguntamos en qué se funda su aspiración a ser aceptados como ciertos, recibiremos tres respuestas singularmente desacordes. Se nos dirá primeramente que debemos aceptarlos porque ya nuestros antepasados los creyeron ciertos; en segundo lugar, se nos aducirá la existencia de pruebas que nos han sido transmitidas por tales generaciones anteriores, y, por último, se nos hará saber que está prohibido plantear interrogante alguna sobre la credulidad de tales principios. Un tal atrevimiento hubo de castigarse en épocas pasadas con penas severísimas; todavía actualmente lo ve con disgusto la sociedad.

Esta última respuesta ha de parecernos singularmente sospechosa. El motivo de semejante prohibición no puede ser sino que la misma sociedad conoce muy bien el escaso fundamento de las exigencias que plantea con respecto a sus teorías religiosas. Si así no fuera, se apresurarían a procurar a todo el que quisiera convencerse por sí mismo los medios necesarios. Así, pues, emprenderemos ya con extrema desconfianza el examen de las dos otras pruebas. Debemos creer porque nuestros antepasados creyeron. Pero estos antepasados nuestros eran mucho más ignorantes que nosotros. Creyeron cosas que hoy nos es imposible aceptar. Es, por lo tanto, muy posible que suceda lo mismo con las doctrinas religiosas. Las pruebas que nos han transmitido aparecen incluidas en escritos faltos de toda garantía, contradictorios y falseados. De poco sirve que se atribuya a su texto literal o solamente a su contenido la categoría de revelación divina, pues tal afirmación es ya por sí misma una parte de aquellas doctrinas, cuya credibilidad se trata de investigar, y ningún principio puede demostrarse a sí mismo.

Llegamos así al resultado singular de que precisamente aquellas tesis de nuestro patrimonio cultural que mayor importancia podían entrañar para nosotros y a las que corresponde la labor de aclararnos los enigmas del mundo y reconciliarnos con el dolor de la vida, son las que menos garantías nos ofrecen. Si un hecho tan indiferente para nosotros como el de que las ballenas sean animales vivíparos, y no ovíparos, fuera igualmente difícil de demostrar, no nos decidiríamos nunca a creerlo.

Esta situación es ya por sí misma un curioso problema psicológico. No deberá tampoco creerse que las observaciones precedentes sobre la indemostrabilidad de las doctrinas religiosas contienen nada nuevo. La imposibilidad de demostrarlas se ha hecho sentir en todos los tiempos y a todos los hombres, incluso a aquellos antepasados nuestros que nos han legado la herencia religiosa. Muchos de ellos alimentaron seguramente nuestras mismas dudas, pero gravitaba sobre ellos una presión demasiado intensa para que se atrevieran a manifestarlas. Y, desde entonces, estas dudas han atormentado a infinitos hombres, que intentaron reprimirlas porque se suponían obligados a creer; muchas inteligencias han naufragado bajo la pesadumbre de tal conflicto, y muchos caracteres han sufrido grave lesión en las transacciones en las que trataron de hallar una salida.

Al advertir que todas las pruebas que se nos aducen en favor de la credibilidad de los principios religiosos proceden del pasado, habremos de investigar si el presente —mejor capacitado para juzgar— puede ofrecernos también alguna. Si de este modo se consiguiera sustraer a la duda, aunque sólo fuera un único fragmento del sistema religioso, la totalidad del mismo ganaría extraordinariamente en credibilidad. A este punto se enlaza la actividad de los espiritistas, que se declaran convencidos de la perduración del alma individual y nos quieren demostrar irrebatiblemente este principio de la doctrina religiosa. Por desgracia, no consiguen rebatir victoriosamente la objeción de que todas las apariciones y manifestaciones de sus espíritus no son sino productos de su propia actividad psíquica. Han evocado los espíritus de los grandes hombres y de los pensadores más sobresalientes, pero todas las manifestaciones y todas las noticias que por ellos han obtenido han sido tan simples, tan desconsoladoramente vacías, que lo más que pueden probar es una singular capacidad de los espíritus para adaptarse al nivel intelectual de aquellos que los conjuran.

Habremos de recordar ahora dos tentativas que dan la impresión de constituir un esfuerzo convulsivo por eludir el problema. Una de ellas, singularmente violenta, es muy antigua; la otra es sutil y moderna. La primera es el *credo quia absurdum* de un padre de la Iglesia. Esto quiere decir que las doctrinas religiosas están sustraídas a las exigencias de la razón, hallándose por encima de ella. No necesitamos comprenderlas, basta con que sintamos interiormente su verdad. Pero este "credo" sólo como una forzada confesión resulta interesante. Como mandamiento no puede obligar a nadie. ¿Habremos de obligarnos acaso a creer cualquier absurdo? Y si no, ¿por qué precisamente este? No hay instancia ninguna superior a la razón. Si la verdad de las doctrinas religiosas depende de un suceso interior que testimonia de ella, ¿qué haremos con los hombres en cuya vida interna no surge jamás tal suceso nada frecuente? Podemos exigir a todos los hombres que hagan uso de su razón; lo que no es posible es instituir una obligación para todos sobre una base que sólo en muy pocos existe. Si uno de ellos ha conquistado la indestructible convicción de la verdad real de las doctrinas religiosas en un momento de profundo éxtasis emotivo, ¿qué puede significar eso para los demás?

La segunda tentativa es la realizada por la filosofía del "como si". Según ella, en nuestra actividad mental existen numerosas hipótesis que sabemos faltas de todo fundamento o incluso absurdas. Las definimos como ficciones, pero, en atención a diversos motivos prácticos, nos conducimos "como si" las creyésemos verdaderas. Tal sería el caso de las doctrinas religiosas a causa de su extraordinaria importancia para la conservación de la sociedad humana[1]. Esta argumentación no difiere gran cosa del *credo quia absurdum*. Pero, a mi juicio, la pretensión de la filosofía del "como si" sólo puede ser planteada y aceptada por un filósofo. El hombre de pensamiento no influido por las artes de la Filosofía no podrá aceptarla jamás. No podrá nunca conceder un valor a cosas declaradas de antemano absurdas y contrarias a la razón, ni ser movido a renunciar, precisamente en cuanto a uno de sus intereses más importantes, a aquellas garantías que acostumbra a exigir en el resto de sus actividades. Recuerdo aquí la conducta de uno de mis hijos, que se distinguió muy tempranamente por su amor a la verdad objetiva.

---

[1] No creo ser injusto al atribuir a los filósofos del "como si" una opinión en la que han coincidido otros pensadores. *Cf.* H. Vaihinger: *La filosofía del «como si»*, ediciones séptima y octava, 1922, pág. 68: "En el círculo de las ficciones no incluimos tan sólo operaciones teóricas indiferentes, sino también concepciones creadas por hombres nobilísimos y acogidos en su corazón por la parte más noble de la Humanidad, que no permite le sean arrancadas. Tampoco nosotros lo intentamos. Las dejamos subsistir como *ficciones prácticas*, carentes de todo valor de *verdad teórica*".

Cuando alguien empezaba a contar un cuento que los demás niños se disponían a escuchar devotamente, se acercaba al narrador y le preguntaba: "¿Es una historia verdadera?" Y al oír que no, se alejaba con gesto despreciativo. Es de esperar que los hombres no tarden en conducirse parecidamente ante las fábulas religiosas, a pesar de la intercesión del "como si".

Mas, por lo pronto, se conducen aún muy diferentemente, y en épocas pretéritas las ideas religiosas han ejercido suprema influencia sobre la humanidad, no obstante su indiscutible falta de garantía. Tenemos aquí un nuevo problema psicológico. Habremos, pues, de preguntarnos en qué consiste la fuerza interior de estas doctrinas y a qué deben su eficacia, independientemente de los dictados de la razón.

VI

Creo ya suficientemente preparada la respuesta a las dos interrogantes que antes dejamos abiertas. Recapitulando nuestro examen de la génesis psíquica de las ideas religiosas, podremos ya formularla como sigue: tales ideas, que nos son presentadas como dogmas, no son precipitados de la experiencia ni conclusiones del pensamiento; son ilusiones, realizaciones de los deseos más antiguos, intensos y apremiantes de la Humanidad. El secreto de su fuerza está en la fuerza de estos deseos. Sabemos ya que la penosa sensación de impotencia experimentada en la niñez fue lo que despertó la necesidad de protección, la necesidad de una protección amorosa, satisfecha en tal época por el padre, y que el descubrimiento de la persistencia de tal indefensión a través de toda la vida llevó luego al hombre a forjar la existencia de un padre inmortal mucho más poderoso. El gobierno bondadoso de la divina providencia mitiga el miedo a los peligros de la vida; la institución de un orden moral universal asegura la victoria final de la Justicia, tan vulnerada dentro de la civilización humana, y la prolongación de la existencia terrenal por una vida futura amplía infinitamente los límites temporales y espaciales en los que han de cumplirse los deseos.

Bajo las premisas de este sistema se formulan respuestas a los enigmas ante los cuales se estrella el humano deseo de saber, enigmas como la creación del mundo y la relación entre el cuerpo y el alma. Por último, para la psique individual supone un gran alivio ser descargada de los conflictos engendrados en la infancia por el complejo paternal, jamás superados luego por entero, y ser conducida a una solución generalmente aceptada.

Al decir que todo esto son ilusiones, habremos de restringir el sentido de semejante concepto. Una ilusión no es lo mismo que un error ni es necesariamente un error. La opinión aristotélica de que la suciedad engendra los parásitos, opinión mantenida aun hoy en día por el vulgo ignorante, es un error, como igualmente el criterio sostenido por anteriores generaciones médicas de que la *tabes dorsalis* es consecuencia de los excesos sexuales. Sería abusivo calificar de ilusiones estos errores. En cambio, fue una ilusión de Cristóbal Colón creer que había descubierto una nueva ruta para llegar a las Indias. La participación de su deseo en este error resulta fácilmente visible. También podemos calificar de ilusión la afirmación de ciertos nacionalistas de que los indogermanos son la única raza susceptible de cultura, o la creencia —que sólo el psicoanálisis ha logrado desvanecer— de que los niños eran seres sin sexualidad. Una de las características más genuinas de la ilusión es la de tener su punto de partida en deseos humanos de los cuales se deriva. Bajo este aspecto, se aproxima a la idea delirante psiquiátrica, de la cual se distingue, sin embargo, claramente. La idea delirante, además de poseer una estructura mucho más complicada, aparece en abierta contradicción con la realidad. En cambio, la ilusión no tiene que ser necesariamente falsa; esto es, irrealizable o contraria a la realidad. Así, una burguesa puede acariciar la ilusión de ser solicitada en matrimonio por un príncipe, ilusión que no tiene nada de imposible y se ha cumplido realmente alguna vez. Que el Mesías haya de llegar y fundar una edad de oro es ya menos verosímil, y al enjuiciar esta creencia la clasificaremos, según nuestra actitud personal, entre las ilusiones, o bien, entre las ideas delirantes. No es fácil encontrar más ejemplos de ilusiones que hayan llegado a cumplirse. Quizá la de transmutar en oro todos los metales, tan largo tiempo acariciada por los alquimistas, llegue a ser una de ellas. El deseo de tener mucho oro, todo el oro posible, se ha debilitado ya ante nuestro actual conocimiento de las condiciones de la riqueza; pero la Química no considera imposible la transmutación indicada. Así, pues, calificamos de ilusión una creencia cuando aparece engendrada por el impulso a la satisfacción de un deseo, prescindiendo de su relación *con* la realidad, del mismo modo que la ilusión prescinde de toda garantía real.

Si después de orientarnos así volvemos de nuevo a los dogmas religiosos, habremos de repetir nuestra afirmación interior: son todos ellos ilusiones indemostrables y no es lícito obligar a nadie a aceptarlos como ciertos. Hay algunos tan inverosímiles y tan opuestos a todo lo que trabajosamente hemos llegado a averiguar sobre la realidad del mundo, que, salvando las diferencias psicológicas, podemos compararlos a las ideas delirantes. Por lo general, resulta imposible aquilatar su valor real. Son tan irrebatibles como indemostrables. Sabemos todavía muy poco para aproximarnos a ellos como críticos. Nuestra investigación de los secretos del mundo progresa muy lentamente, y la ciencia no ha encontrado aún respuesta a muchas interrogantes. De todos modos, la labor científica es, a nuestro juicio, el único camino que puede llevarnos al conocimiento de la realidad exterior a nosotros. Esperar algo de la intuición y del éxtasis no es tampoco más que una ilusión. Pueden procurarnos ciertas inducciones, difícilmente interpretables, sobre nuestra propia vida psíquica, pero nunca una respuesta a las interrogantes cuya solución se hace tan fácil a las doctrinas religiosas. Sería un sacrilegio abandonarse aquí al capricho personal y aceptar o rechazar con un criterio puramente subjetivo trozos aislados del sistema religioso, pues tales interrogantes son demasiado importantes, demasiado sagradas, pudiéramos decir, para que sea lícita semejante conducta.

En este punto se nos opondrá seguramente la siguiente objeción: Si hasta los escépticos más empedernidos reconocen que las afirmaciones religiosas no pueden ser rebatidas por la razón, ¿por qué no hemos de creerlas, ya que tienen a su favor tantas cosas: la tradición, la conformidad de la mayoría de los hombres y su mismo contenido consolador? No hay inconveniente. Del mismo modo que nadie puede ser obligado a creer, tampoco puede forzarse a nadie a no creer. Pero tampoco debe nadie complacerse en engañarse a sí mismo, suponiendo que con estos fundamentos sigue una trayectoria mental plenamente correcta. La ignorancia es la ignorancia, y no es posible derivar de ella un derecho a creer algo. Ningún hombre razonable se conducirá tan ligeramente en otro terreno ni basará sus juicios y opiniones en fundamentos tan pobres. Sólo en cuanto a las cosas más elevadas y sagradas se permitirá semejante conducta. En realidad, se trata de vanos esfuerzos para hacerse creer a sí mismo o hacer creer a los demás que permanece aún ligado a la religión, cuando hace ya mucho tiempo que se ha desligado de ella. En lo que atañe a los problemas de la religión, el hombre se hace culpable de un sinnúmero de insinceridades y de vicios intelectuales. Los filósofos fuerzan el significado de las palabras hasta que no conservan apenas nada de su primitivo sentido, dan el nombre de "Dios" a una vaga abstracción por ellos creada y se presentan ante el mundo como deístas, jactándose de haber descubierto un concepto mucho más elevado y puro de Dios, aunque su dios no es ya más que una sombra inexistente y no la poderosa personalidad del dogma religioso. Los críticos persisten en declarar profundamente religiosos a aquellos hombres que han confesado ante el mundo su conciencia de la pequeñez y la impotencia humanas, aunque la esencia de la religiosidad no está en tal conciencia, sino en el paso siguiente, en la reacción que busca un auxilio contra ella. Aquellos hombres que no siguen adelante, resignándose humildemente al mísero papel encomendado al hombre en el vasto mundo, son más bien irreligiosos, en el más estricto sentido de la palabra.

No entra en los fines de esta investigación pronunciarse sobre la verdad de las doctrinas religiosas. Nos basta haberlas reconocido como ilusiones en cuanto a su naturaleza psicológica. Pero no necesitamos ocultar que este descubrimiento influye también considerablemente en nuestra actitud ante un problema que a muchos ha de parecerles el más importante. Sabemos aproximadamente en qué tiempos fueron creadas las doctrinas religiosas y por qué hombres. Si, además, descubrimos los motivos a que obedeció su creación, nuestro punto de vista sobre el problema religioso queda sensiblemente desplazado. Nos decimos que sería muy bello que hubiera un dios creador del mundo y providencia bondadosa, un orden moral universal y una vida de ultratumba; pero encontramos harto singular que todo suceda así tan a medida de nuestros deseos. Y sería más extraño aún que nuestros pobres antepasados, ignorantes y faltos de libertad espiritual, hubiesen descubierto la solución de todos estos enigmas del mundo.

VII

La conclusión de que las doctrinas religiosas no son sino ilusiones, nos lleva en el acto a preguntarnos si acaso no lo serán también otros factores de nuestro patrimonio cultural, a los que concedemos muy alto valor y dejamos regir nuestra vida; si las premisas en las que se fundan nuestras instituciones estatales no habrán de ser calificadas igualmente de ilusiones, y si las relaciones entre los sexos, dentro de nuestra civilización, no aparecen también perturbadas por toda una serie de ilusiones eróticas. Una vez despierta nuestra desconfianza, no retrocederemos siquiera ante la sospecha de que tampoco posea fundamentos más sólidos nuestra convicción de que la observación y el pensamiento, aplicados a la investigación científica, nos permiten alzar un tanto el velo que encubre la realidad exterior. No tenemos por qué rehusar que la observación recaiga sobre nuestro propio ser, ni que el pensamiento sea utilizado para su propia crítica, iniciándose así una serie de investigaciones cuyo resultado habría de ser decisivo para la formación de una "concepción del Universo". Sospechamos que semejante labor no resultaría infructuosa y justificaría, por lo menos en parte, nuestra desconfianza. Pero el autor no se considera con capacidad suficiente para emprenderla en toda su vasta amplitud, y, en consecuencia, habrá de limitar obligadamente su trabajo a una de tales ilusiones: a la ilusión religiosa.

Nuestro contradictor deja oír de nuevo su voz en este punto, pidiéndonos cuenta de nuestro ilícito proceder. Nos dice:

"El interés arqueológico es altamente encomiable; pero no es permisible practicar excavaciones por debajo de las viviendas de los hombres, falseando sus cimientos y poniéndose en peligro de venirse abajo con todos sus moradores. Las doctrinas religiosas no son un tema sobre el cual se pueda sutilizar impunemente como sobre otro cualquiera. Constituyen la base de nuestra civilización, la pervivencia que la sociedad humana tiene como premisa para que la mayoría de los hombres las acepte como verdaderas. Si les enseñamos que la existencia de un Dios omnipotente y justo, de un orden moral universal y de una vida futura son puras ilusiones, se considerarán desligados de toda obligación de acatar los principios de la cultura. Cada uno seguirá, sin freno ni temor, sus instintos sociales y egoístas e intentará afirmar su poder personal, y de este modo surgirá de nuevo el caos al que ha llegado a poner término una labor civilizadora ininterrumpida a través de muchos milenios. Aunque supiésemos y pudiésemos demostrar que la religión no posee la verdad, deberíamos silenciarlo y conducirnos como nos lo aconseja la filosofía del "como si". ¡Es en interés de todos y por nuestra propia conservación! Lo contrario, además de ser harto peligroso, constituye una inútil crueldad. Hay infinitos hombres que hallan en las doctrinas religiosas su único consuelo, y sólo con su ayuda pueden soportar la vida. Se quiere despojarlos de tal apoyo sin tener nada mejor que ofrecerles en sustitución. Se confiesa que la ciencia se halla aún muy poco avanzada, y aunque lo estuviera mucho más, tampoco bastaría a los hombres. El hombre tiene otras necesidades imperativas, que nunca podrán ser satisfechas por la ciencia, y es harto singular e inconsecuente que un psicólogo, que siempre ha hecho resaltar la primacía del instinto sobre la inteligencia en la vida del hombre, se esfuerce ahora en despojar a la Humanidad de una valiosa realización de deseos, ofreciéndole una compensación puramente intelectual".

¡Son muchas acusaciones de una vez! Pero estoy preparado para rebatirlas todas y, además, habré de afirmar que, tratando de mantener las actuales relaciones entre la civilización y la religión, se crean para la primera mayores peligros que intentando destruirlas. Lo que no sé es por dónde empezar mi defensa.

Quizá asegurando que yo mismo considero completamente inofensiva y exenta de todo peligro mi empresa. No es, desde luego, a mí, en este caso, a quien puede reprocharse una hipervaloración del intelecto. Si los hombres son, realmente, como los describen mis contradictores —y no quiero negarlo—, no hay el menor peligro de que un creyente, vencido por mis argumentos, se deje despojar de su fe. Además, no he dicho nada que antes no haya sido ya sostenido más acabadamente y con mayor fuerza por otros hombres mejores que yo, cuyos nombres no habré de citar por ser de sobra conocidos, y, además, para que no se crea que intento incluirme entre ellos. Lo único que he hecho —la sola novedad de mi exposición— es haber agregado a la crítica de mis grandes predecesores cierta base psicológica, pero no es de esperar que esta agregación logre el efecto que tales críticas no consiguieron. Se nos preguntará entonces por qué escribimos tales cosas si estamos seguros de que no han de sufrir ningún efecto. Pero sobre esta cuestión volveremos más adelante.

Al único a quien esta publicación puede perjudicar es a mí mismo. Seguramente se me acusará de aridez espiritual, de falta de idealismo, y de incomprensión ante los más altos ideales de la Humanidad. Mas, por un lado, estos reproches no son nada nuevos para mí, y por otro, cuando ya en nuestros años jóvenes nos hemos sobrepuesto a la animadversión de nuestros contemporáneos, no podremos concederle gran importancia llegados a la ancianidad y seguros de quedar sustraídos ya en fecha próxima a todo favor y disfavor. No sucedía ciertamente así en épocas pasadas. En ellas, semejantes manifestaciones abreviaban la vida terrenal de su autor y le proporcionaban pronta ocasión de comprobar por sí mismo si existía o no una vida de ultratumba. Pero tales tiempos han pasado ya, y las especulaciones de este género son hoy perfectamente inofensivas, incluso para su propio autor. Lo más que puede suceder es que su libro no pueda ser traducido ni difundido en algunos países, precisamente en aquellos que se jactan de haber llegado a un más alto grado de civilización. Pero cuando se combate, en general, a favor de la renuncia a los deseos y la aceptación del destino, debe poder soportarse también una tal contrariedad.

No dejó de surgir en mí la interrogante de si el presente ensayo podía causar algún daño; pero no a persona alguna, sino a una causa, a la causa del psicoanálisis. No puedo negar que el psicoanálisis es obra mía, ni tampoco que ha despertado en muchos sectores desconfianza y animadversión. Si ahora salgo a la palestra con afirmaciones tan poco gratas, es de esperar que toda responsabilidad quede desplazada sobre el psicoanálisis. "Ya vemos claramente —se dirá— adónde conduce el psicoanálisis: como ya lo sospechábamos, a negar la existencia de Dios y de todo ideal ético. Y para impedirnos un tal descubrimiento se nos ha querido engañar, pretendiendo que el psicoanálisis no entrañaba una concepción particular del Universo ni aspiraba a formarla".

Este ruido habrá de serme realmente muy desagradable a causa de mis muchos colaboradores, algunos de los cuales no comparten en absoluto mi actitud ante los problemas religiosos. Pero el psicoanálisis ha capeado ya muchos temporales y podemos exponerlo a uno más. En realidad, el psicoanálisis es un método de investigación, un instrumento imparcial, como, por ejemplo, el cálculo infinitesimal. Si un físico descubriera, con ayuda del mismo, que la Tierra había de desaparecer al cabo de cierto tiempo, no nos decidiríamos tan fácilmente a atribuir al cálculo mismo tendencias destructoras y a condenarlo por tal motivo. Todo lo que llevamos dicho contra el valor de la religión como verdad no ha precisado para nada del psicoanálisis y ha sido alegado ya, mucho antes de su nacimiento, por otros autores. Si la aplicación del método psicoanalítico nos proporciona un nuevo argumento contra la verdad de la religión, tanto peor para el mismo; pero también sus defensores podrán servirse, con igual derecho, del psicoanálisis para realzar el valor afectivo de las doctrinas religiosas.

Prosiguiendo, pues, nuestra defensa: la religión ha prestado, desde luego, grandes servicios a la civilización humana y ha contribuido, aunque no lo bastante, a dominar los instintos asociales. Ha regido durante muchos milenios la sociedad humana y ha tenido tiempo de demostrar su eficacia. Si hubiera podido consolar y hacer feliz a la mayoría de los hombres, reconciliarlos con la vida y convertirlos en firmes sustratos de la civilización, no se le hubiera ocurrido a nadie aspirar a modificación alguna. Pero en lugar de esto, vemos que una inmensa multitud de individuos se muestra descontenta de la civilización y se siente desdichada dentro de ella, considerándola como un yugo del que anhela liberarse, y consagra todas sus fuerzas a conseguir una mudanza de la civilización o lleva su hostilidad contra ella, hasta el punto de no querer saber nada de sus preceptos ni de la renuncia a los instintos. Se nos objetará que esta situación obedece precisamente a que la religión ha perdido una gran parte de su influencia sobre las colectividades humanas a causa del efecto lamentable de los progresos científicos. Anotaremos, desde luego, esta confesión y la utilizaremos más adelante para nuestros fines, limitándonos ahora a afirmar que, en calidad de objeción, carece de toda fuerza.

Es dudoso que en la época de la supremacía ilimitada de las doctrinas religiosas fueron en general los hombres más felices que hoy, y desde luego no eran más morales. Han sabido siempre traficar con los mandamientos religiosos y hacer fracasar así su intención. Los sacerdotes, a los cuales correspondía la función de hacer guardar obediencia a la religión, les han facilitado siempre esta tarea. La bondad divina paralizó la divina justicia. El pecador se rescata con sacrificios o penitencias y queda libre para volver a pecar. El fervor ruso se ha elevado hacia la conclusión de que el pecado es indispensable para gozar todas las bienaventuranzas de la gracia divina, siendo, por lo tanto, en el fondo, grato a Dios. Es sabido que los sacerdotes sólo han podido mantener la sumisión religiosa de las colectividades haciendo grandes concesiones a la naturaleza instintiva de la humanidad. De este modo, se llegó a la conclusión de que sólo Dios es fuerte y bueno, y el hombre, débil y pecador. La inmoralidad ha hallado siempre en la religión un apoyo tan firme como la moralidad. Si los rendimientos de la religión, en cuanto a la felicidad de los hombres, su adaptación a la cultura y su restricción moral no son cosa mejor, habremos de preguntarnos si no exageramos su necesidad para los hombres y si obramos prudentemente basando en ella nuestras exigencias culturales.

Reflexiones sobre la situación actual. Hemos oído la confesión de que la religión no ejerce ya sobre los hombres la misma influencia que antes. (Nos referimos a la civilización europea cristiana). Y ello no porque prometa menos, sino porque los hombres van dejando de creer en sus promesas. Concedamos que la causa de esta mudanza reside en el robustecimiento del espíritu científico en las capas superiores de la sociedad humana, aunque quizá no sea esta causa la única. La crítica ha debilitado la fuerza probatoria de los documentos religiosos; las ciencias naturales han señalado los errores en ellos contenidos, y la investigación comparativa ha indicado la fatal analogía de las representaciones religiosas por nosotros veneradas con los productos espirituales de pueblos y tiempos primitivos.

El espíritu científico crea una actitud particular ante las cosas de este mundo. Ante las cosas de la religión se detiene un poco, vacila y acaba por traspasar también los umbrales. En este proceso no hay detención alguna; cuanto más asequibles se hacen al hombre los tesoros del conocimiento, tanto más se difunde su abandono de la fe religiosa; al principio sólo de sus formas más anticuadas y absurdas, pero luego también de sus premisas fundamentales. Los americanos son los únicos que se han mostrado aquí plenamente consecuentes, procesando y condenando a los defensores de las teorías darwinianas. Fuera de estos incidentes, la transición va desarrollándose sin rebozo, con absoluta sinceridad.

De los hombres cultos y de los trabajadores intelectuales no tiene mucho que temer la civilización. La sustitución de los motivos religiosos de una conducta civilizada por otros motivos puramente terrenos se desarrollaría en ellos calladamente. Tales individuos son, además, de por sí, los más firmes sustratos de la civilización. Otra cosa es la gran masa inculta y explotada, que tiene toda clase de motivos para ser hostil a la civilización. Mientras no averigüe que ya no cree en Dios, todo irá bien. Pero ha de llegar indefectiblemente a averiguarlo, aunque este ensayo mío no sea publicado. Y está dispuesta a aceptar los resultados del pensamiento científico, sin que en ella haya tenido lugar la transformación que el pensamiento científico ha provocado en los demás hombres. ¿No existe aquí el peligro de que estas masas se arrojen sobre el punto débil que han descubierto en sus amos? Si no se debe matar única y exclusivamente porque lo ha prohibido Dios, y luego se averigua que no existe tal Dios y no es de temer, por lo tanto, su castigo se asesinará sin el menor escrúpulo y sólo la coerción social podrá evitarlo. Se plantea, pues, el siguiente dilema: o mantener a estas masas peligrosas en una absoluta ignorancia, evitando cuidadosamente toda ocasión de un despertar espiritual, o llevar a cabo una revisión fundamental de las relaciones entre la civilización y la religión.

VIII

La revisión antes propuesta no parece que debiera tropezar con grandes dificultades. Supone, desde luego, una renuncia, pero sólo para conquistar quizá algo mejor y evitar un grave peligro. Sin embargo, se vacila temerosamente en emprenderla, como si hubiese de traer consigo peligros aún mayores para la civilización. Cuando San Bonifacio derrumbó al árbol sagrado de los sajones, los circunstantes esperaban que la ira de los dioses fulminase al sacrílego. Nada sucedió y los sajones aceptaron el bautismo.

Si la civilización ha llegado a instituir la prohibición de matar a aquellos de nuestros semejantes a los que odiamos, cuyos bienes codiciamos o que significan un obstáculo en nuestro camino, ha sido evidentemente en interés de la vida colectiva, la cual se haría imposible de otro modo, pues el homicida atraería sobre sí la venganza de los familiares del muerto y la obscura envidia de los demás hombres, igualmente inclinados a semejante violencia. No tardaría, pues, en morir a su vez sin haber disfrutado apenas de su venganza o botín. Aunque una fuerza física extraordinaria y una astucia poco común le protegiesen de los ataques individuales, acabaría por sucumbir a la unión de los más débiles. De no seguir tal unión, los asesinatos se sucederían sin límite, hasta quedar agotada la Humanidad en esta lucha fratricida. Sucedería así entre individuos singulares lo que aún sucede actualmente en Córcega entre familias, y fuera de este caso aislado, sólo ya entre naciones. Pero la inseguridad que amenazaba por igual la vida de todos los hombres acabó por unirlos en una sociedad que prohibió al individuo atentar contra sus semejantes y se reservó el derecho de matar a quienes transgredieran este mandato. La muerte impuesta por la colectividad pasó entonces a ser justicia y castigo.

Pero en lugar de aceptar este fundamento racional de la prohibición de matar, afirmamos que ha sido dictada por el mismo Dios. Nos permitimos, pues, penetrar en designios y concluir que tampoco él quiere que los hombres se destruyan mutuamente. Al obrar así revestimos de una particular solemnidad la prohibición cultural, pero nos exponemos a supeditar su observancia a la fe en la existencia de Dios. Si ahora cambiamos de rumbo y dejamos de atribuir a Dios nuestras propias voluntades, contentándonos con el fundamento social, renunciaremos, desde luego, a semejante transfiguración de la prohibición cultural, pero también evitaremos sus peligros. Y todavía obtenemos otra ventaja. El carácter sagrado e intangible de las cosas ultraterrenas se ha extendido, por una especie de difusión o infección, desde algunas grandes prohibiciones, a todas las demás instituciones, leyes y ordenanzas de la civilización, a muchas de las cuales no les va nada bien la aureola de santidad, pues aparte de anularse recíprocamente, estableciendo normas contradictorias según las circunstancias de lugar y tiempo, muestran profundamente impreso el sello de la imperfección humana. Fácilmente reconocemos en ellas lo que no es sino producto de una tímida miopía intelectual, expresión de intereses mezquinos o conclusiones deducidas de premisas insuficientes. La crítica que merecen disminuye también, de un modo indeseable, nuestro respeto a otras exigencias culturales más justificadas. Siendo muy espinosa la tarea de distinguir lo que Dios mismo nos exige de los preceptos emanados de la autoridad de un parlamento omnipotente o de un alto magistrado, sería muy conveniente dejar a Dios en sus divinos cielos y reconocer honradamente el origen puramente humano de los preceptos e instituciones de la civilización. Con su pretendida santidad desaparecerían la rigidez y la inmutabilidad de todos estos mandamientos y los hombres llegarían a creer que tales preceptos no habían sido creados tanto para regirlos como para apoyar y servir sus intereses, adoptarían una actitud más amistosa ante ellos y tenderían antes a perfeccionarlos que a derrocarlos, todo lo cual constituiría un importante progreso hacia la reconciliación del individuo con la presión de la civilización.

Nuestro alegato en favor de un fundamento puramente racional de los preceptos culturales queda interrumpido aquí por un reprimido escrúpulo. Hemos elegido como ejemplo la génesis de la prohibición de matar, y nos preguntamos ahora si nuestra descripción de la misma corresponderá realmente a la verdad histórica. Tememos que no, pues presenta todo el aspecto de una construcción racionalista. Precisamente hemos estudiado, con ayuda del psicoanálisis, este trozo de la historia de la civilización humana, y basándonos en nuestra labor podemos afirmar que la verdadera génesis del precepto indicado fue muy otra. Los motivos puramente racionales pueden aún muy poco contra las pasiones en el hombre de nuestros días, cuanto menos en el mísero animal humano de los tiempos primitivos. Sus descendientes se destrozarían todavía mutuamente si uno de aquellos asesinatos —el del padre primitivo— no hubiese despertado una reacción afectiva irresistible, extraordinariamente rica en consecuencias. De esta reacción proviene el mandamiento de no matar, limitado en el totemismo al sustitutivo del padre y extendido luego a todos nuestros semejantes, aunque todavía hoy no se observe sin excepciones.

Pero, según explicamos ya en otro lugar, dicho padre primordial fue el prototipo de Dios, el modelo conforme el cual crearon las generaciones posteriores la imagen de Dios. La teoría religiosa está, pues, en lo cierto: Dios participó realmente en la génesis de la prohibición que nos ocupa, siendo su influjo, y no la conciencia de una necesidad social, lo que hubo de engendrarla. La atribución de la voluntad humana al propio Dios queda también así justificada, pues los hombres sabían haberse desembarazado violentamente del padre, y en su reacción a semejante crimen se propusieron respetar en adelante la voluntad del muerto. Por lo tanto, la doctrina religiosa nos transmite efectivamente la verdad histórica, si bien un tanto deformada y disfrazada. En cambio, nuestra descripción racional se aparta mucho de ella.

Advertimos ahora que el tesoro de las representaciones religiosas no encierra sólo realizaciones de deseos, sino también importantes reminiscencias históricas, resultando así una acción conjunta del pasado y el porvenir, que ha de prestar a la religión una incomparable plenitud de poder. Vislumbramos aquí una analogía que quizá nos permita realizar algún nuevo descubrimiento. No es conveniente, desde luego, trasplantar los conceptos muy lejos del terreno donde han germinado, pero en este caso se impone hacer constar una singular coincidencia. Sabemos que el hombre no puede cumplir su evolución hasta la cultura sin pasar por una fase más o menos definida de neurosis, fenómeno debido a que para el niño es imposible yugular por medio de una labor mental racional, las muchas exigencias instintivas que han de serles inútiles en su vida ulterior y tiene que dominarlas mediante actos de represión, detrás de los cuales se oculta, por lo general, un motivo de angustia. La mayoría de estas neurosis infantiles —especialmente las obsesivas— quedan vencidas espontáneamente en el curso del crecimiento, y el resto puede ser desvanecido más tarde por el tratamiento psicoanalítico. Pues bien, hemos de admitir que también la colectividad humana pasa en su evolución secular por estados análogos a las neurosis y precisamente a consecuencia de idénticos motivos; esto es, porque en sus tiempos de ignorancia y debilidad mental hubo de llevar a cabo exclusivamente por medio de procesos afectivos las renuncias al instinto indispensables para la vida social. Los residuos de estos procesos análogos a la represión, desarrollados en épocas primitivas, permanecieron luego adheridos a la civilización durante mucho tiempo. La religión sería la neurosis obsesiva de la colectividad humana, y lo mismo que la del niño, provendría del complejo de Edipo en la relación con el padre. Conforme a esta teoría hemos de suponer que el abandono de la religión se cumplirá con toda la inexorable fatalidad de un proceso del crecimiento y que en la actualidad nos encontramos ya dentro de esta fase de la evolución.

Consiguientemente, nuestra conducta debiera ser la de un educador comprensivo que no intenta oponerse a una naciente transformación espiritual, y procura, por el contrario, fomentarla y represar la violencia de su aparición. Esta analogía no agota, desde luego, la esencia de la religión, la cual integra ciertamente restricciones obsesivas como sólo puede imponerlas la neurosis obsesiva individual, pero contiene además un sistema de ilusiones optativas, contrarias a la realidad, únicamente comparable al que se nos ofrece en una amencia, en una feliz demencia alucinatoria.

Trátase tan sólo de comparaciones con las que intentamos llegar a la comprensión del fenómeno social. La patología individual no puede procurarnos en este punto una plena identidad.

Tanto Th. Reik como yo hemos señalado repetidamente, hasta dónde puede perseguirse la analogía de la religión como una neurosis obsesiva y cuáles son los destinos y las particularidades de la religión que podemos llegar a comprender por este camino. De acuerdo con ello está que los creyentes parecen gozar de una segura protección contra ciertas enfermedades neuróticas, como si la aceptación de la neurosis general les relevase de la labor de construir una neurosis personal.

Nuestro reconocimiento del valor histórico de ciertas doctrinas religiosas acrecienta el respeto que las mismas nos inspiran, pero no invalida en modo alguno nuestra propuesta de retirarlas de la modificación de los mandamientos culturales. Todo lo contrario. Tales residuos históricos nos han ayudado a formar nuestra concepción de las doctrinas religiosas como reliquias neuróticas, siéndonos ya posible declarar que ha llegado probablemente el momento de proceder, en esta cuestión, como en el tratamiento psicoanalítico de los neuróticos, y sustituir los resultados de la represión por los de una labor mental racional. Es de esperar que esta labor no se limite a imponer la renuncia a la solemne transfiguración de los preceptos culturales y que una revisión fundamental de los mismos traiga consigo la supresión de muchos de ellos. Pero no tenemos por qué lamentarlo. No puede importarnos gran cosa traicionar la verdad histórica al admitir una motivación racional de los preceptos culturales. Las verdades contenidas en las doctrinas religiosas aparecen tan deformadas y tan sistemáticamente disfrazadas, que la inmensa mayoría de los hombres no pueden reconocerlas como tales. Es lo mismo que cuando contamos a los niños que la cigüeña trae a los recién nacidos. También les decimos la verdad, disimulándola con un ropaje simbólico, pues sabemos lo que aquella gran ave significa. Pero el niño no lo sabe, se da cuenta únicamente de que se le oculta algo, se considera engañado, y ya sabemos que de esta temprana impresión nace, en muchos casos, una general desconfianza contra los mayores y una oposición hostil a ellos. Hemos llegado a la convicción de que es mejor prescindir de estas veladuras simbólicas de la verdad y no negar al niño el conocimiento de las circunstancias reales, en una medida proporcional a su nivel intelectual.

IX

"Se permite usted contradicciones difíciles de conciliar. Comienza usted por afirmar que las críticas de este género son inofensivas, pues nadie se deja despojar por ella de la fe religiosa. ¿Para qué publica usted, pues, esta si no ha de alcanzar con ella su propósito de perturbar dicha fe, claramente revelado luego? Pero, además, reconoce usted en otro lugar que puede haber un grave riesgo en que un determinado núcleo social averigüe que ya no se cree en Dios. Dócil hasta entonces, negaría en adelante toda obediencia a los preceptos culturales. Su argumento de que la motivación religiosa de los preceptos culturales significa un peligro para la civilización reposa enteramente en la hipótesis de que el creyente puede convertirse en incrédulo. ¿No hay aquí contradicción palmaria?

También incurre usted en contradicción al reconocer, primero, la imposibilidad de guiar al hombre por la sola inteligencia, dominado como está por los instintos y las pasiones, y proponer luego la sustitución de los fundamentos afectivos de la obediencia a la cultura por otros racionales. Confieso que no entiendo cómo pueden conciliarse ambas cosas, incompatibles a mi juicio.

Pero, además, ¿es que ha olvidado usted las enseñanzas de la Historia? La tentativa de sustituir la religión por la razón ha sido iniciada ya una vez oficialmente y con toda solemnidad. Supongo que recordará usted esta incidencia de la Revolución Francesa, así como la fugacidad y el lamentable fracaso del experimento. Hoy es repetido en Rusia, seguramente con igual resultado. ¿O acaso no cree usted obligado suponer que el hombre no puede prescindir de la religión?

Usted mismo ha dicho que la religión es algo más que una neurosis obsesiva. Pero no ha obrado de acuerdo con tal afirmación. Se ha limitado a desarrollar la analogía con la neurosis y a concluir que siempre es bueno liberar a los hombres de una neurosis. Lo que así pueda perderse le tiene a usted sin cuidado".

La rapidez con la que he expuesto cosas harto complicadas puede haber hecho surgir, en efecto, una apariencia de contradicción. No ha de sernos difícil desvanecerla. Sigo afirmando que el presente ensayo crítico es, en cierto sentido, totalmente inofensivo. Ningún creyente se dejará despojar de su fe por estos argumentos u otros análogos, pues se hallan fuertemente ligados a los contenidos de la religión por ciertos tiernos lazos afectivos. Hay también ciertamente otros muchos que no son creyentes en el mismo sentido. Permanecen obedientes a los preceptos culturales porque los asustan las amenazas de la religión y temen a la religión mientras han de considerarla como una parte de la realidad restrictiva. Pero tampoco sobre ellos ejercen influencia alguna los argumentos. Cesan de temer a la religión cuando advierten que otros no la temen, y con respecto a estos he afirmado que se darían cuenta del ocaso de la influencia religiosa, aunque yo no publicase este escrito.

Pero creo que usted mismo concede más valor a la otra condición que me reprocha. Si los hombres son realmente tan poco asequibles a los argumentos de la razón y se hallan dominados por sus deseos instintivos, ¿por qué ha de privárseles de la satisfacción de un instinto e intentar sustituirla por un raciocinio? Los hombres son, desde luego, así; pero, ¿se ha preguntado usted si tienen que ser necesariamente tales? ¿Si su más íntima naturaleza les obliga a ello? ¿Es que un antropólogo podría precisar acaso el índice craneano de un pueblo que tuviera la costumbre de deformar con apretados vendajes las cabezas de sus niños? Piense usted en el lamentable contraste entre la inteligencia de un niño sano y la debilidad mental del adulto medio. ¿No es quizá muy posible que la educación religiosa tenga gran parte de culpa en esta atrofia relativa? A mi juicio, un niño sobre el cual no se ejerciera influencia alguna tardaría mucho en comenzar a formarse una idea de Dios y de las cosas ultraterrenas. Tales ideas seguirían quizá luego los mismos caminos que en sus antepasados primitivos, pero en vez de esperar semejante evolución se imbuyen al niño doctrinas religiosas en una época en que ni pueden interesarle, ni posee capacidad suficiente para comprender su alcance. Los dos puntos capitales del programa pedagógico actual son el retraso de la evolución sexual y el adelanto de la influencia religiosa ¿no es cierto? Cuando el pensamiento del niño despierta luego, las doctrinas religiosas se han hecho ya intangibles. ¿Cree usted muy beneficioso para el desarrollo de la inteligencia sustraer a su acción, con la amenaza de las penas del infierno, un sector tan importante? La debilidad mental de individuos tempranamente habituados a aceptar sin crítica los absurdos y las contradicciones de las doctrinas religiosas no puede ciertamente extrañarnos. Pero la inteligencia es el único medio que poseemos para dominar nuestros instintos. ¿Cómo, pues, esperar que estos individuos sometidos a un régimen de restricción intelectual alcancen alguna vez el ideal psicológico, la primacía del intelecto? Tampoco ignora usted que a la mujer, en general, se le atribuye la llamada "debilidad mental fisiológica", esto es, una inteligencia inferior a la del hombre. El hecho mismo es discutible, pero uno de los argumentos aducidos para explicar semejante inferioridad intelectual es el de que las mujeres sufren bajo la temprana prohibición de ocupar su pensamiento con aquello que más podía interesarlas; o sea con los problemas de la vida sexual. Mientras que sobre los comienzos de la vida del hombre sigan actuando, además de la coerción mental sexual, la religiosa y la monárquica, derivada de la religiosa, no podremos decir cómo el hombre es en realidad.

Pero quiero moderar mi celo y reconocer la posibilidad de que también yo corra detrás de una ilusión. Es posible que los efectos de la prohibición religiosa impuesta al pensamiento no sean tan perjudiciales como suponemos y que la naturaleza humana continúe siendo la misma, aunque no se emplee abusivamente la educación para lograr la sumisión del individuo a los dogmas religiosos. No lo sé, ni tampoco usted puede saberlo. Además de aquellos grandes problemas de la vida que aún nos parecen insolubles, hay muchas otras interrogantes menos importantes para las cuales nos es también muy difícil encontrar respuesta. Pero no me negará usted que en este punto se abre una puerta a la esperanza; no negará usted que puede haber oculto aquí un tesoro susceptible de enriquecer a la civilización y que, por lo tanto, vale la pena de intentar una educación irreligiosa. Si la tentativa fracasa, estoy dispuesto a renunciar a toda reforma y a aceptar el juicio, puramente descriptivo, de que el hombre es un ser de inteligencia débil, dominado por sus deseos instintivos.

En cambio, hay otro punto en el que estoy plenamente de acuerdo con usted. Me parecería insensato querer desarraigar de pronto y violentamente la religión. Sobre todo, porque sería inútil. El creyente no se deja despojar de su fe con argumentos ni con prohibiciones. Y si ello se consiguiera en algún caso, sería una crueldad. Un individuo habituado a los narcóticos no podrá ya dormir si le privamos de ellos. Esta comparación del efecto de los consuelos religiosos con el de un poderoso narcótico puede apoyarse en una curiosa tentativa actualmente emprendida en Estados Unidos. En este país —y bajo la clara influencia del dominio de la mujer— se está procurando sustraer al individuo todos los medios de estímulo, embriaguez y placer, saturándole, en cambio, de temor a Dios, a modo de compensación. Tampoco es dudoso el resultado final de semejante experimento.

En lo que yo disiento de usted es en la conclusión de que el hombre no puede prescindir del consuelo de la ilusión religiosa, sin la cual le sería imposible soportar el peso de la vida y las crueldades de la realidad. Conformes en cuanto al hombre a quien desde niño han instilado ustedes tan dulce —o agridulce— veneno. Pero, ¿y el otro? ¿Y el educado en la abstinencia? No habiendo contraído la general neurosis religiosa, es muy posible que no precise tampoco de intoxicación alguna para adormecerla. Desde luego, su situación será más difícil. Tendrá que reconocer su impotencia y su infinita pequeñez y no podrá considerarse ya como el centro de la creación, ni creerse amorosamente guardado por una providencia bondadosa. Se hallará como el niño que ha abandonado el hogar paterno, en el cual se sentía seguro y dichoso. Pero, ¿no es también cierto que el infantilismo ha de ser vencido y superado? El hombre no puede permanecer eternamente niño; tiene que salir algún día a la vida, a la dura "vida enemiga". Esta sería la "educación para la realidad". ¿Habré de decirle todavía que el único propósito del presente trabajo es señalar la necesidad de tal progreso?

Teme usted, seguramente, que el hombre no pueda resistir tan dura prueba. Déjenos esperar que sí. La conciencia de que sólo habremos de contar con nuestras propias fuerzas nos enseña, por lo menos, a emplearlas con acierto. Pero, además, el hombre no está ya tan desamparado. Su ciencia le ha enseñado muchas cosas desde los tiempos del Diluvio y ha de ampliar aún más su poderío. Y por lo que respecta a lo inevitable, al destino inexorable, contra el cual nada puede ayudarle, aprenderá a aceptarlo y soportarlo sin rebeldía. ¿De qué puede servirle el espejismo de vastas propiedades en la Luna, cuyas rentas nadie ha recibido jamás? Cultivando honradamente aquí en la Tierra su modesto pegujal, como un buen labrador, sabrá extraer de él su sustento. Retirando sus esperanzas del más allá y concentrando en la vida terrena todas las energías así liberadas, conseguirá, probablemente, que la vida se haga más llevadera a todos y que la civilización no abrume ya a ninguno, y entonces podrá decir, con uno de nuestros irreligiosos:

> El cielo lo abandonamos
> a las aves y a los ángeles.

X

"Todo eso suena muy bien. ¡Una humanidad que ha renunciado a todas las ilusiones y se ha capacitado así para hacer tolerable su vida sobre la Tierra! Pero yo no puedo compartir sus esperanzas. Y no porque sea el obstáculo reaccionario que usted ve quizá en mí, sino simplemente por reflexión. Creo que hemos cambiado los papeles: usted es ahora el hombre apasionado, que se deja llevar por las ilusiones, y yo represento los dictados de la razón y el derecho del escepticismo. Todo lo que acaba usted de exponer me parece basado en errores que, siguiendo su ejemplo, habré de calificar de ilusiones, puesto que delatan claramente la influencia de sus deseos. Espera usted que las nuevas generaciones, sobre las cuales no se haya ejercido en la infancia influencia alguna religiosa, alcanzarán fácilmente la ansiada primacía de la inteligencia sobre la vida instintiva. Ilusión pura, pues no es nada verosímil que la naturaleza humana cambie en este punto decisivo. Si no me equivoco —sabe uno tan poca cosa de las demás culturas—, existen también hoy en día pueblos que no viven bajo la opresión de un sistema religioso, y no puede decirse que se hallen más próximos que los otros al ideal por usted propugnado. Para desterrar la religión de nuestra civilización europea sería preciso sustituirla por otro sistema de doctrinas, y este sistema adoptaría desde un principio todos los caracteres psicológicos de la religión, la misma santidad, rigidez e intolerancia, e impondría el pensamiento para su defensa idénticas prohibiciones. Algo de esto es necesario para hacer posible la educación. El camino que va desde el recién nacido al adulto civilizado es muy largo, y muchos individuos se perderían en él y no llegarían a cumplir su misión en la vida si se los abandonase sin guía ninguna a su propio desarrollo. Las doctrinas aplicadas en su educación limitarán siempre su pensamiento en sus años de madurez, como hoy se lo reprocha usted a la religión. ¿No advierte usted que el defecto indeleble y congénito de toda civilización es el de plantear al niño, instintivo y de inteligencia débil, resoluciones sólo posibles para la inteligencia del adulto? Pero la síntesis de la evolución secular de la Humanidad en un par de años de infancia le impide obrar de otro modo, y sólo la acción de poderes afectivos puede facilitar al niño el cumplimiento de tan difícil tarea. Estas son, pues, las probabilidades de su "primacía del intelecto".

No extrañará usted que me declare partidario de la conservación del sistema religioso como base de la educación y de la vida colectiva. Se trata de una cuestión práctica y no del valor de realidad del sistema. Puesto que la necesidad de mantener nuestra civilización no nos consiente aplazar el influjo sobre cada individuo hasta el momento en que alcance el grado de madurez propicio a la cultura —y muchos no lo alcanzarían nunca—, y puesto que nos vemos precisados a imponer al sujeto en desarrollo un cualquier sistema doctrinal, que ha de obrar en él como premisa sustraída a la crítica, opino que debemos atenernos al sistema religioso como el más apropiado. Precisamente, desde luego, por su fuerza consoladora y cumplidora de deseos, en la que ha reconocido usted su carácter de "ilusión". Ante la dificultad de llegar el conocimiento, siquiera fragmentario, de la realidad, y ante la duda de que podamos llegar a él alguna vez, no debemos olvidar que también las necesidades humanas son una parte de la realidad, y, por cierto, una parte muy importante y que nos toca muy de cerca.

"Otra de las ventajas de la doctrina religiosa estriba para mí, precisamente, en uno de los caracteres que más han despertado su repulsa. Permite una purificación y una sublimación conceptual en la que desaparece todo lo que lleva en sí la huella del pensamiento primitivo e infantil. Lo que luego queda es un contenido de ideas que la ciencia no contradice ya, ni puede rebatir. Estas transformaciones de la doctrina religiosa, calificadas antes por usted de concesiones y transacciones, permiten evitar la disociación entre la masa incultivada y el pensador filosófico y conservan entre ellos una comunidad muy importante para el aseguramiento de la civilización, no siendo así de temer que el hombre del pueblo averigüe que las capas sociales más altas "no creen ya en Dios". Con todo esto creo haber demostrado que sus esfuerzos se reducen a una tentativa de sustituir una ilusión contrastada y de un gran valor afectivo por otra no contrastada e indiferente".

No debe usted creerme inasequible a su crítica. Sé lo difícil que es evitar las ilusiones, y es muy posible que las esperanzas por mí confesadas antes sean también de naturaleza ilusoria. Pero habré de mantener una diferencia. Mis ilusiones —aparte de no existir castigo alguno para quien no las comparte— no son irrectificables, como las religiosas, ni integran su carácter obsesivo. Si la experiencia demostrase —ya no a mí, sino a otros más jóvenes que como yo piensan— que nos habíamos equivocado, renunciaremos a nuestras esperanzas. Vea usted en mi intento lo que realmente es. Un psicólogo que no se engaña a sí mismo sobre la inmensa dificultad de adaptarse tolerablemente a este mundo, se esfuerza en llegar a un juicio sobre la evolución de la Humanidad apoyándose en los conocimientos adquiridos en el estudio de los procesos anímicos del individuo durante su desarrollo desde la infancia a la edad adulta. En esta labor halla que la religión puede ser comparada a una neurosis infantil, y es lo bastante optimista para suponer que la Humanidad habrá de dominar esta fase neurótica, del mismo modo que muchos niños dominan neurosis análogas en el curso de su crecimiento. Estos conocimientos de la psicología individual pueden ser insuficientes, injustificada su aplicación a la Humanidad e injustificado también el optimismo. Reconozco todas estas inseguridades; pero muchas veces no puede uno privarse de exponer su opinión, sirviéndole de disculpa el no darla por más de lo que vale.

Todavía he de insistir en dos puntos. En primer lugar, la debilidad de mi posición no supone una afirmación de la suya. Creo sinceramente que defiende usted una causa perdida. Podemos repetir una y otra vez que el intelecto humano es muy débil en comparación con la vida instintiva del hombre, e incluso podemos estar en lo cierto. Pero con esta debilidad sucede algo especialísimo. La voz del intelecto es apagada, pero no descansa hasta haberse logrado hacerse oír y siempre termina por conseguirlo, después de ser rechazada infinitas veces. Es este uno de los pocos puntos en los cuales podemos ser optimistas en cuanto al porvenir de la Humanidad, pero ya supone bastante por sí solo. A él podemos enlazar otras esperanzas. La primacía del intelecto está, desde luego, muy lejana, pero no infinitamente, y como es de prever que habrá de marcarse los mismos fines cuya relación esperan ustedes de su Dios: el amor al prójimo y la disminución del sufrimiento —aunque, naturalmente, dentro de una medida humana y hasta donde lo permita la realidad exterior, la *Ἀνάγχη*— podemos decir que nuestro antagonismo no es sino provisional y nada irreducible. Ambos esperamos lo mismo, pero usted es más impaciente, más exigente y —¿por qué no decirlo?— más egoísta que yo y que los míos. Quiere usted que la bienaventuranza comience inmediatamente después de la muerte, exige usted de ella lo imposible y no se resigna a renunciar a la personalidad individual. Nuestro dios *Ασγοζ*[2] realizará todo lo que de estos deseos permita la naturaleza exterior a nosotros, pero muy poco a poco, en un futuro imprecisable y para nuevas criaturas humanas. A nosotros, los que sentimos dolorosamente la vida, no nos promete compensación alguna. En el camino hacia este lejano fin, las doctrinas religiosas acabarán por ser abandonadas, aunque las primeras tentativas fracasen, o se demuestren ser insuficientes las primeras creaciones sustitutivas. No ignora usted, ciertamente, que a la larga nada logra resistir a la razón y a la experiencia, y la religión las contradice ambas demasiado patentemente. Tampoco las ideas religiosas purificadas podrán sustraerse a este destino si quieren conservar todavía algo del carácter consolador de la religión. Claro está que si se limitan a afirmar la existencia de un ser espiritual superior de atributos indeterminables y designios impenetrables, quedarán sustraídas a la contradicción de la ciencia, pero entonces también dejarán de interesar a los hombres.

Pasemos ahora al segundo de los puntos antes enunciados. Observe usted la diferencia que existe entre su actitud y la mía ante la ilusión. Usted tiene que defender la ilusión religiosa con todas sus fuerzas; en el momento en que pierda su valor —y ya aparece harto amenazada— se derrumbará para usted todo un mundo, no le quedará a usted nada y habrá de desesperar de todo, de la civilización y del porvenir de la Humanidad. En cambio, nosotros estamos libres de semejante servidumbre. Hallándonos dispuestos a renunciar a buena parte de nuestros deseos infantiles, podemos soportar muy bien que algunas de nuestras esperanzas demuestren no ser sino ilusiones.

---

[2] La pareja divina *Ασγοζ- Ἀναγχη* del holandés Multatuli.

La educación liberada de las doctrinas religiosas no cambiará quizá notablemente la esencia psicológica del hombre. Nuestro dios *Λογος* no es, quizá, muy omnipotente y no puede cumplir sino una pequeña parte de lo que sus predecesores prometieron. Si efectivamente llega un momento en que hayamos de reconocerlo así, nos resignaremos serenamente, pero sin que por ello pierdan para nosotros su interés el mundo y la vida, pues poseemos un punto de apoyo que a ustedes les falta. Creemos que la labor científica puede llegar a penetrar un tanto en la realidad del mundo, permitiéndonos ampliar nuestro poder y dar sentido y equilibrio a nuestra vida. Si esta esperanza resulta una ilusión, nos encontraremos en la misma situación que usted, pero la ciencia ha demostrado ya, con numerosos e importantes éxitos, no tener nada de ilusoria. Posee muchos enemigos declarados, y más aún cultos, entre aquellos que no pueden perdonarle haber debilitado la fe religiosa y amenazar con derrocarla. Se le reprocha habernos enseñado muy poco y dejar incomparablemente mucho más en la obscuridad. Pero al obrar así, se olvida su juventud, se olvida cuán difíciles han sido sus comienzos y el escaso tiempo transcurrido desde el momento en que el intelecto humano llegó a estar capacitado para la labor científica. ¿Acaso no pecamos todos basando nuestros juicios en períodos demasiado cortos? Deberíamos tomar ejemplos de los geólogos. Se reprocha a la ciencia su inseguridad, alegando que lo que hoy proclama como ley es rechazado como error por la generación siguiente y sustituido por una nueva ley, de tan corta vida como la primera. Pero semejante acusación es injusta, y, en parte, falsa. Las mudanzas de las opiniones científicas son evolución y progreso, nunca contradicción. Una ley que al principio se creyó generalmente válida, demuestra luego ser un caso especial de una normatividad más amplia o queda restringida por otra ley posteriormente descubierta; una grosera aproximación a la verdad queda sustituida por un ajuste más acabado a la misma, susceptible a su vez de mayor perfeccionamiento. En diversos sectores no se ha superado aún cierta fase de la investigación, que se limita a ir planteando hipótesis que luego han de rechazarse por insuficientes. Otros integran ya, en cambio, un nódulo firme y casi inmutable de conocimiento. Por último, se ha intentado negar radicalmente todo valor a la labor científica, alegando que por su íntimo enlace con las condiciones de nuestra propia organización sólo puede suministrarnos resultados subjetivos, mientras que la verdadera naturaleza de las cosas es exterior a nosotros y nos resulta inasequible. Pero semejante afirmación prescinde de algunos factores decisivos para la concepción de la labor científica. No tiene en cuenta que nuestra organización, o sea, nuestro aparato anímico, se ha desarrollado precisamente en su esfuerzo por descubrir el mundo exterior, debiendo haber adquirido así su estructura una cierta educación a tal fin. Se olvida que nuestro aparato anímico es por sí mismo un elemento de aquel mundo exterior que de investigar se trata y se presta muy bien a tal investigación; que la labor de la ciencia queda plenamente circunscrita si la limitamos a mostrarnos cómo se nos debe aparecer el mundo a consecuencia de la peculiaridad de nuestra organización; que los resultados finales de la ciencia, precisamente por la forma en que son obtenidos, no se hallan condicionados solamente por nuestra organización, sino también por aquello que sobre tal organización ha actuado; y, por último, que el problema de una composición del mundo sin atención a nuestro aparato anímico perceptor es una abstracción vacía sin interés práctico ninguno.

No, nuestra ciencia no es una ilusión. En cambio, sí lo sería creer que podemos obtener en otra parte cualquiera lo que ella no nos puede dar.

II

TÉCNICA DEL PSICOANÁLISIS

Los trabajos que siguen pertenecen a la serie de ensayos reunida por Freud en la última edición alemana de sus *Obras Completas*, bajo el epígrafe común de *Aportaciones a la técnica psicoanalítica*, y aparecieron, primeramente, aislados, en periódicos y revistas en los años 1904 a 1920.

La presente traducción en español fue su primera versión conjunta.

El método psicoanalítico de Freud

Ensayo publicado en 1904. Sin nombre del autor.

El singular método psicoterápico practicado por Freud y conocido con el nombre de psicoanálisis tiene su punto de partida en el procedimiento "catártico", cuya descripción nos han hecho J. Breuer y el mismo Freud en la obra por ellos publicada bajo el título de *Estudios sobre la histeria* (1895). La terapia catártica era un descubrimiento de Breuer, que había obtenido con ella, diez años antes, la curación de una histérica, en cuyo tratamiento llegó además a vislumbrar la patogénesis de los síntomas que la enferma presentaba. Siguiendo una indicación personal de Breuer, se decidió luego Freud a ensayar de nuevo el método y lo aplicó a un mayor número de pacientes.

El procedimiento catártico tenía como premisa que el paciente fuera hipnotizable y reposaba en la ampliación del campo de la conciencia durante la hipnosis. Tendía a la supresión de los síntomas y la conseguía retrotrayendo al paciente al estado psíquico en el cual había surgido cada uno de ellos por vez primera. Emergían entonces en el hipnotizado recuerdos, ideas e impulsos ausentes hasta entonces de su conciencia, y una vez que el sujeto comunicaba al médico, entre intensas manifestaciones afectivas, tales procesos anímicos, quedaban vencidos los síntomas y evitada su reaparición. Breuer y Freud explicaban en su obra este proceso, repetidamente comprobado, alegando que el síntoma representaba una sustitución de procesos psíquicos que no habían podido llegar a la conciencia, o sea, una transformación ("conversión") de tales procesos, y atribuían la eficacia terapéutica de su procedimiento a la derivación del afecto concomitante a los actos psíquicos retenidos, afecto que había quedado detenido en su curso normal y como "represado". Pero este sencillo esquema de la intervención terapéutica se complicaba en casi todos los casos, pues resultaba que en la génesis del síntoma no participaba una única impresión ("traumática"), sino generalmente toda una serie de ellas.

El carácter principal del método catártico, que lo diferencia de todos los demás procedimientos psicoterápicos, reside, pues, en que su eficacia terapéutica no depende de una sugestión prohibitiva del médico. Por el contrario, espera que los síntomas desaparezcan espontáneamente en cuanto la intervención médica, basada en ciertas hipótesis sobre el mecanismo psíquico, haya conseguido dar a los procesos anímicos un curso distinto al que venían siguiendo y que condujo a la producción de síntomas.

Las modificaciones introducidas por Freud en el procedimiento catártico de Breuer fueron en un principio meramente técnicas; pero al traer consigo nuevos resultados, acabaron por imponer una concepción distinta, aunque no contradictoria de la labor terapéutica.

Si el método catártico había renunciado a la sugestión, Freud avanzó un paso más y renunció también a la hipnosis. Actualmente trata a sus enfermos sin someterlos a influencia ninguna personal, haciéndoles adoptar simplemente una postura cómoda sobre un diván y situándose él a su espalda, fuera del alcance de su vista. No les pide tampoco que cierren los ojos y evita todo contacto, así como cualquier otro manejo que pudiera recordar la hipnosis. Una tal sesión transcurre, pues, como un diálogo entre dos personas igualmente dueñas de sí, una de las cuales evita simplemente todo esfuerzo muscular y toda impresión sensorial que pudiera distraerla y perturbar la concentración de su atención sobre su propia actividad anímica.

Como la posibilidad de hipnotizar a una persona no depende tan sólo de la mayor o menor destreza del médico, sino sobre todo de la personalidad del sujeto, existiendo muchos pacientes neuróticos a los que no hay modo de sumir en la hipnosis, la renuncia al hipnotismo hacía posible la aplicación del procedimiento a un número ilimitado de enfermos. Pero, por otro lado, suprimía aquella ampliación del campo de la conciencia que había suministrado precisamente al médico el material psíquico de representaciones y recuerdos con cuyo auxilio se conseguía transformar los síntomas y liberar los afectos. Así, pues, para mantener la eficacia terapéutica del tratamiento era preciso hallar algo que sustituyese a la hipnosis.

Freud halló tal sustitución, plenamente suficiente, en las ocurrencias espontáneas de los pacientes; esto es, en aquellas asociaciones involuntarias que suelen surgir habitualmente en la trayectoria de un proceso mental determinado, siendo apartadas por el sujeto, que no ve en ellas sino una perturbación del curso de sus pensamientos. Para apoderarse de estas ocurrencias, Freud invita a sus pacientes a comunicarle todo aquello que acuda a su pensamiento, aunque lo juzgue secundario, impertinente o incoherente. Pero, sobre todo, les exige que no excluyan de la comunicación ninguna idea ni ocurrencia ninguna por parecerles vergonzosa o penosa su confesión. En su labor de reunir este material de ideas espontáneas, al que generalmente no se concede atención ninguna, realizó Freud observaciones fundamentales luego para su teoría. Ya en el relato de su historial patológico revelaban los enfermos ciertas lagunas de su memoria: un olvido de hechos reales, una confusión de las circunstancias de tiempo o un relajamiento de las relaciones causales, que hacía incomprensibles los efectos. No hay ningún historial patológico neurótico en el que no aparezca alguna de estas formas de la amnesia. Pero cuando se apremia al sujeto para que llene estas lagunas de su memoria por miedo de un esfuerzo de atención, se observa que intenta rechazar, con todo género de críticas, las asociaciones entonces emergentes, y acaba por sentir una molestia directa cuando por fin surge el recuerdo buscado. De esta experiencia deduce Freud que las amnesias son el resultado de un proceso al que da el nombre de *represión* y cuyo motivo ve en sensaciones displacientes. En la *resistencia* que se opone a la reconstitución del recuerdo cree vislumbrar las fuerzas psíquicas que produjeron la represión.

El factor *resistencia* ha llegado a ser luego uno de los fundamentos de su teoría. En las ocurrencias espontáneas, generalmente desatendidas, ve ramificaciones de los productos psíquicos reprimidos (ideas e impulsos) o deformaciones impuestas a los mismos por la resistencia que se opone a su reproducción.

Cuanto más intensa sea la resistencia, tanto mayor será esta deformación. En esta relación de las ocurrencias inintencionadas con el material psíquico reprimido reposa su valor para la técnica terapéutica. Si poseemos un procedimiento que hace posible llegar a lo reprimido partiendo de las ocurrencias y deducir de las deformaciones lo deformado, podremos hacer también asequible a la conciencia, sin recurrir al hipnotismo, lo que antes era inconsciente en la vida anímica.

Freud ha fundado en estas bases un arte de interpretación al que corresponde la función de extraer del mineral representado por las ocurrencias involuntarias el metal de ideas reprimidas en ellas contenidas. Objeto de esta interpretación no son sólo las ocurrencias del enfermo, sino también sus sueños, los cuales facilitan un acceso directo al conocimiento de lo inconsciente, sus actos involuntarios y casuales (actos sintomáticos) y los errores de su vida cotidiana (equivocaciones orales, extravío de objetos, etcétera). Los detalles de este arte de interpretación o traducción no han sido aún publicados por Freud. Trátase, según sus indicaciones, de una serie de reglas empíricamente deducidas para extraer, de las ocurrencias, el material psíquico, indicaciones sobre el sentido que ha de darse a una ausencia o cesación de tales ocurrencias en el enfermo, y experiencias sobre las principales resistencias típicas que se presentan en el curso de un tal tratamiento. Una extensa obra publicada por Freud en 1900, con el título de *La interpretación de los sueños*, representa ya el primer paso de tal introducción a la técnica psicoanalítica.

De estas indicaciones sobre la técnica del método psicoanalítico podría deducirse que su inventor se ha impuesto un esfuerzo superfluo y ha obrado equivocadamente al abandonar el procedimiento hipnótico, mucho menos complicado. Pero, en primer lugar, el ejercicio de la técnica psicoanalítica, una vez aprendida esta, es mucho menos difícil de lo que por descripción parece, y en segundo, no existe ningún otro camino que conduzca al fin propuesto, y, por tanto, el camino más penoso es, de todos modos, el más corto. La hipnosis encubre la resistencia y oculta así, a los ojos del médico, el funcionamiento de las fuerzas psíquicas. Pero no vence la resistencia, sino que se limita a eludirla, y de este modo sólo procura datos incompletos y éxitos pasajeros.

La labor que el método psicoanalítico tiende a llevar a cabo puede expresarse en diversas fórmulas, equivalentes todas en el fondo. Puede decirse que el fin del tratamiento es suprimir las amnesias. Una vez cegadas todas las lagunas de la memoria y aclarados todos los misteriosos afectos de la vida psíquica, se hace imposible la persistencia de la enfermedad e incluso todo nuevo brote de la misma. Puede decirse también que el fin perseguido es el de destruir todas las represiones, pues el estado psíquico resultante es el mismo que el obtenido una vez resueltas todas las amnesias. Empleando una fórmula más amplia, puede decirse también que se trata de hacer accesible a la conciencia lo inconsciente, lo cual se logra con el vencimiento de la resistencia. Pero no debe olvidarse en todo esto que semejante estado ideal no existe tampoco en el hombre normal y que sólo raras veces se hace posible llevar tan lejos el tratamiento. Del mismo modo que entre la salud y la enfermedad no existe una frontera definida y sólo prácticamente podemos establecerla, el tratamiento no podrá proponerse otro fin que la curación del enfermo, el restablecimiento de su capacidad de trabajo y de goce. Cuando el tratamiento no ha sido suficientemente prolongado o no ha alcanzado éxito suficiente, se consigue, por lo menos, un importante alivio del estado psíquico general, aunque los síntomas continúen subsistiendo, aminorada siempre su importancia para el sujeto y sin hacer de él un enfermo.

El procedimiento terapéutico es, con pequeñas modificaciones, el mismo para todos los cuadros sintomáticos de las múltiples formas de la histeria y para todas las formas de la neurosis obsesiva. Pero su empleo no es, desde luego, ilimitado. La naturaleza del método psicoanalítico crea indicaciones y contraindicaciones tanto por lo que se refiere a las personas a las cuales ha de aplicarse el tratamiento, como el cuadro patológico. Los casos más favorables para su aplicación son los de psiconeurosis crónica, con síntomas poco violentos y peligrosos, esto es, en primer lugar, todas las formas de neurosis obsesivas, ideas o actos obsesivos, aquellas histerias en las que desempeñan un papel principal las fobias y las abulias, y, por último, todas las formas somáticas de la histeria, en tanto no impongan al médico, como en la anorexia, la necesidad de hacer desaparecer rápidamente el síntoma. En los casos agudos de histeria habrá de esperarse la aparición de una fase más tranquila, y en aquellos en los cuales predomina el agotamiento nervioso, deberá evitarse un tratamiento que exige por sí mismo un cierto esfuerzo, no realiza sino muy lentos progresos y tiene que prescindir, durante algún tiempo, de la subsistencia de los síntomas.

Para que el tratamiento tenga amplias probabilidades de éxito debe también reunir el sujeto determinadas condiciones. En primer lugar, debe ser capaz de un estado psíquico normal, pues en períodos de confusión mental o de depresión melancólica no es posible intentar nada, ni siquiera en los casos de histeria. Deberá poseer asimismo un cierto grado de inteligencia natural y un cierto nivel ético. Con las personas de escaso valor pierde pronto el médico el interés que le capacita para ahondar en la vida anímica del enfermo. Las deformaciones graves del carácter y los rasgos de una constitución verdaderamente degenerada se hacen sentir durante el tratamiento como fuentes de resistencias apenas superables. La constitución pone, pues, en esta medida un límite a la eficacia de la psicoterapia. También una edad próxima a los cincuenta años crea condiciones desfavorables para el psicoanálisis. La acumulación de material psíquico dificulta ya su manejo, el tiempo necesario para el restablecimiento resulta demasiado largo y la facultad de dar un nuevo curso a los procesos psíquicos comienza a paralizarse.

No obstante estas restricciones, el número de personas a quienes puede aplicarse el método psicoanalítico es extraordinariamente amplio, y muy considerable también, según las afirmaciones de Freud, la extensión de nuestro poder terapéutico. Freud señala como duración del tratamiento un período muy amplio, de seis meses a tres años; pero hace constar que por diversas circunstancias, fácilmente adivinables, sólo ha podido probarlo en casos muy graves, en enfermos muy antiguos, llegados ya a una plena incapacidad funcional, que se han visto defraudados por todos los demás tratamientos, y acuden, como último recurso, al discutido método psicoanalítico. En casos menos graves, la duración del tratamiento habría de ser mucho menor y se alcanzaría una mayor garantía de curación para el porvenir.

Conferencia pronunciada en el Colegio
de Médicos de Viena en 1904.

Una invitación de vuestro llorado presidente, el profesor von Reder, me permitió desarrollar ante vosotros, hace ya ocho años, algunas consideraciones sobre la histeria. Poco tiempo antes, en 1895, había publicado, en colaboración con el doctor J. Breuer, los *Estudios sobre la histeria*, y basándome en los descubrimientos realizados por mi colaborador, había iniciado la tentativa de introducir un nuevo tratamiento de la neurosis. La labor concretada en aquellos *Estudios* no ha sido felizmente vana. Las ideas en ellos mantenidas sobre la acción patógena de los traumas psíquicos a consecuencia de la retención del afecto, y la concepción de los síntomas histéricos como resultados de una excitación transferida desde lo anímico a lo somático, ideas para las cuales creamos los términos de "descarga por reacción" y "conversión", son hoy generalmente conocidas y comprendidas. Ninguna descripción de la histeria —por lo menos ninguna de las publicadas por autores de lengua alemana— deja ya de tener en cuenta tales ideas, y su aceptación, por lo menos parcial, se ha generalizado entre nuestros colegas. Pero a su aparición hubieron de provocar singular extrañeza.

No puede decirse lo mismo del método terapéutico propuesto simultáneamente a la exposición de tales teorías. Este lucha aún por ser aceptado. La causa de semejante desigualdad puede buscarse en razones especiales. La técnica del nuevo método se hallaba aún muy poco desarrollada al publicarse los *Estudios sobre la histeria*, privándome así de dar en ellos, a los lectores médicos, las indicaciones que hubiesen podido capacitarlos para llevar a cabo, por sí mismos y hasta el final, un tal tratamiento. Pero además de estos motivos particulares, han actuado otros de carácter general. Muchos médicos ven todavía en la psicoterapia un producto del misticismo moderno y la consideran anticientífica e indigna del interés del investigador, comparada con nuestros medios curativos físico-químicos, cuyo empleo se basa en descubrimientos fisiológicos. Vais a permitirme que me constituya en defensor de la causa de la psicoterapia y señale a vuestros ojos lo que semejante opinión tiene de injusta y de errónea.

En primer lugar, haré constar que la psicoterapia no es ningún método curativo moderno. Por el contrario, es la terapia más antigua de la Medicina. En la instructiva *Psicoterapia general*, de Löwenfeld, podéis leer cuáles fueron los métodos de la Medicina antigua y primitiva. En su mayoría pertenecen a la psicoterapia. Para alcanzar la curación de los enfermos se provocaba en ellos un estado de "espera crédula", que todavía nos rinde actualmente igual servicio. Tampoco después de haber descubierto los médicos otros medios curativos han desaparecido nunca por completo del campo de la Medicina las tendencias psicoterápicas.

En segundo lugar, he de advertiros que nosotros, los médicos, no podemos prescindir de la psicoterapia, por la sencilla razón de que la otra parte interesada en el proceso curativo, o sea, el enfermo, no tiene la menor intención de renunciar a ella. Y conocéis las luminosas explicaciones que sobre esta cuestión debemos a la escuela de Nancy (Liébault, Bernheim). Sin que el médico se lo proponga, a todo tratamiento por él iniciado se agrega en el acto, favoreciéndolo casi siempre, pero también, a veces, contrariándolo, un factor dependiente de la disposición psíquica del enfermo. Hemos aprendido a aplicar a este hecho el concepto de "sugestión", y Moebius nos ha mostrado que la inseguridad que reprochamos a muchos de nuestros métodos terapéuticos debe ser atribuida precisamente a la acción perturbadora de este poderoso factor. Así, pues, todos nosotros practicamos constantemente la psicoterapia, aun en aquellos casos en que no nos lo proponemos ni nos damos cuenta de ello. Pero el abandonar así al arbitrio del enfermo, en vuestra actuación sobre él, el factor psíquico, tiene el grave inconveniente de que dicho factor escapa a vuestra vigilancia, sin que podáis dosificarlo ni incrementar su intensidad. ¿No será entonces una aspiración justificada del médico la de apoderarse de este factor, servirse de él intencionadamente, guiarlo e intensificarlo? Pues esto y sólo esto es lo que os propone la psicoterapia científica.

En tercer lugar, habré de recordaros el hecho generalmente conocido de que ciertas enfermedades, y muy especialmente las psiconeurosis, resultan mucho más asequibles a las influencias psíquicas que a ninguna otra medicación. Según un dicho muy antiguo, lo que cura estas enfermedades no es la medicina, sino el médico, o sea, la personalidad del médico en cuanto el mismo ejerce, por medio de ella, un influjo psíquico. Sé muy bien que entre vosotros goza de gran favor aquella teoría a la que Vischer ha dado una expresión clásica en su parodia del Fausto goethiano:

> "Sobre lo moral, lo psíquico
> en toda ocasión influye".

Pero ¿no habrá de ser mucho más adecuado y posible influir sobre la moral de un hombre con medios morales, o sea, psíquicos?

La psicoterapia nos ofrece procedimientos y caminos muy diferentes. Cualquiera de ellos que nos conduzca al fin propuesto, a la curación del enfermo, será bueno. Las promesas de mejoría que prodigamos consoladoramente a los enfermos corresponden ya a uno de los métodos psicoterápicos. Pero al ahondar en la esencia de las neurosis no hemos hallado nada que nos obligue a limitarnos a semejante consuelo y hemos desarrollado las técnicas de la sugestión hipnótica y las de la psicoterapia por derivación, por elaboración y por provocación de afectos favorables. Todas ellas me parecen estimables y las emplearía en circunstancias apropiadas. Si, en realidad, me he limitado a un único método, al que Breuer denominó *catártico* y yo prefiero llamar *analítico*, ha sido tan sólo por razones subjetivas. A consecuencia de mi participación en la génesis de esta terapia, me siento personalmente obligado a consagrarme a su investigación y al perfeccionamiento de su técnica. Puedo afirmar que la psicoterapia analítica es la más poderosa, la de más amplio alcance y la que consigue una mayor transformación del enfermo. Abandonando por un momento el punto de vista terapéutico, puedo afirmar también que es la más interesante y la única que nos instruye sobre la génesis y la conexión de los fenómenos patológicos. Por la visión que nos procura del mecanismo de la enfermedad anímica, es también la única que puede conducirnos más allá de sus propios límites e indicarnos el camino de otras formas de influjo terapéutico.

Con relación a este método psicoterápico, catártico o analítico, vais a permitirme que rectifique algunos errores y exponga algunas aclaraciones:

a) He observado que este método es confundido frecuentemente con el tratamiento por sugestión hipnótica, pues, entre otras cosas, algunos colegas que no suelen considerarme, en general, como su hombre de confianza, me envían a veces enfermos —enfermos refractarios, naturalmente—, con el encargo de que los hipnotice. Ahora bien: hace casi ocho años que no empleo ya el hipnotismo para fines terapéuticos (salvo en algunos ensayos aislados), y, por tanto, suelo devolver tales envíos con el consejo de que quienes confían en la terapia hipnótica deben practicarla por sí mismos. En realidad, entre la técnica sugestiva y la analítica existe una máxima oposición, aquella misma oposición que respecto a las artes encerró Leonardo da Vinci en las fórmulas *per via di porre* y *per via di levare*. La pintura, dice Leonardo, opera *per via di porre*, esto es, va poniendo colores donde antes no los había, sobre el blanco lienzo. En cambio, la escultura procede *per via di levare*, quitando de la piedra la masa que encubre la superficie de la estatua en ella contenida. Idénticamente, la técnica sugestiva actúa *per via di porre*; no se preocupa del origen, la fuerza y el sentido de los síntomas patológicos, sino que les sobrepone algo —la sugestión— que supone ha de ser lo bastante fuerte para impedir la exteriorización de la idea patógena. En cambio, la terapia analítica no quiere agregar nada, no quiere introducir nada nuevo, sino, por el contrario, quitar y extraer algo, y con este fin se preocupa de la génesis de los síntomas patológicos y de las conexiones de la idea patógena que se propone hacer desaparecer. Esta investigación nos ha procurado importantes conocimientos. Por mi parte renuncié tempranamente a la técnica sugestiva, y con ella a la hipnosis, porque dudaba mucho que la sugestión tuviera fuerza y persistencia suficientes para garantizar una curación duradera. En todos los casos graves vi desvanecerse pronto la sugestión sobrepuesta y reaparecer la enfermedad o una sustitución equivalente. Además, esta técnica tiene el inconveniente de ocultarnos el funcionamiento de las fuerzas psíquicas, no dejándonos reconocer, por ejemplo, la *resistencia*, con la cual se aferran los enfermos a su enfermedad y se rebelan contra la curación, factor que es precisamente el único que puede facilitarnos la comprensión de su conducta en la vida.

b) También me parece muy difundido entre mis colegas el error de creer que la técnica de la investigación de los agentes patológicos y la supresión de los síntomas por dicha investigación son cosas fáciles y naturales. Sólo así puedo explicarme que ninguno de los muchos colegas a quienes interesa mi terapia y opina resueltamente sobre ella me haya pedido nunca información sobre la forma de aplicarla. Alguna vez he oído también con asombro que en tal o cual sala del hospital el médico director había encargado a uno de sus jóvenes ayudantes el "psicoanálisis" de un histérico. Tengo la seguridad de que si se tratase del análisis de un tumor extirpado a un enfermo, el mismo médico director no lo encargaría a un ayudante al que no supiera perfectamente impuesto en la técnica histológica. Por último, llega también a mí de cuando en cuando la noticia de que algún colega está sometiendo a uno de sus pacientes a una cura psíquica, y como me consta que ignora en absoluto la técnica de una tal cura, he de suponer que confía en que el enfermo le revele espontáneamente sus secretos o busca la salvación en una especie de confesión o confidencia. No me extrañaría nada que semejante tratamiento dañase al enfermo en lugar de beneficiarle. El instrumento anímico no es nada fácil de tañer. En estos casos, recuerdo siempre las palabras de un neurótico famoso en todo el mundo, pero que nunca fue tratado por ningún médico, pues sólo vivió en la imaginación de un poeta. Me refiero al príncipe Hamlet, de Dinamarca. El rey ha enviado junto a él a dos cortesanos para sondearle y arrancarle el secreto de su melancolía. Hamlet los rechaza. En este punto, traen a escena unas flautas. Hamlet toma una y se la tiende a uno de los inoportunos, invitándole a tañerla. El cortesano se excusa, alegando su completa ignorancia de aquel arte, y Hamlet exclama: "Pues mira tú en qué opinión más baja me tienes. Tú me quieres tocar, presumes conocer mis registros, pretendes extraer lo más íntimo de mis secretos, quieres hacer que suene desde el más grave al más agudo de mis tonos; y ve aquí este pequeño órgano, capaz de excelentes voces y de armonía, que tú no puedes hacer sonar. ¿Y juzgas que se me tañe a mí con más facilidad que una flauta? No;

dame el nombre del instrumento que quieras; por más que lo manejes y te fatigues, jamás conseguirás hacerle producir el menor sonido". (Acto III, escena 2).

c) Por algunas de mis observaciones habréis podido ya adivinar que la cura analítica entraña ciertas particularidades, por las que dista mucho de ser una terapia ideal. Tuto, cito, iucunde; la investigación y la rebusca en que se basa no auguran ciertamente una rápida obtención del fin curativo, y la mención de la resistencia os habrá hecho sospechar la emergencia de dificultades poco gratas en el curso del tratamiento. Efectivamente, el tratamiento psicoanalítico plantea grandes exigencias, tanto al enfermo como al médico. Para el enfermo se hace demasiado largo y, en consecuencia, muy costoso, aparte del sacrificio que ha de suponerle comunicar con plena sinceridad cosas que preferiría silenciar. Para el médico, además de la prolongada labor que ha de dedicar a cada paciente, resulta harto trabajoso, por técnica especialísima que ha de aprender a aplicar. Por mi parte no tendría nada que oponer al empleo de procedimientos terapéuticos más cómodos, siempre que con ellos se obtuvieran también resultados positivos. Pero mientras que un tratamiento penoso y largo cure mejor que otro sencillo y breve, habremos de preferir siempre el primero, no obstante sus inconvenientes. Así, la moderna terapia del lupus es, desde luego, mucho más incómoda y costosa que los antiguos raspados y cauterios, y, sin embargo, significa un gran progreso, pues obtiene la curación radical. Sin que ello suponga extremar la comparación, puede afirmarse que el método psicoanalítico tiene también derecho a igual privilegio. Hasta ahora sólo he podido desarrollarlo y contrastarlo en casos muy graves, en enfermos que habían pasado años enteros recluidos en un sanatorio y habían probado ya todos los procedimientos terapéuticos, sin encontrar alivio. No puedo, por tanto, precisar aún la acción de mi terapia en aquellas otras enfermedades menos graves, de emergencia episódica, que vemos desaparecer bajo los más diversos influjos o incluso espontáneamente. La terapia analítica ha sido creada para enfermos prolongadamente incapacitados para la vida, se ha ido perfeccionando en su tratamiento, y su mayor triunfo ha sido devolver a un número muy satisfactorio de estos enfermos su plena capacidad. Ante estos resultados, todo esfuerzo ha de aparecer pequeño.

d) Las numerosas dificultades prácticas con las que ha tropezado mi actividad me impiden daros ya una relación definitiva de las indicaciones y contraindicaciones del tratamiento analítico. Convendrá, sin embargo, aclarar algunos puntos.

1. —No debemos atender tan sólo a la enfermedad, sino también al valor individual del sujeto, y habremos de rechazar a aquellos enfermos que no posean un cierto nivel cultural y condiciones de carácter en las que podamos confiar hasta cierto punto. No debe olvidarse que también hay hombres sanos carentes de todo valor, y que siempre nos inclinamos demasiado a atribuir su inferioridad a la enfermedad en cuanto hallamos en ellos algún signo de neurosis. A mi juicio, la neurosis no implica necesariamente la "degeneración", aunque no sea nada raro encontrarla coexistiendo con fenómenos de degeneración en el mismo individuo. Pero la psicoterapia analítica no es un tratamiento de la degeneración neurótica, que, por el contrario, pone un límite a su eficacia. Tampoco es aplicable a personas que, al someterse a tratamiento, no lo hagan espontáneamente, sino por imposición de sus familiares. Más adelante nos ocuparemos de otra condición capital para la aplicación del tratamiento psicoanalítico: la de que el sujeto sea aún susceptible de educación.

2. —Si queremos avanzar seguramente, habremos de limitar nuestra elección a personas capaces de un estado normal,

pues el procedimiento psicoanalítico tiene en él su punto de partida para llegar a apoderarse de lo patológico. Las psicosis y los estados de confusión mental y de melancolía profunda (pudiéramos decir, tóxica) contraindican así la aplicación del psicoanálisis, por lo menos tal y como hoy se practica. De todos modos, no creo imposible que una vez adecuadamente modificado el método analítico quede superada esta contraindicación y pueda crear una psicoterapia de las psicosis.

3. —La edad de los enfermos desempeña también un papel en su selección para el tratamiento analítico, pues, en primer lugar, las personas próximas a los cincuenta años suelen carecer de la plasticidad de los procesos anímicos, con la cual cuenta la terapia —los viejos no son ya educables—, y en segundo, la acumulación de material psíquico prolongaría excesivamente el análisis. El límite opuesto sólo individualmente puede determinarse; los individuos muy jóvenes, impúberes aún, son a veces muy asequibles a la influencia analítica.

4. —No se acudirá tampoco al psicoanálisis cuando se trate de la rápida supresión de fenómenos amenazadores; por ejemplo, en una anorexia histérica.

Ante esta serie de contraindicaciones pensaréis quizá que el campo de aplicación del psicoanálisis es extraordinariamente limitado. Quedan, no obstante, formas y casos patológicos más que suficientes en los que contrastar nuestra terapia: todas las formas crónicas de histeria, el amplio sector de los estados obsesivos, las abulias y otras perturbaciones análogas.

Consignaremos, por último, con satisfacción que la eficacia y la rapidez de nuestra terapia crecen en razón directa del valor individual del sujeto y de su nivel moral e intelectual.

e) Queréis seguramente preguntarme si la aplicación del psicoanálisis no puede causar algún daño a los pacientes. Puedo afirmaros que una cura analítica desarrollada por un médico perito en la técnica del análisis no supone peligro alguno para el enfermo, y espero que otorguéis a nuestra terapia la misma benevolencia crítica que en general estáis dispuestos a conceder a otros métodos terapéuticos. Sólo pueden juzgarla de otro modo aquellos profanos que acostumbran imputar al tratamiento cuantos fenómenos surgen en un caso patológico. No hace mucho tiempo existía aún un prejuicio semejante contra los balnearios. Algún enfermo a quien se aconsejaba visitar un establecimiento de este orden se resistía, alegando que un conocido suyo había ido a un balneario en busca de la curación de un ligero padecimiento nervioso y se había vuelto loco en el curso del tratamiento hidroterápico. Como adivinaréis, se trataba de casos incipientes de parálisis general, que en su estadio inicial podían ser enviados a un balneario y que siguieron en él su curso fatal hasta la demencia manifiesta. Mas, para los profanos, la culpa de aquella agravación no podía ser sino el agua. Tampoco los médicos se muestran libres de estos prejuicios cuando se trata de métodos nuevos. En una ocasión emprendí la cura psicoterápica de una mujer que había pasado gran parte de su vida en alternativas de manía y melancolía, haciéndome cargo de la enferma al final de una fase de melancolía. Durante dos semanas pareció mejorar, pero a la tercera se inició una nueva fase de manía. Tratábase, seguramente, de una modificación espontánea del cuadro patológico, pues quince días son un plazo muy corto para que el psicoanálisis comience a producir algún efecto, pero el ilustre médico —ya fallecido— que asistía conmigo a la enferma no pudo retener su opinión de que aquella "agravación" era imputable a la psicoterapia. Estoy seguro de que en otras circunstancias hubiera demostrado mejor sentido crítico.

f) Para terminar he de decirme que no es justo venir reteniendo ya tanto tiempo vuestra atención en favor de la psicoterapia analítica sin explicaros en qué consiste semejante tratamiento y en qué se funda. Claro es que la brevedad a que estoy forzado no me permite daros más que ligeras indicaciones. Así, pues, os diré que nuestra terapia se funda en el conocimiento de que las representaciones inconscientes —o, mejor dicho, la naturaleza inconsciente de ciertos procesos anímicos— es la causa primera de los síntomas patológicos. Compartimos esta convicción con la escuela francesa (Janet), que refiere el síntoma histérico a la "idea fija" inconsciente. Pero no temáis que por este camino nos adentremos en el sector más obscuro de la Filosofía. Nuestro inconsciente no es el mismo que el de los filósofos, y, además, la mayoría de los filósofos no quiere saber nada de "lo psíquico inconsciente". Pero si os colocáis en nuestro punto de vista, advertiréis en seguida que la traducción a lo consciente del material inconsciente dado en la vida anímica del enfermo tiene que corregir su desviación de lo normal y destruir la coerción que pesa sobre su vida psíquica. La voluntad consciente no alcanza más allá de los procesos psíquicos conscientes, y toda coerción psíquica se funda en el psiquismo inconsciente. Tampoco habréis de temer que la conmoción producida por la entrada de lo inconsciente en la conciencia perjudique al sujeto, pues ya teóricamente puede demostrarse que la acción somática y psíquica de los impulsos anímicos hechos conscientes no puede ser nunca tan fuerte como la de los inconscientes. Sabido es que el dominio de todos nuestros impulsos lo conseguimos haciendo actuar sobre ellos nuestras funciones psíquicas más altas, dotadas de conciencia.

Pero también podéis elegir otro punto de vista para la comprensión del tratamiento psicoanalítico. El descubrimiento y la traducción de lo inconsciente se llevan a cabo contra una continua *resistencia* del enfermo. La emergencia de lo inconsciente va enlazada a sensaciones de displacer, a causa de las cuales es rechazado siempre de nuevo. En este conflicto que se desarrolla en la vida anímica del enfermo interviene el médico. Si consigue llevar al enfermo a aceptar algo que hasta entonces había rechazado (reprimido) a consecuencia de la regulación automática determinada por el displacer, habrá logrado llevar a buen término una parte importante de labor educativa. Ya el hecho de mover a madrugar a un individuo que sólo a disgusto abandonaba el lecho es una labor educativa. Pues bien, el tratamiento psicoanalítico puede ser considerado como una segunda educación, encaminada al vencimiento de las resistencias internas. En los nerviosos, la necesidad de esta segunda educación se hace sentir especialmente en cuanto al elemento anímico de su vida sexual. En ningún lado han producido la civilización y la educación daños tan graves como en este sector, en el cual hallamos las etiologías principales de la neurosis. El otro elemento etiológico, la aportación constitucional, nos es dado como algo inmutable y fatal. Surge aquí una condición importantísima para el médico. Ha de poseer un alto nivel moral y haber vencido en sí mismo aquella mezcla de salacidad y mojigatería, con la cual acostumbran enfrentarse muchas personas con los problemas sexuales.

Surge aquí una nueva observación. Sé que mi acentuación del papel de la sexualidad en la génesis de las neurosis se ha difundido en círculos muy amplios. Pero también sé que las restricciones y la minuciosidad sirven de poco con el gran público. La multitud tiene poco sitio en la memoria y no conserva de las afirmaciones más que su nódulo, creándose extremos fácilmente visibles. También algunos médicos creen que mi teoría refiere en último término las neurosis a la privación sexual. No falta ciertamente tal privación de las condiciones de vida de nuestra sociedad. Dada semejante premisa, lo inmediato sería eludir el penoso rodeo a través de la cura psíquica y buscar directamente la curación, recomendando al enfermo, como medicina, la actividad sexual. Si esta deducción fuera exacta, no veo nada que pudiera detenerme de hacer al paciente tal recomendación. Pero la cuestión es muy distinta. La privación sexual es tan sólo uno de los factores que intervienen en el mecanismo de la neurosis. Si fuera el único, la consecuencia no sería la enfermedad, sino el desenfreno sexual. El otro factor, igualmente imprescindible y que se suele olvidar demasiado fácilmente, es la repugnancia sexual de los neuróticos, su incapacidad de amar, aquel rasgo psíquico al que hemos dado el nombre de *represión*. Sólo del conflicto entre ambas tendencias surge la enfermedad neurótica, y, por lo tanto, la libre actividad sexual sólo en muy contados casos puede ser recomendable en las psiconeurosis.

Para terminar, habréis de permitirme unas palabras de defensa. Queremos esperar que vuestro interés por el psicoanálisis, despojado de todo prejuicio hostil, nos apoyará en la labor de conseguir también resultados positivos en el tratamiento de casos graves de psiconeurosis.

Conferencia pronunciada en el segundo congreso
psicoanalítico privado. (Nuremberg, 1910).

Siendo predominantemente prácticos los fines que hoy nos reúnen, he elegido también para mi conferencia inicial un tema práctico y de interés profesional más que científico. Conozco vuestro juicio sobre los resultados de nuestra terapia y quiero suponer que la mayoría de vosotros ha superado ya las dos fases de su aprendizaje: la de entusiasmo ante la insospechada extensión de nuestra acción terapéutica y la de depresión ante la magnitud de las dificultades que se alzan en nuestro camino. Pero cualquiera que sea el punto de esta evolución al que hayáis llegado, me propongo hoy demostraros que nuestra aportación de nuevos medios contra las neurosis no ha terminado aún, y que nuestra intervención terapéutica ha de ampliar considerablemente su campo de acción en un próximo futuro.

Este incremento de nuestras posibilidades resultará de la acción conjunta de los tres factores siguientes:
1. —Progreso interno.
2. —Incremento de autoridad; y
3. —Efecto general de nuestra labor.

Ad. 1. —Por "progreso interno" entendemos: a) el de nuestros conocimientos, y b) el de nuestra técnica.

a) Progreso de nuestros conocimientos: Estamos aún muy lejos de saber todo lo necesario para llegar a la inteligencia del psíquismo inconsciente de nuestros enfermos. Naturalmente, todo progreso de nuestros conocimientos ha de suponer un incremento de poder para nuestra terapia. Mientras no comprendamos nada, nada podremos conseguir, y cuanto más vayamos aprendiendo a comprender, mayor será nuestro rendimiento terapéutico. En sus comienzos, la cura analítica era ingrata y agotadora. El paciente tenía que revelarlo todo por sí mismo, y la actuación del médico consistía en apremiarle de continuo. Hoy se hace más amable. Se compone de dos partes, de aquello que el médico adivina y comunica al enfermo y de la elaboración de lo que el enfermo le ha comunicado. El mecanismo de nuestra intervención médica resulta fácilmente comprensible. Procuramos al enfermo aquella representación consciente provisional que le permite hallar en sí, por analogía, la representación reprimida inconsciente, ayuda intelectual que le facilita el vencimiento de las resistencias entre lo consciente y lo inconsciente. Desde luego, no es este el único mecanismo que empleamos en la cura analítica. Todos conocéis otro, mucho más poderoso, consistente en el aprovechamiento de la transferencia. En una *Metodología general del psicoanálisis* me propongo tratar en breve de todas estas cuestiones, tan importantes para la comprensión de la cura psicoanalítica. Ante vosotros no necesito salir al paso de la objeción de que nuestra práctica terapéutica, en su estado actual, no prueba concluyentemente la exactitud de nuestra hipótesis. Todos sabéis muy bien que tales pruebas se nos ofrecen también en otro lado y que una intervención terapéutica no puede ser desarrollada como una investigación teórica.

Vais a permitirme una breve incursión en algunos sectores en los cuales nos queda mucho que aprender y aprendemos realmente cada día algo nuevo. Tenemos, ante todo, el simbolismo de los sueños y de lo inconsciente, tema violentamente discutido. El estudio de los símbolos oníricos realizado por nuestro colega W. Stekel, sin dejarse intimidar por la contradicción de nuestros adversarios, ha sido altamente meritorio.

En este campo nos queda aún mucho que aprender, y mi *Interpretación de los sueños*, escrita en 1899, espera del estudio de este simbolismo complementos muy importantes.

Quisiera deciros algunas palabras sobre estos símbolos últimamente descubiertos. Hace algún tiempo supe que un psicólogo nada favorable a nuestras hipótesis se había dirigido a uno de nosotros, acusándonos de exagerar la secreta significación sexual de los sueños. Como prueba, alegaba que su sueño más frecuente era el de estar subiendo una escalera, sueño que no encubría seguramente nada sexual. Ante esta objeción, comenzamos a estudiar los sueños en que aparecían escaleras, rampas, etc., y no tardamos en fijar que la escalera (y todo lo análogo a ella) era un seguro símbolo del coito. No es difícil hallar la base de la comparación. En una graduación rítmica y haciéndose cada vez más agitada nuestra respiración, subimos a una altura, de la cual podemos luego descender rápidamente en un par de saltos. De este modo, el ritmo del coito reaparece en el acto de subir una escalera. No olvidemos tampoco los usos del lenguaje. Nos muestran, en efecto, que el verbo 'subir' (*steigen*) es empleado directamente y sin modificación alguna como calificación sustantiva del acto sexual. Así, decimos que Fulano es "un viejo subidor" (*ein alter Steiger*) o que no hace más que "subir detrás de las mujeres" (*den Frauen nachsteigen*). En francés, el escalón es '*la marche*' y la locución un vieux marcheur coincide exactamente con la nuestra *ein alter Steiger*. La comisión que en este congreso ha de nombrarse para hacerse cargo de la investigación de los simbolismos os presentará en su día el material onírico del que proceden estos símbolos recientemente descubiertos. Sobre otro símbolo muy interesante, el de la "salvación", y sobre la evolución de su sentido, hallaréis también datos suficientes en el segundo tomo de nuestro *Anuario*. Por mi parte, no puedo ser más extenso sobre este tema, pues me faltaría tiempo para desarrollar otros puntos de mi conferencia.

Todos vosotros iréis comprobando, por experiencia propia, de qué distinto modo se enfrenta uno con un nuevo enfermo después de haber analizado unos cuantos casos patológicos típicos y haber penetrado hondamente en su estructura y su mecanismo. Suponed ahora que hubiésemos logrado encerrar las características de las distintas formas de neurosis en unas cuantas fórmulas sintéticas, como ya lo hemos conseguido con relación a los síntomas histéricos. Nuestro pronóstico adquiriría mucha mayor seguridad. Del mismo modo que el tocólogo deduce del examen de la placenta si la misma ha sido expulsada en totalidad o ha dejado tras de sí restos peligrosos, podríamos decir nosotros, independientemente del resultado inmediato de la cura y del estado momentáneo del enfermo, si nuestra labor había obtenido un éxito definitivo o eran de temer nuevos brotes patológicos o recaídas.

b) Pasemos ahora a las innovaciones en el campo de la técnica. Gran parte de esta espera aún su fijación definitiva y el resto comienza ahora a determinarse claramente. La técnica psicoanalítica se propone en el momento actual dos fines: ahorrar trabajo al médico y facilitar al enfermo un amplio acceso a su psiquismo inconsciente. Sabéis ya que nuestra técnica ha sufrido una transformación radical. En la época del tratamiento catártico, veía su fin en la explicación de los síntomas; más tarde nos apartamos de los síntomas y nos orientamos hacia el descubrimiento de los "complejos", según el término técnico creado por Jung, e insustituible ya. Por último, hoy en día encaminamos directamente nuestra labor hacia el descubrimiento y el vencimiento de las *resistencias* y confiamos justificadamente en que los complejos emergerán por sí mismos una vez reconocidas y vencidas las resistencias. En algunos de vosotros ha surgido luego la necesidad de poder reunir y clasificar estas resistencias. Os ruego que contrastéis ahora con vuestra experiencia analítica la síntesis siguiente y veáis si está de acuerdo con ella: en los pacientes masculinos las resistencias más importantes al tratamiento parecen emanar del complejo del padre y resolverse en miedo al padre, hostilidad contra él y falta de confianza en él.

Otras innovaciones de la técnica se refieren a la persona misma del médico. Se nos ha hecho visible la "transferencia recíproca" que surge en el médico bajo el influjo del enfermo sobre su sentir inconsciente, y nos hallamos muy inclinados a exigir, como norma general, el reconocimiento de esta "transferencia recíproca" por el médico mismo y su vencimiento. Desde que la práctica psicoanalítica viene siendo ejercida ya por un número considerable de personas, las cuales cambian entre sí sus impresiones, hemos observado que ningún psicoanalítico llega más allá de cuanto se lo permiten sus propios complejos y resistencias, razón por la cual exigimos que todo principiante inicie su actividad con un autoanálisis y vaya haciéndolo cada vez más profundo, según vaya ampliando su experiencia en el tratamiento de enfermos. Aquel que no consiga llevar a cabo semejante autoanálisis, puede estar seguro de no poseer tampoco la capacidad de tratar analíticamente a un enfermo.

También nos inclinamos ahora a reconocer que la técnica analítica ha de adoptar ciertas modificaciones, según la forma patológica de que se trate y los instintos predominantes en el sujeto. Nuestra terapia tuvo su punto de partida en la histeria de conversión. En la histeria de angustia (en las fobias) tenemos ya que modificar nuestros procedimientos, pues estos enfermos no pueden aportar el material decisivo para la curación de la fobia mientras se sienten protegidos por la observancia de la condición fóbica. Naturalmente, no es posible conseguir de ellos que desde el principio de la cura renuncien al dispositivo protector y laboren bajo la opresión de la angustia. Tenemos, pues, que auxiliarles, facilitándoles la traducción de su inconsciente hasta que se deciden a renunciar a la protección de la fobia y a exponerse a la angustia, muy mitigada ya. Conseguido esto, se nos hace asequible el material cuya elaboración ha de conducirnos a la solución de la fobia. En el tratamiento de las neurosis obsesivas serán también precisas otras modificaciones técnicas, sobre las cuales no podemos pronunciarnos todavía. Surgen aquí importantes interrogantes, aún no resueltas, sobre la medida de satisfacción que podemos permitir, durante la cura, a los instintos combatidos del enfermo y sobre la diferencia que en este punto haya de hacerse, según se trate de instintos de naturaleza activa (sádica) o pasiva (masoquista).

Así, pues, cuando sepamos ya todo lo que ahora vislumbramos y hayamos llevado nuestra técnica hasta la perfección a que ha de conducirnos el continuo enriquecimiento de nuestra experiencia empírica, nuestra actuación médica alcanzará una precisión y una seguridad poco corrientes en las demás especialidades médicas.

Ad. 2. —Dije al principio que también podíamos esperar mucho del incremento de autoridad que habíamos de ir logrando con el tiempo. No creo necesario acentuar ante vosotros la importancia de la autoridad. Sabéis muy bien que la inmensa mayoría de los hombres es incapaz de vivir sin una autoridad en la que apoyarse, ni siquiera de formar un juicio independiente. El extraordinario incremento de las neurosis desde que las religiones han perdido su fuerza puede darnos una medida de la inestabilidad interior de los hombres y de su necesidad de un apoyo. El empobrecimiento del *yo* a consecuencia del enorme esfuerzo de represión que la civilización exige a cada individuo puede ser una de las causas principales de este estado.

Esta autoridad y la enorme sugestión de ella emanada nos han sido adversas hasta ahora. Todos nuestros éxitos terapéuticos los hemos logrado en contra de tal sugestión, siendo ya de admirar que en semejantes circunstancias hayan podido alcanzarse resultados positivos. No intentaré describiros los encantos de aquellos tiempos en los que era yo el único representante del psicoanálisis. Los enfermos a los que aseguraba poder procurarles un duradero alivio de sus padecimientos advertían la modestia de mi instalación, pensaban en mi falta de renombre y de títulos honoríficos, y se decían, como ante un jugador arruinado que les ofreciese una martingala infalible, que de ser ciertas mis promesas, habría de ser muy otra mi posición. Realmente, no era nada cómodo practicar operaciones psíquicas mientras el colega a quien correspondía la función de ayudante hallaba singular placer en escupir encima de la mesa de operaciones y los parientes del enfermo amenazaban al operador cada vez que saltaba la sangre o hacía el operador algún movimiento brusco. Una operación tiene que provocar necesariamente fenómenos de reacción, y en cirugía nos hemos habituado ya a ellos hace mucho tiempo. Pero no se prestaba la menor fe a mis afirmaciones, ni siquiera la poca que hoy se presta a las de todos nosotros. En tales condiciones, no es de extrañar que fracasara alguna de mis intervenciones. Para estimar el seguro incremento de nuestras posibilidades terapéuticas una vez que obtengamos la confianza general, habréis de recordar la diferente situación de los ginecólogos de la Europa occidental con respecto a sus colegas de Turquía y de Oriente. Todo lo que el médico puede hacer en estos últimos países es tomar el pulso a la enferma, que le extiende el brazo a través de un agujero practicado en la pared. Naturalmente, el resultado terapéutico corresponde a esta inaccesibilidad del objeto. Nuestros adversarios occidentales pretenden reducirnos a una situación semejante en cuanto a la investigación psíquica de nuestros enfermos. En cambio, desde que la sugestión de la sociedad empuja a las enfermas a la consulta del ginecólogo, se ha convertido este en el auxiliar favorito de la mujer. No me digáis ahora que si la autoridad de la sociedad viene en nuestro auxilio y aumenta extraordinariamente nuestros éxitos, nada probará en favor de la exactitud de nuestras hipótesis, puesto que la sugestión lo puede supuestamente todo y nuestros éxitos serán entonces resultado suyo y no del psicoanálisis. Habréis de tener en cuenta que la sugestión actúa ahora a favor de los tratamientos hidroterápicos y eléctricos de las enfermedades nerviosas, sin que tales medidas consigan dominar las neurosis. Ya veremos si el tratamiento psicoanalítico alcanza mejores resultados en igualdad de condiciones.

Sin embargo, no debéis llevar muy lejos vuestras esperanzas. La sociedad no habrá de apresurarse a concedernos autoridad. Tiene que oponernos resistencia, pues la sometemos a nuestra crítica y la acusamos de tener gran parte de responsabilidad en la causación de las neurosis. Del mismo modo que nos atraemos la hostilidad del individuo al descubrir lo reprimido, la sociedad no puede pagarnos con simpatía la revelación de sus daños y de sus imperfecciones, y nos acusa de socavar los ideales, porque destruimos algunas ilusiones. Parece, pues, que la condición de la cual esperamos tan considerable incremento de nuestras posibilidades analíticas no ha de llegar jamás a cumplirse. Sin embargo, la situación no es tan desconsoladora como ahora pudiera creerse. Por muy poderosos que sean los afectos y los intereses de los hombres, lo intelectual también es un poder. No precisamente de aquellos que se imponen desde un principio, pero sí de los que acaban por vencer a la larga. Las verdades más espinosas acaban por ser escuchadas y reconocidas una vez que los intereses heridos y los afectos por ellos despertados han desahogado su violencia. Siempre ha pasado así, y las verdades indeseables que nosotros los psicoanalíticos tenemos que decir al mundo correrán la misma suerte. Pero hemos de saber esperar.

Ad. 3. —He de explicaros, por último, lo que entiendo por "efecto general" de nuestra labor y por qué fundo en él alguna esperanza. Se da aquí una singular constelación terapéutica que no hallamos en ningún otro lugar, y que también a vosotros os parecerá extraña hasta que reconozcáis en ella algo que ya os es familiar hace mucho tiempo. Sabéis muy bien que las psiconeurosis son satisfacciones sustitutivas deformadas de instintos cuya existencia tiene que ocultar el sujeto a los demás e incluso a su propia conciencia. La posibilidad de las psiconeurosis reposa en esta deformación y este desconocimiento. Con la solución del enigma por ellas planteado y la aceptación de la misma por el enfermo, quedan incapacitados para subsistir estos estados patológicos. En Medicina no hay apenas nada semejante. Sólo en las fábulas se nos habla de espíritus malignos cuyo poder queda roto en cuanto alguien averigua y pronuncia su nombre secreto.

Si sustituís ahora el individuo enfermo por la sociedad entera, compuesta de personas sanas y enfermas, y la curación individual por la aceptación general de nuestras afirmaciones, bastará una breve reflexión para haceros ver que semejante sustitución no varía en nada el resultado. El éxito que la terapia pueda obtener en el individuo habrá de obtenerlo igualmente en la colectividad. Los enfermos no podrán ya exteriorizar sus diversas neurosis —su exagerada ternura angustiada, destinada a encubrir el odio; su agorafobia, que delata su ambición defraudada; sus actos obsesivos, que representan reproches y medidas de seguridad contra sus propios propósitos perversos— en cuanto sepan que todos los demás, familiares o extraños, a los cuales quieren ocultar sus procesos anímicos, conocen perfectamente el sentido general de los síntomas y advierten que sus fenómenos patológicos pueden ser interpretados en el acto por todos. Pero el efecto no se limitaría a esta ocultación de los síntomas —imposible, además, a veces—, pues la necesidad de ocultarlos quita toda razón de ser a la enfermedad. La comunicación del secreto ha atacado la "ecuación etiológica", de la cual surgen las neurosis, en su punto más vital; ha hecho ilusoria la "ventaja de la enfermedad", y en consecuencia, el resultado final de la modificación introducida por la indiscreción del médico no puede ser más que la desaparición de la enfermedad.

Si esta esperanza os pareciera utópica, deberéis recordar que por este camino se viene consiguiendo realmente la supresión de fenómenos neuróticos, si bien sea en casos individuales. Pensad cuán frecuente era en épocas pasadas, entre las muchachas campesinas, la alucinación consistente en ver aparecerse a la Virgen María. Mientras semejantes apariciones tuvieron por consecuencia la afluencia de devotos al lugar de la visión, o incluso la erección de una capilla conmemorativa, el estado visionario de tales muchachas permaneció inasequible a toda influencia. Hoy, hasta la Iglesia misma ha modificado su actitud ante estas apariciones; permite que el médico y el gendarme visiten a la visionaria, y la Virgen se aparece mucho menos. O dejadme estudiar aquí con vosotros los mismos procesos que antes he proyectado en lo futuro, en una situación análoga, pero más vulgar y, por tanto, más visible. Suponed que un grupo de señoras y caballeros de la buena sociedad ha planeado una excursión a un parador campestre. Las señoras han convenido entre sí que cuando alguna de ellas se vea precisada a satisfacer una necesidad natural, dirá que va a coger flores. Pero uno de los caballeros sorprende el secreto, y en el programa impreso que han acordado repartir a los partícipes de la excursión, incluye el siguiente aviso: "Cuando alguna señora necesite permanecer sola unos momentos, podrá avisarlo a los demás diciendo que va a coger flores". Naturalmente, ninguna de las excursionistas empleará ya la florida metáfora. ¿Cuál será la consecuencia? Que las señoras confesarán sin falso pudor, en el momento dado, sus necesidades naturales, y los caballeros no lo extrañarán lo más mínimo. Volvamos ahora a nuestro caso más serio. Un gran número de individuos, situados ante conflictos cuya solución se les hacía demasiado difícil, se han refugiado en la enfermedad, alcanzando con ella ventajas innegables, aunque demasiado caras a la larga. ¿Qué habrán de hacer estos hombres cuando las indiscretas revelaciones del psicoanálisis les impida la fuga, cerrándoles el camino de la enfermedad? Tendrán que conducirse honradamente, reconocer los instintos en ellos dominantes, afrontar el conflicto y combatir o renunciar sus deseos; y la tolerancia de la sociedad, consecuencia de la ilustración psicoanalítica, les prestará su apoyo.

Pero no debemos olvidar que tampoco es posible situarnos ante la vida como fanáticos higienistas o terapeutas. Hemos de confesarnos que esta profilaxis ideal de las enfermedades neuróticas no puede ser beneficiosa para todos. Muchos de los que hoy se refugian en la enfermedad no resistirían el conflicto en las condiciones por nosotros supuestas; sucumbirían rápidamente o causarían algún grave daño, cosas ambas más nocivas que su propia enfermedad neurótica.

Las neurosis poseen su función biológica, como dispositivos protectores, y su justificación social, *su ventaja*, no es siempre puramente subjetiva. ¿Quién de vosotros no ha tenido que reconocer alguna vez que la neurosis de un sujeto era el desenlace menos perjudicial de su conflicto? ¿Deberemos acaso ofrendar a la extinción de las neurosis tan duros sacrificios, cuando el mundo está lleno de tantas otras miserias ineludibles?

¿O deberemos, por el contrario, cesar en nuestra labor de descubrir el sentido secreto de las neurosis, considerándola peligrosa para el individuo y nociva para el funcionamiento de la sociedad, y renunciar a deducir de un descubrimiento científico sus consecuencias prácticas? Desde luego, no. Nuestro deber se orienta en la dirección opuesta. La "ventaja" de las neurosis es, a fin de cuentas, un daño, tanto para el individuo como para la sociedad, y el perjuicio que puede resultar de nuestras aclaraciones no ha de recaer sino sobre el individuo. El retorno de la sociedad a un estado más digno y más conforme con la verdad no se pagará muy caro en estos sacrificios. Pero, sobre todo, todas las energías consumidas hoy en la producción de síntomas neuróticos al servicio de un mundo imaginario, aislado de la realidad, si no pueden ser atraídas a la vida real, reforzarán, por lo menos, el clamor en demanda de aquellas modificaciones de nuestra civilización en las que vemos la única salvación de nuestros sucesores.

Para terminar, quiero daros la seguridad de que cumplís vuestro deber en más de un sentido, tratando psicoanalíticamente a vuestros enfermos. Además de laborar al servicio de la ciencia, aprovechando la única ocasión de penetrar en los enigmas de la neurosis, y además de ofrecer a vuestros enfermos el tratamiento más eficaz que por hoy poseemos contra sus dolencias, cooperáis a aquella ilustración de las masas de la cual esperamos la profilaxis más fundamental de las enfermedades neuróticas por el camino de la autoridad social.

El psicoanálisis "silvestre"

1910

Hace algunos días acudió a mi consulta, acompañada de una amiga, una señora que se quejaba de padecer estados de angustia. La enferma pasaba de los cuarenta y cinco años, pero aparecía bien conservada y se veía claramente que no había perdido aún su femineidad. Los estados de angustia habían surgido como consecuencia de su separación del marido, pero se habían hecho considerablemente más intensos desde que un médico joven al que hubo de consultar le había explicado que la causa de su angustia era de necesidad sexual. No podía prescindir del comercio masculino, y para recobrar la salud había de recurrir a una de las tres soluciones siguientes: reconciliarse con su marido, tomar un amante o satisfacerse por sí misma. Esta opinión del médico había desvanecido en la paciente toda esperanza de curación, pues no quería reanudar su vida conyugal y los otros dos medios repugnaban a su moral y a su religiosidad. El médico le había dicho que su diagnóstico se fundaba en mis descubrimientos científicos, y acudía a mí para que lo confirmase definitivamente. La amiga que venía acompañándola, una señora de más edad y aspecto poco saludable, me rogó que rebatiese la opinión de mi joven colega, seguramente erróneo, pues, por su parte, había enviudado muchos años atrás y había podido conservarse irreprochable sin padecer de angustia.

Sin detenerme a describir la difícil situación en que me colocó esta visita, pasaré directamente a examinar y aclarar la conducta del colega que me había enviado a la enferma. Pero previamente he de hacer una advertencia importante, que espero sea aplicable a nuestro caso. Una larga experiencia médica me ha enseñado a no aceptar siempre, sin formación de causa, lo que los pacientes en general, y sobre todo los neuróticos, cuentan de su médico. Cualquiera que sea el tratamiento que emplee, el neurólogo se atrae fácilmente la hostilidad del enfermo, e incluso tiene que resignarse, en muchos casos, a tomar sobre sí, por una especie de proyección, la responsabilidad de los deseos secretos reprimidos del enfermo. Luego, se da el hecho lamentable, pero muy característico, de que los otros médicos son quienes toman más en serio semejantes acusaciones.

Creo, pues, justificado suponer que también en esta ocasión hizo la enferma una transcripción tendenciosamente deformada de las afirmaciones de su médico, y que, por tanto, incurro en injusticia al enlazar precisamente a este caso mis observaciones sobre el psicoanálisis "silvestre". Pero con ellas creo evitar graves perjuicios a muchos otros enfermos.

Supongamos, pues, que el médico habló realmente como la enferma pretendía.

Todo el mundo presentará aquí una primera objeción crítica, alegando que cuando un médico considera necesario discurrir con una paciente sobre temas sexuales, lo debe hacer con el mayor tacto y máxima delicadeza. Pero estas exigencias coinciden con la observancia de ciertos preceptos *técnicos* del psicoanálisis, y, además el médico habría desconocido o interpretado mal toda una serie de doctrinas científicas del psicoanálisis, mostrando con ello haber avanzado muy poco en la comprensión de su naturaleza y sus fines.

Comencemos por examinar los errores científicos. Los consejos del médico revelan su concepto de la "vida sexual", concepto que coincide exactamente con el más vulgar, en el cual sólo se entiende por necesidad sexual la necesidad del coito o de actos análogos que provoquen el orgasmo y la eyaculación

108

de materias sexuales. Pero el médico no podría ignorar que precisamente se suele hacer al psicoanálisis el reproche de extender el concepto de lo sexual mucho más allá de sus límites corrientes. El hecho en sí es cierto, y no hemos de entrar aquí a discutir si está justificado convertirlo en un reproche. El concepto de lo sexual comprende en psicoanálisis mucho más. Esta extensión se justifica genéticamente. Adscribimos también a la "vida sexual" la actuación de todos aquellos sentimientos afectivos nacidos de la fuente de los impulsos sexuales primitivos, aunque tales impulsos hayan sufrido una inhibición de su fin primitivo sexual o lo hayan cambiado por otro ya no sexual. Por esta razón, hablamos preferentemente de *psicosexualidad* y nos importa tanto que no se ignore ni se tenga en poco el factor anímico de la sexualidad. Sabemos también, hace ya mucho tiempo, que, dado un comercio sexual normal, puede existir, sin embargo, una insatisfacción anímica, con todas sus consecuencias, y en nuestra labor terapéutica tenemos siempre presente que por medio del coito u otros actos sexuales no puede derivarse muchas veces más que una pequeña parte de las tendencias sexuales insatisfechas, cuyas satisfacciones sustitutivas combatimos bajo la forma de síntomas nerviosos.

Aquellos que no comparten esta afirmación psicoanalítica no tienen derecho a referirse a las doctrinas del psicoanálisis sobre la significación etiológica de la sexualidad. Acentuando exclusivamente en lo sexual el factor somático, se facilita extraordinariamente el problema, pero habrán de aceptar íntegramente la responsabilidad de su conducta.

En los consejos del joven médico se trasluce todavía otro segundo error igualmente grave.

Es cierto que el psicoanálisis señala la insatisfacción sexual como causa de las enfermedades nerviosas. Pero, ¿acaso no dice más que eso? ¿Se quiere prescindir, quizá por demasiado complicada, de su afirmación de que los síntomas nerviosos surgen de un conflicto entre dos poderes, la libido (exageradamente intensa casi siempre) y una repulsa sexual o una represión exageradamente severa? No olvidando este segundo factor, que no es ciertamente el segundo en importancia, es imposible creer que la satisfacción sexual pueda constituir en sí un remedio generalmente seguro contra las enfermedades nerviosas. Muchos de estos enfermos son, en general, incapaces de satisfacción o les es imposible hallarla en las circunstancias dadas. Si así no fuera, si no entrañaran violentas resistencias internas, la energía del instinto les señalaría el camino de la satisfacción, aunque el médico no lo hiciera. ¿Qué valor puede tener, por tanto, un consejo como el que en este caso dio nuestro joven colega a su paciente?

Aunque tal consejo estuviera justificado científicamente, siempre sería irrealizable para ella. Si no sintiese una resistencia interior contra el onanismo y el amor extraconyugal, ya habría empleado tales medios mucho antes. ¿Cree acaso el médico que una mujer de más de cuarenta años ignora que puede tomar un amante? ¿O tiene, quizá, tan alta idea de su influencia que opina que sin su visto bueno no se decidiría a dar tal paso?

Todo esto parece muy claro; sin embargo, ha de reconocerse la existencia de un factor que dificulta muchas veces pronunciar un juicio definitivo. Algunos de los estados nerviosos, las llamadas *neurosis actuales*, como la neurastenia típica y la neurosis de angustia pura, dependen evidentemente del factor somático de la vida sexual, sin que poseamos, en cambio, aún una idea precisa del papel que en ellos desempeñan el factor psíquico y la represión. En estos casos, el médico ha de emplear una terapia actual y tender a una modificación de la actividad sexual somática, y lo hará justificadamente si su diagnóstico es exacto. La señora que consultó al joven médico se quejaba, sobre todo, de estados de angustia, y el médico supuso, probablemente, que padecía una neurosis de angustia y creyó acertado recomendarle una terapia somática. ¡Otro cómodo error! El sujeto que padece de angustia no por ella ha de padecer necesariamente una neurosis de angustia. Semejante derivación verbal del diagnóstico es totalmente ilícita. Hay que saber cuáles son los fenómenos que constituyen la neurosis de angustia y distinguirlos de otros estados patológicos que también se manifiestan por la angustia. La señora de referencia padecía, a mi juicio, una histeria de angustia, y el valor de estas distinciones nosográficas está, precisamente, en indicar otra etiología y otra terapia. Un médico que hubiera tenido en cuenta la posibilidad de una tal *histeria de angustia* no hubiera incurrido en el error de desatender los factores psíquicos tal y como se revela en la alternativa propuesta en nuestro caso.

Se da, además, el hecho singular de que en esta alternativa del pseudoanalítico no queda lugar alguno para el psicoanálisis. La enferma no podía curar de su angustia más que volviendo al lado de su marido, tomando un amante o buscando la satisfacción en el onanismo. ¿Dónde interviene aquí el tratamiento psicoanalítico en el que vemos el remedio capital contra los estados de angustia?

Llegamos ahora a los errores técnicos que nos descubre la conducta del médico en este caso. Hace ya mucho tiempo que se ha superado la idea, basada en una apariencia puramente superficial, de que el enfermo sufre a consecuencia de una especie de ignorancia, y que cuando se pone fin a la misma, comunicándole determinados datos sobre las relaciones causales de su enfermedad con su vida y sobre sus experiencias infantiles, etc., no tiene más remedio que curar. El factor patógeno no es la ignorancia misma, sino las *resistencias internas* de las cuales depende, que la han provocado y la hacen perdurar. La labor de la terapia es precisamente combatir estas resistencias. La comunicación de aquello que el enfermo ignora, por haberlo reprimido, no es más que una de las preparaciones necesarias para la terapia. Si el conocimiento de lo inconsciente fuera tan importante como suponen los profanos, los enfermos se curarían sólo con leer unos cuantos libros o asistir a algunas conferencias. Pero semejantes medidas ejercerán sobre los síntomas patológicos nerviosos la misma influencia que sobre el hambre, en tiempos de escasez, una distribución general de "menús" bellamente impresos en cartulina. Esta comparación puede aún llevarse más allá, pues la comunicación de lo inconsciente al enfermo tiene siempre por consecuencia una agudización de su conflicto y una agravación de sus dolencias.

Ahora bien: como el psicoanálisis no puede prescindir de tal comunicación, prescribe su aplazamiento hasta que se hayan cumplido dos condiciones. En primer lugar, hasta que el enfermo mismo, convenientemente preparado, haya llegado a aproximarse suficientemente a lo reprimido por él, y en segundo, hasta que se encuentre lo bastante ligado al médico (*transferencia*) para que su relación afectiva con él le haga imposible una nueva fuga.

Sólo el cumplimiento de estas dos condiciones hace posible descubrir y dominar las resistencias que han conducido a la represión y a la ignorancia. Por tanto, la intervención psicoanalítica presupone un largo contacto con el enfermo, y toda tentativa de sorprender al enfermo en la primera consulta con la comunicación brusca de sus secretos, adivinados por el médico, es técnicamente condenable y atrae al médico la cordial enemistad del enfermo, desvaneciendo toda posibilidad de influencia. Sin contar con que muchas veces se equivoca uno al adivinar y nunca puede adivinarlo todo.

Con estos precisos preceptos técnicos sustituye el psicoanálisis la demanda de aquel "tacto médico" inaprehensible, en el que se busca una facultad especial.

Así, pues, no basta al médico conocer algunos de los resultados del psicoanálisis. Tiene que haberse familiarizado con su técnica si quiere adaptar su actuación a los principios psicoanalíticos. Esta técnica no se puede aprender, hoy por hoy, en los libros. Ha de aprenderse, como tantas otras técnicas médicas, bajo la guía de aquellos que ya la dominan. No es, por lo tanto, indiferente para el enjuiciamiento del caso al que enlazamos estas observaciones el que yo no conociese al médico que hubo de dar los consejos reseñados ni hubiese oído jamás su nombre.

Ni para mí ni para mis amigos y colaboradores resulta grato monopolizar así el derecho a ejercer una técnica médica. Pero ante los peligros que puede traer consigo, tanto para nuestra causa como para los enfermos, el ejercicio de un psicoanálisis "silvestre", no nos queda otro camino. En la primavera de 1910 hemos fundado la Asociación Psicoanalítica Internacional, que hace publicar los nombres de sus miembros con objeto de poder rechazar toda responsabilidad derivada de la actuación de aquellos que no pertenecen a nuestro grupo y dan, sin embargo, a sus procedimientos médicos el nombre de psicoanálisis. En rigor, tales analíticos silvestres perjudican más a nuestra causa que a los enfermos mismos. He comprobado, en efecto, con frecuencia que semejante conducta inhábil, aunque en un principio agravase el estado del paciente, acababa por procurarle la curación. No siempre, pero sí muchas veces. Una vez que el enfermo ha maldecido suficientemente del médico y se sabe lejos ya de su influencia, comienzan a ceder sus síntomas o se decide a dar un paso que le aproxima a la curación. El alivio definitivo es atribuido entonces a una modificación "espontánea" o al tratamiento indiferente de un médico al que luego se ha dirigido el sujeto.

Por lo que se refiere al caso de la señora cuyas acusaciones contra el médico acabamos de examinar, he de opinar que, a pesar de todo, el psicoanalítico silvestre hizo más en favor de su paciente que cualquier eminencia médica que le hubiera contado que padecía una "neurosis vasomotora". La obligó a enfrentarse más o menos aproximadamente con la verdadera base de su padecimiento, intervención que no dejará de producir consecuencias beneficiosas, a pesar de la oposición de la paciente. Pero se ha perjudicado a sí mismo y ha contribuido a intensificar los prejuicios que se alzan en el enfermo contra la actividad del psicoanalítico a causa de resistencias afectivas harto comprensibles. Y esto puede ser evitado.

El empleo de la interpretación de los sueños en el psicoanálisis

1912

El tema del presente ensayo no es la técnica de la interpretación de los sueños. No vamos a exponer cómo se interpretan los sueños y cómo ha de utilizarse su interpretación, sino tan sólo cuál es el uso que debe hacerse del arte onirocrítico en el tratamiento psicoanalítico de los enfermos. Existe, desde luego, más de un procedimiento; pero en cuanto se refiere a la técnica, es norma del psicoanálisis señalar siempre y con la máxima precisión las reglas deducidas de la investigación y la experiencia. Si hay, quizá, más de un camino bueno, hay también muchos malos, y la comparación de las distintas técnicas posibles habrá de ilustrarnos convenientemente, aunque no llegue a decidir nuestra elección a favor de un método determinado.

Al pasar de la interpretación de los sueños al tratamiento analítico, conserva el principiante ante su interés hacia el contenido de los sueños y querrá, por lo tanto, interpretar, lo más acabadamente posible, todos aquellos que el enfermo le comunique. Pero no tardará en advertir que se encuentra ahora en circunstancias totalmente distintas y que, al intentar llevar a cabo sus propósitos de interpretación, contraría el curso deseable de la labor terapéutica. Si el primer sueño del paciente resultó acaso muy adecuado para enlazar a él las primeras aclaraciones que al mismo ha de suministrar, no tardan luego en surgir otros tan largos y obscuros que se hace imposible llevar a cabo su interpretación en una sola sesión del tratamiento, y si el médico la prosigue en los días siguientes, habrá de desatender los nuevos sueños que el enfermo vaya comunicándole, hasta acabar la interpretación iniciada. En algunos casos es tan rica la producción onírica y tan lento el progreso del enfermo en la comprensión de sus sueños, que el analítico no puede menos de pensar que semejante abundancia de material no es sino una manifestación de la resistencia, la cual utiliza para sus fines el descubrimiento de que la cura no puede abarcar la materia así suministrada. Pero, entre tanto, la cura queda muy detrás del presente y pierde su contacto con la actualidad. A esta técnica se opone la experiencia de que para el desarrollo del tratamiento es importantísimo conocer en todo momento la superficie psíquica del enfermo y hallarse orientado sobre los complejos y las resistencias que van siendo activados en él y sobre la reacción consciente que determinará su conducta. Este fin terapéutico no debe ser pospuesto casi nunca al interés que inspire al analítico la interpretación de los sueños.

Pero si hemos de atenernos a esta regla, ¿cómo utilizar entonces la interpretación onírica en el tratamiento analítico? Nos contentaremos con la interpretación que podamos lograr en una sola sesión, sin que nos preocupe no haber llegado a desentrañar por completo un sueño, y en lugar de continuarla al día siguiente, la dejaremos en suspenso hasta el momento en que advirtamos que el enfermo no ha producido nada nuevo. Así, pues, tampoco en favor de una interpretación onírica interrumpida infringiremos la regla general de tomar siempre lo que primero acude al pensamiento del sujeto. Si antes de terminar con un sueño surgen otros nuevos, nos dedicaremos a estos últimos, sin que nos remuerda desatender los anteriores, y cuando nos encontremos ante un sueño demasiado amplio y difuso, renunciaremos desde un principio a una interpretación exhaustiva. En general, nos guardaremos de manifestar un interés especial en cuanto a la interpretación de los sueños y de despertar en el enfermo la creencia de que la labor analítica queda interrumpida, por falta de material, cuando no dispone de algún sueño, pues, de lo contrario, corremos el peligro de orientar la resistencia hacia la producción onírica y provocar un agotamiento de los sueños. El analizado debe estar convencido de que el análisis encuentra siempre material con el que continuar, aunque no aporte él sueño ninguno y cualquiera que sea la atención que a los mismos se dedique.

Se nos preguntará ahora si al someter el empleo de la interpretación onírica a todas estas restricciones no renunciamos a un material muy valioso para el descubrimiento de lo inconsciente. A esta interrogante responderemos que la pérdida no es tan grande como pudiera creerse antes de profundizar en la cuestión. Ha de tenerse en cuenta que en los casos graves de neurosis no puede esperarse nunca conseguir una interpretación exhaustiva de los sueños de alguna amplitud. Tales sueños se basan muchas veces en la totalidad del material patógeno del caso, material ignorado aún por el médico y el enfermo (sueños de programa y sueños biográficos), y equivalen a una traducción del contenido total de la neurosis al lenguaje onírico. Al intentar interpretar uno de estos sueños entrarán en actividad todas las resistencias dadas y aún no despertadas, y pondrán pronto un límite a toda penetración. La interpretación exhaustiva de un tal sueño coincide, en efecto, con la perfección total del análisis. Anotado al principio del análisis, no llegamos a comprenderlo por completo hasta después de terminado aquel, muchos meses después. Sucede aquí lo mismo que en la comprensión de un síntoma aislado (del síntoma principal, por ejemplo). Todo el análisis sirve para llegar a su explicación; pero durante el tratamiento hemos de intentar aprehender, sucesivamente, distintos fragmentos de su significado, hasta que se nos hace posible su síntesis. No podemos, pues, exigir más a la interpretación de un sueño emergido al principio del análisis y habremos de declararnos satisfechos si la tentativa de interpretación nos descubre ya algo, aunque sólo sea un único impulso optativo patógeno.

Así, pues, al renunciar al propósito de una interpretación onírica completa, no renunciamos a nada posible ni tampoco perdemos, generalmente, nada cuando interrumpimos la interpretación de un sueño para ocuparnos de otro más reciente. Algunos acabados ejemplos de sueños plenamente interpretados nos han enseñado que varias escenas sucesivas del mismo sueño pueden tener el mismo contenido, que va imponiéndose en ellas cada vez con mayor claridad. Hemos visto también que varios sueños soñados en la misma noche pueden no ser sino tentativas de representar el mismo contenido en forma distinta. Podemos asegurar, en general, que todo impulso optativo que hoy crea un sueño retornará en otros mientras no consiga ser comprendido y sustraído al dominio de lo inconsciente, y así, el mejor camino para completar la interpretación de un sueño consistirá muchas veces en dejarlo a un lado y dedicarse a otro nuevo, que habrá acogido el mismo material en forma quizá más asequible.

Sé muy bien que no sólo el enfermo, sino también el médico, han de considerar aventurado prescindir de la orientación consciente en el tratamiento y abandonarse por completo a una guía que siempre ha de pareceros "casual". Pero puedo asegurar que nunca tenemos que arrepentirnos de habernos decidido a confiar en nuestras propias afirmaciones teóricas y habernos forzado a no disputar a lo inconsciente la dirección de la síntesis.

Abogamos, pues, porque la interpretación de los sueños no sea practicada en el tratamiento psicoanalítico por su propio exclusivo interés, sino que se someta su empleo a aquellas normas técnicas que regulan en general el desarrollo de la cura. Naturalmente, hay ocasiones en las que podemos apartarnos de esta conducta y dejarnos llevar, por algún trecho, de nuestro interés científico. Pero al obrar así debemos saber siempre lo que hacemos. Habremos de tener también en cuenta otro caso que viene surgiendo desde que hemos adquirido mayor confianza en nuestra comprensión del simbolismo de los sueños y nos sabemos más independientes de las ocurrencias espontáneas de los enfermos. Un onirocrítico especialmente hábil puede llegar a desentrañar todos los sueños del paciente sin necesidad de imponer al mismo una elaboración trabajosa y lenta de cada uno de ellos. Para un tal analista no existirá ya conflicto alguno entre las exigencias de la interpretación onírica y las de la terapia, y se inclinará a emplear a fondo, en todos los casos, la interpretación onírica y comunicar al paciente todo lo que sus sueños le hayan permitido adivinar, sin que el obrar así se desvíe considerablemente de la dirección regular del tratamiento, como ya explicaremos en otra ocasión. Pero el analítico principiante no debe tomar como modelo este caso excepcional.

Con respecto a los primeros sueños comunicados por el paciente en el tratamiento analítico, mientras ignora aún por completo la técnica de la interpretación onírica, todo analítico puede conducirse como el onirocrítico experimentado antes expuesto. Estos sueños iniciales son aún muy ingenuos y descubren muchas cosas, semejándose en esta condición a los soñados por los hombres sanos. Surge aquí la interrogante de si el médico debe o no traducir en el acto al enfermo lo que en sus sueños ha leído. Pero no es este el lugar de responder a ella, pues se nos muestra subordinada a otra cuestión más amplia: la de fijar las fases del tratamiento en las que el enfermo debe ser iniciado en el conocimiento de su psiquismo inconsciente y la marcha que ha de seguirse en esta iniciación. Conforme va conociendo luego el sujeto la práctica de la interpretación onírica, van haciéndose más obscuros sus sueños. Todo conocimiento sobre el sueño sirve también de advertencia a la producción onírica.

En los trabajos "científicos" sobre los sueños, que a pesar de rechazar la interpretación onírica, han recibido del psicoanálisis nuevo impulso, se concede una importancia excesiva a la conveniencia de conservar fielmente el texto del sueño, preservándolo de las deformaciones y mutilaciones que le imponen las horas siguientes a su desarrollo. También algunos psicoanalíticos parecen no servirse muy consecuentemente de su conocimiento de las condiciones de la producción onírica al recomendar al sujeto que fije por escrito todos sus sueños, inmediatamente después de despertar. Esta medida carece de todo alcance en la terapia, y, en cambio, los enfermos la aprovechan para perturbar su reposo nocturno y mostrar su celo en una cuestión en la que no puede ser de ninguna utilidad, pues semejante laboriosa conservación de un texto onírico, que en otro caso hubiera sido devorado por el olvido, no reporta ventaja ninguna al enfermo. Al proceder luego a su análisis, no se logra que enlace a dicho texto asociación ninguna, y el efecto es el mismo que si el sueño hubiese sucumbido al olvido. El médico habrá averiguado, desde luego, en este caso, algo que de otro modo le hubiera escapado, pero el hecho de que el médico sepa algo no equivale a que lo sepa el enfermo. En otro lugar estudiaremos la significación de esta diferencia en la técnica del psicoanálisis.

Mencionaré todavía otro tipo especial de sueños que, por sus condiciones, sólo pueden surgir en el curso de una cura psicoanalítica y suelen extrañar o inducir en error al médico. Son estos los llamados sueños "corroborativos", fácilmente interpretables y cuya traducción nos ofrece solamente aquello mismo que la cura había deducido en los últimos días del material de ocurrencias diurnas. Parece así como si el enfermo hubiese tenido la amabilidad de producir, en forma de sueño, precisamente aquello que se le ha "sugerido" inmediatamente antes. Pero el analista experimentado se resiste a creer en tales amabilidades del enfermo; considera estos sueños como una grata confirmación de sus deducciones y comprueba que sólo aparecen bajo determinadas condiciones de la influencia ejercida por el tratamiento. La mayoría de los sueños se anticipan, por el contrario, a la cura y ofrecen así, una vez despojados de lo ya conocido y comprensible, una indicación más o menos precisa de algo que hasta entonces había permanecido oculto.

1912

El tema de la *transferencia*, tan difícilmente agotable, ha sido tratado recientemente aquí mismo[3] por W. Stekel en forma descriptiva. Por mi parte, quiero añadir algunas observaciones encaminadas a explicar por qué la transferencia surge necesariamente en toda cura psicoanalítica y cómo llega a desempeñar en el tratamiento el papel que todos conocemos.

Recordaremos, ante todo, que la acción conjunta de la disposición congénita y las influencias experimentadas durante los años infantiles determina, en cada individuo, la modalidad especial de su vida erótica, fijando los fines de la misma, las condiciones que el sujeto habrá de exigir en ella y los instintos que en ella habrá de satisfacer[4]. Resulta así un cliché (o una

---

[3] *Zentralblatt für Psychoanalyse*, II, 2, pág. 26.

[4] Habremos de prevenirnos de nuevo en este punto contra un injusto reproche. Porque hacemos resaltar la importancia de las impresiones infantiles, se nos acusa de negar la que corresponde a los factores congénitos (constitucionales). Este reproche tiene su origen en la limitación de la necesidad causal de los hombres, que, en abierta contradicción con la estructura general de la realidad, quisiera darse por satisfecha con un único factor causal. El psicoanálisis ha dicho muchas cosas sobre los factores accidentales de la etiología y muy pocas sobre los constitucionales, pero solamente porque sobre los primeros podía aportar gran cantidad de nuevos datos y, en cambio, de los últimos no sabía nada especial, fuera de lo generalmente conocido. Rehusamos establecer a oposición fundamental entre ambas series de factores etiológicos, y suponemos, más bien, la existencia de una colaboración regular de ambas para la producción del efecto observado. El destino de un hombre es determinado por dos poderes —Δαηαων χαι Φνχη— muy rara vez, quizá nunca, por uno solo de ellos. Sólo

serie de ellos), repetido o reproducido luego regularmente, a través de toda la vida, en cuanto lo permiten las circunstancias exteriores y la naturaleza de los objetos eróticos asequibles, pero susceptible también de alguna modificación bajo la acción de las impresiones recientes.

Ahora bien: nuestras investigaciones nos han revelado que sólo una parte de estas tendencias que determinan la vida erótica ha realizado una evolución psíquica completa. Esta parte, vuelta hacia la realidad, se halla a disposición de la personalidad consciente y constituye uno de sus componentes. En cambio, otra parte de tales tendencias libidinosas ha quedado detenida en su desarrollo por el veto de la personalidad consciente y de la misma realidad, y sólo ha podido desplegarse en la fantasía o ha permanecido confinada en lo inconsciente, totalmente ignorada por la conciencia de la personalidad. El individuo, cuyas necesidades eróticas no son satisfechas por la realidad, orientará representaciones libidinosas hacia toda nueva persona que surja en su horizonte, siendo muy probable que las dos porciones de su libido, la capaz de conciencia y la inconsciente, participen en este proceso.

Es, por lo tanto, perfectamente normal y comprensible que la carga de libido que el individuo parcialmente insatisfecho mantiene esperanzadamente pronta se oriente también hacia la persona del médico. Conforme a nuestra hipótesis, esta carga se

---

individualmente y en cada caso particular es posible aquilatar la participación de cada uno en el proceso etiológico. La serie formada por las combinaciones de ambos factores en distintas magnitudes ha de tener, desde luego, sus casos extremos. Según el estado de nuestro conocimiento, estimaremos diferentemente la participación de la constitución o de las experiencias en cada caso particular, conservando siempre el derecho de modificar nuestro juicio conforme a los progresos de nuestro saber. Además, siempre podríamos arriesgarnos a considerar la constitución misma como la cristalización de las influencias accidentales recaídas sobre la serie infinita de nuestros antepasados.

atendrá a ciertos modelos, se enlazará a uno de los clichés dados en el sujeto de que se trate o, dicho de otro modo, incluirá al médico en una de las "series" psíquicas que el paciente ha formado hasta entonces. Conforme a la naturaleza de las relaciones del paciente con el médico, el modelo de esta inclusión habría de ser el correspondiente a la *imagen del padre* (según la feliz expresión de Jung)[5]. Pero la transferencia no tiene que seguir obligadamente este prototipo, y puede establecerse también conforme a la imagen de la madre o del hermano, etc. Aquellas peculiaridades de la transferencia sobre el médico, cuya naturaleza e intensidad no pueden ya justificarse racionalmente, se nos hacen comprensibles al reflexionar que dicha transferencia no ha sido establecida únicamente por las representaciones libidinosas conscientes, sino también por las retenidas o inconscientes.

Nada más habría que decir sobre esta conducta de la transferencia si no permanecieran aún inexplicados dos puntos especialmente interesantes para el psicoanálisis. En primer lugar, no comprendemos por qué la transferencia de los sujetos neuróticos sometidos al análisis se muestra mucho más intensa que la de otras personas no analizadas, y en segundo, nos resulta enigmático porque al análisis se nos opone la transferencia como la resistencia más fuerte contra el tratamiento, mientras que fuera del análisis hemos de reconocerla como sustrato del efecto terapéutico y condición del éxito. Podemos comprobar, cuantas veces queramos, que cuando cesan las asociaciones libres de un paciente[6], siempre puede vencerse tal agotamiento asegurándole que se halla bajo el dominio de una ocurrencia referente a la persona del médico. En cuanto damos esta explicación cesa el

---

[5] Símbolos y transformaciones de la libido.
[6] Cuando cesan realmente y no cuando una sensación de displacer mueve al sujeto a silenciarlas.

agotamiento o queda transformada la falta de asociaciones en un mutismo consciente de las mismas.

A primera vista parece un grave inconveniente del psicoanálisis el hecho de que la transferencia, la palanca más poderosa de éxito, se transforme en él, en el arma más fuerte de la resistencia. Pero a poco que reflexionemos, desaparece por lo menos el primero de los dos problemas que aquí se nos plantean. No es cierto que la transferencia surja más intensa y desenfrenada en el psicoanálisis que fuera de él. En los sanatorios en que los nerviosos no son tratados analíticamente, la transferencia muestra también máxima intensidad y adopta las formas más indignas, llegando, a veces, hasta el sometimiento más absoluto y no siendo nada difícil comprobar su matiz erótico. Una sutil observadora, Gabriela Reuter, ha descrito esta situación, cuando apenas existía aún el psicoanálisis, en un libro muy notable, en el que revela, además, una penetrante visión de la naturaleza y la génesis de las neurosis[7]. Así pues, no debemos atribuir al psicoanálisis, sino a la neurosis misma, estos caracteres de la transferencia. En cambio, el segundo problema permanece aún en pie.

Vamos a aproximarnos a él, o sea, a la cuestión de por qué la transferencia se nos opone como resistencia en el tratamiento psicoanalítico. Representémonos la situación psicológica del tratamiento. Toda adquisición de una psiconeurosis tiene como premisa regular e indispensable el proceso descrito por Jung con el nombre de *introversión de la libido*[8], proceso consistente en la disminución de la parte de libido capaz de conciencia y orientada hacia la realidad, y el aumento correlativo de la parte incons-

---

[7] *Aus guter Familie*, 1895.

[8] Aunque algunas manifestaciones de Jung nos hagan pensar que en esta introversión ve tan sólo algo característico de la demencia precoz, con exclusión de las demás neurosis.

ciente, apartada de la realidad, confinada en lo inconsciente y reducida, cuando más, a alimentar las fantasías del sujeto. La libido ha emprendido (total o fragmentariamente) una regresión y ha reanimado las imágenes infantiles[9]. En este camino es seguida por la cura analítica, que quiere descubrir la libido, hacerla de nuevo asequible a la conciencia y ponerla al servicio de la realidad. Allí donde la investigación analítica tropieza con la libido, encastillada en sus escondites, tiene que surgir un combate. Todas las fuerzas que han motivado la regresión de la libido se alzarán, en calidad de resistencias, contra la labor analítica para conservar la nueva situación, pues si la introversión o regresión de la libido no hubiese estado justificada por una determinada relación con el mundo exterior (generalmente por la ausencia de satisfacción), no hubiese podido tener efecto. Pero las resistencias que aquí tienen su origen no son las únicas, ni siquiera las más intensas. La libido puesta a disposición de la personalidad se hallaba siempre bajo la atracción de los complejos inconscientes (o mejor aún: de los elementos inconscientes de estos complejos) y emprendió la regresión al debilitarse la atracción de la realidad. Para libertarla tiene que ser vencida esta atracción de lo inconsciente, lo cual equivale a levantar la represión de los instintos inconscientes y de sus productos. De

---

[9] Sería muy cómodo, pero completamente inexacto, decir que ha "cargado" de nuevo los "complejos" infantiles. Lo más que podría decirse es que ha "cargado" de nuevo los elementos inconscientes de dichos complejos. La extraordinaria complicación del tema tratado en este trabajo nos inclinaría a examinar una serie de problemas concomitantes, cuya solución sería realmente necesaria para poder hablar de un modo inequívoco sobre los procesos psíquicos que aquí hemos de describir. Tales problemas son la delimitación recíproca de la introversión y la regresión, la inclusión de la teoría de los complejos en la teoría de la libido, las relaciones de la fantasía con lo consciente y lo inconsciente, así como con la realidad, etc. No creo necesario excusarme por haber resistido aquí a semejante tentación.

aquí es de donde nace la parte más importante de la resistencia, que mantiene tantas veces la enfermedad, aun cuando el apartamiento de la realidad haya perdido ya su razón de ser. El análisis tiene que luchar con las resistencias emanadas de estas dos fuentes, resistencias que acompañan todos sus pasos. Cada una de las ocurrencias del sujeto y cada uno de sus actos tiene que contar con la resistencia y se presenta como una transacción entre las fuerzas favorables a la curación y las opuestas a ella.

Si perseguimos un complejo patógeno desde su representación en lo consciente (representación visible como síntoma o totalmente inaparente) hasta sus raíces en lo inconsciente, no tardamos en llegar a una región en la cual se impone de tal modo la resistencia, que las ocurrencias inmediatas han de contar con ella y presentarse como una transacción entre sus exigencias y las de la labor investigadora. La experiencia nos ha mostrado ser este el punto en que la transferencia inicia su actuación. Cuando en la materia del complejo (en el contenido del complejo) hay algo que se presta a ser transferido a la persona del médico, se establece en el acto esta transferencia, produciendo la asociación inmediata y anunciándose con los signos de una resistencia; por ejemplo, con una detención de las asociaciones. De este hecho, deducimos que si dicha idea ha llegado hasta la conciencia con preferencia a todas las demás posibles es porque satisface también a la resistencia. Este proceso se repite innumerables veces en el curso de un análisis. Siempre que nos aproximamos a un complejo patógeno, es impulsado, en primer lugar, hacia la conciencia y tenazmente defendido aquel elemento del complejo que resulta adecuado para la transferencia[10].

---

[10] Sin que de esta circunstancia pueda deducirse generalmente una importancia patógena especial del elemento elegido para la resistencia. Cuando en una batalla se combate con especial empeño por la posesión de una capilla o un edificio

Una vez vencido este, los demás elementos del complejo no crean grandes dificultades. Cuando más se prolonga una cura analítica y más claramente va viendo el enfermo que las deformaciones del material patógeno no constituyen por sí solas una protección contra el descubrimiento del mismo, más consecuentemente se servirá de una clase de deformación que le ofrece, sin disputa, máximas ventajas: de la deformación por medio de la transferencia, llegándose así a una situación en la que todos los conflictos han de ser combatidos ya sobre el terreno de la transferencia.

De este modo, la transferencia que surge en la cura analítica se nos muestra siempre, al principio, como el arma más poderosa de la resistencia y podemos deducir la conclusión de que la intensidad y la duración de la transferencia son efecto y manifestación de la resistencia. El mecanismo de la transferencia queda explicado con su referencia a la disposición de la libido, que ha permanecido fijada a imágenes infantiles. Pero la explicación de su actuación en la cura no la conseguimos hasta examinar sus relaciones con la resistencia.

¿De qué proviene que la transferencia resulte tan adecuada para constituirse en un arma de la resistencia? A primera vista no parece difícil la respuesta. Es indudable que la confesión de un impulso optativo ha de resultar más difícil cuando ha de llevarse a cabo ante la persona a la cual se refiere precisamente dicho impulso. Esta imposición provoca situaciones que parecen realmente insolubles, y esto es, precisamente, lo que quiere conseguir el analizado cuando hace coincidir con el médico el objeto de sus impulsos sentimentales. Pero una reflexión más detenida nos muestra que esta ventaja aparente no puede

---

determinado, no puede deducirse de ello que se trate del santuario nacional o del depósito de municiones del ejército. Tales objetivos pueden tener un valor puramente táctico y quizá tan sólo para aquella batalla.

ofrecernos la solución del problema. Una relación de tierna y sumisa adhesión puede también ayudar a superar todas las dificultades de la confesión. Así, en circunstancias reales análogas, solemos decir: "Delante de ti no tengo por qué avergonzarme; a ti puedo decírtelo todo". La transferencia sobre el médico podría, pues, servir lo mismo para facilitar la confesión, y no podríamos explicaros por qué provoca una dificultad.

La respuesta a esta interrogante repetidamente planteada ya aquí no nos es proporcionada por una más prolongada reflexión, sino por una observación que realizamos al investigar las distintas resistencias por transferencia durante la cura. Acabamos por advertir que admitiendo tan sólo una "transferencia" no llegamos a comprender el aprovechamiento de la misma para la resistencia, y tenemos que decidirnos a distinguir una transferencia "positiva" y una "negativa", una transferencia de sentimientos cariñosos y otra de sentimientos hostiles, y examinar separadamente tales dos clases de la transferencia sobre el médico. La transferencia positiva se descompone luego, a su vez, en la de aquellos sentimientos amistosos o tiernos que son capaces de conciencia y en la de sus prolongaciones en lo inconsciente. Con respecto a estas últimas, demuestra el análisis que proceden de fuentes eróticas, y así hemos de concluir que todos los sentimientos de simpatía, amistad, confianza, etc., que entrañamos en la vida, se hallan genéticamente enlazados con la sexualidad, y por muy puros y asexuales que nos lo representemos en nuestra autopercepción consciente, proceden de deseos puramente sexuales, habiendo surgido de ellos por debilitación del fin sexual. Primeramente no conocimos más que objetos sexuales, y el psicoanálisis nos muestra que las personas meramente estimadas o respetadas de nuestra realidad pueden continuar siendo, para nuestro psiquismo inconsciente, objetos sexuales.

La solución del enigma está, por lo tanto, en que la transferencia sobre el médico sólo resulta apropiada para constituirse en resistencia en la cura en cuanto es transferencia negativa o positiva de impulsos eróticos reprimidos. Cuando removemos la transferencia, orientando la conciencia sobre ella, no desligamos de la persona del médico más que estos dos componentes del sentimiento. El otro componente, capaz de conciencia y aceptable, subsiste y constituye también, en el psicoanálisis como en los demás métodos terapéuticos, uno de los sustratos del éxito. En esta medida reconocemos gustosamente que los resultados del psicoanálisis reposan en la sugestión, siempre que se entienda por sugestión aquello que, con Ferenczi, vemos nosotros en ella[11]: el influjo ejercido sobre un sujeto por medio de los fenómenos de transferencia en él posibles. Paralelamente cuidamos de la independencia final del enfermo, utilizando la sugestión para hacerle llevar a cabo una labor psíquica que trae necesariamente consigo una mejora permanente de su situación psíquica.

Puede preguntarse aún por qué los fenómenos de resistencia de la transferencia surgen tan sólo en el psicoanálisis y no en los demás tratamientos; por ejemplo, en los sanatorios. En realidad, surgen también en estos casos, pero no son reconocidos como tales. La explosión de la transferencia negativa es incluso muy frecuente en los sanatorios, y el enfermo abandona el establecimiento sin haber conseguido alivio alguno o habiendo empeorado en cuanto surge en él esta transferencia negativa. La transferencia erótica no llega a presenciar tan grave inconveniente en los sanatorios, pues en lugar de ser descubierta y revelada es silenciada y disminuida, como en la vida social; pero se manifiesta claramente como una resistencia a la curación, no ya impulsando al enfermo a abandonar el establecimiento —por el contrario, lo retiene en él—, sino manteniéndole apartado de la vida real. Para la curación es

---

[11] Ferenczi: "Introjektion und Übertragung", en *Jahrbuch f. Psychoan.*, I, 1909.

totalmente indiferente que el enfermo domine en el sanatorio una cualquiera angustia o inhibición; lo que importa es que se libere también de ella en la realidad de su vida.

La transferencia negativa merecería una atención más detenida de la que podemos concederle dentro de los límites del presente trabajo. En las formas curables de psiconeurosis coexiste con la transferencia cariñosa, apareciendo ambas dirigidas simultáneamente, en muchos casos, sobre la misma persona, situación para la cual ha hallado Bleuler el término de *ambivalencia*. Una tal ambivalencia sentimental parece ser normal hasta cierto grado, pero a partir de él constituye una característica especial de las personas neuróticas. En la neurosis obsesiva parece ser característica de la vida instintiva una prematura "disociación de los pares de antítesis" y representar una de sus condiciones constitucionales. La ambivalencia de las directivas sentimentales nos explica mejor que nada la facultad de los neuróticos de poner sus transferencias al servicio de la resistencia. Allí donde la facultad de transferencia se ha hecho esencialmente negativa, como en los paranoides, cesa toda posibilidad de influjo y de curación.

Pero con todas estas explicaciones no hemos examinado aún más que uno de los lados del fenómeno de la transferencia, y es necesario dedicar también alguna atención a otro de los aspectos del mismo. Quienes han apreciado exactamente cómo el analizado es apartado violentamente de sus relaciones reales con el médico en cuanto cae bajo el dominio de una intensa resistencia por transferencia, cómo se permite entonces infringir la regla psicoanalítica fundamental de comunicar, sin critica alguna, todo lo que acuda a su pensamiento, cómo olvida los propósitos con los que acudió al tratamiento y cómo le resultan ya indiferentes deducciones y conclusiones lógicas que poco antes hubieron de causarle máxima impresión; quienes han podido apreciar justamente todo esto sentirán la necesidad de explicárselo por la acción de otros factores distintos de los ya citados hasta aquí, y en efecto, tales factores existen y no muy lejos; surgen nuevamente de la situación psíquica en la que la cura ha colocado al analizado.

En la persecución de la libido sustraída a la conciencia hemos penetrado en los dominios de lo inconsciente. Las reacciones que provocamos entonces muestran algunos de los caracteres peculiares a los procesos inconscientes, tal y como nos los ha dado a conocer el estudio de los sueños. Los impulsos inconscientes no quieren ser recordados, como la cura lo desea, sino que tienden a reproducirse conforme a las condiciones características de lo inconsciente. El enfermo atribuye, del mismo modo que en el sueño, a los resultados del estímulo de sus impulsos inconscientes actualidad y realidad; quiere dar alimento a sus pasiones sin tener en cuenta la situación real. El médico quiere obligarle a incluir tales impulsos afectivos en la marcha del tratamiento, subordinarlos a la observación reflexiva y estimarlos según su valor psíquico. Esta lucha entre el médico y el paciente, entre el intelecto y el instinto, entre el conocimiento y la acción, se desarrolla casi por entero en el terreno de los fenómenos de la transferencia. En este terreno ha de ser conseguida la victoria, cuya manifestación será la curación de la neurosis. Es innegable que el vencimiento de los fenómenos de la transferencia ofrece al psicoanalítico máxima dificultad; pero no debe olvidarse que precisamente estos fenómenos nos prestan el inestimable servicio de hacer actuales y manifiestos los impulsos eróticos ocultos y olvidados de los enfermos, pues en fin de cuentas nadie puede ser vencido *in absentia* o *in effigie*.

Consejos al médico en el tratamiento psicoanalítico

1912

Las reglas técnicas a continuación propuestas son el resultado de una larga experiencia. Se observará fácilmente que muchas de ellas confluyen en un único progreso. Espero que su observancia ahorrará a muchos analíticos inútiles esfuerzos y los preservará de incurrir en peligrosas negligencias; pero también quiero hacer constar que si la técnica aquí aconsejada ha demostrado ser la única adecuada a mi personalidad individual, no es imposible que otra personalidad médica, distintamente constituida, se vea impulsada a adoptar una actitud diferente ante los enfermos y ante la labor que los mismos plantean.

a) La primera tarea que encuentra ante sí el analítico que ha de tratar más de un enfermo al día es quizá la que parecerá más difícil. Consiste en retener en la memoria los innumerables nombres, fechas, detalles del recuerdo, asociaciones y manifestaciones patológicas que el enfermo va produciendo en el curso de un tratamiento prolongado meses enteros y hasta años, sin confundir este material con el suministrado por otros pacientes en el mismo período de tiempo o en otros anteriores. Cuando se tiene que analizar diariamente a siete u ocho enfermos, el rendimiento mnémico conseguido por el médico ha de despertar la admiración de los profanos —cuando no su incredulidad— y, desde luego, su curiosidad por conocer la técnica que permite dominar un material tan amplio, suponiendo que habrá de servirse de algún medio auxiliar especial.

135

En realidad, esta técnica es muy sencilla. Rechaza todo medio auxiliar, incluso, como veremos, la mera anotación, y consiste simplemente en no intentar retener especialmente nada y acogerlo todo con una igual *atención flotante*. Nos ahorramos de este modo un esfuerzo de atención imposible de sostener muchas horas al día y evitamos un peligro inseparable de la retención voluntaria, pues en cuanto esforzamos voluntariamente la atención con una cierta intensidad, comenzamos también, sin quererlo, a seleccionar el material que se nos ofrece: nos fijamos especialmente en un elemento determinado y eliminamos, en cambio, otro, siguiendo en esta selección nuestras esperanzas o nuestras tendencias. Y esto es precisamente lo que más debemos evitar. Si al realizar tal selección nos dejamos guiar por nuestras esperanzas, correremos el peligro de no descubrir jamás sino lo que ya sabemos, y si nos guiamos por nuestras tendencias falsearemos seguramente la posible percepción. No debemos olvidar que en la mayoría de los análisis oímos del enfermo cosas cuya significación sólo *a posteriori* descubrimos.

Como puede verse, el principio de acogerlo todo con igual atención equilibrada es la contrapartida necesaria de la regla que imponemos al analizado, exigiéndole que nos comunique, sin crítica ni selección algunas, todo lo que se le vaya ocurriendo. Si el médico se conduce diferentemente, anulará casi por completo los resultados positivos obtenidos con la observación de la "regla fundamental psicoanalítica" por parte del paciente. La norma de la conducta del médico podría formularse como sigue: debe evitar toda influencia consciente sobre su facultad retentiva y abandonarse por completo a su *memoria inconsciente*. O en términos puramente técnicos: debe escuchar al sujeto sin preocuparse de si retiene o no sus palabras.

Lo que así conseguimos basta para satisfacer todas las exigencias del tratamiento. Aquellos elementos del material que han podido ser ya sintetizados en una unidad se hacen también conscientemente disponibles para el médico, y lo restante, incoherente aún y caóticamente desordenado, parece al principio haber sucumbido al olvido, pero emerge prontamente en la memoria en cuanto el analizado produce algo nuevo susceptible de ser incluido en la síntesis lograda y continuarla. El médico acoge luego sonriendo la inmerecida felicitación del analizado por su "excelente memoria" cuando al cabo de un año reproduce algún detalle que probablemente hubiera escapado a la intención consciente de fijarlo en la memoria.

En estos recuerdos sólo muy pocas veces se comete algún error, y casi siempre en detalles en los que el médico se ha dejado perturbar por la "referencia a su propia persona", apartándose con ello considerablemente de la conducta ideal del analítico. Tampoco suele ser frecuente la confusión del material de un caso con el suministrado por otros enfermos. En las discusiones con el analizado sobre si dijo o no alguna cosa y en qué forma la dijo, la razón demuestra casi siempre estar de parte del médico[12].

b) No podemos recomendar la práctica de tomar apuntes de alguna extensión, formar protocolos, etc., durante las sesiones con el analizado. Aparte de la misma impresión que produce en algunos pacientes, se oponen a ello las mismas razones que antes consignamos al tratar de la retención en la memoria. Al anotar o taquigrafiar las comunicaciones del sujeto realizamos forzosamente una selección perjudicial y consagramos a ello

---

[12] El analizado pretende muchas veces haber comunicado ya algo en sesiones anteriores, contra la afirmación del médico, que le asegura ser aquella la primera vez que ha hablado de tal cosa. En estos casos resulta que el analizado tuvo antes la intención de comunicar aquello, pero no llegó a hacerlo, por habérselo impedido una resistencia aún poderosa, y confunde luego el recuerdo de tal propósito con el de su realización.

una parte de nuestra actividad mental, que encontraría mejor empleo aplicada a la interpretación del material producido. Podemos infringir sin remordimiento esta regla cuando se trata de fechas, textos de sueños o singulares detalles aislados, que pueden ser desglosados fácilmente del conjunto y resultan apropiados para utilizarlos independientemente como ejemplos.

Por mi parte, tampoco lo hago así, y cuando encuentro algo que pueda servir como ejemplo, lo anoto luego de memoria, una vez terminado el trabajo del día. Cuando se trata de algún sueño que me interesa especialmente, hago que el mismo enfermo ponga por escrito su relato después de habérselo oído de palabra.

c) La anotación de datos durante las sesiones del tratamiento podía justificarse con el propósito de utilizar el caso para una publicación científica. En principio, no es posible negar al médico un tal derecho. Pero tampoco debe olvidarse que en cuanto se refiere a los historiales clínicos psicoanalíticos, los protocolos detallados presentan una utilidad mucho menor de lo que pudiera esperarse. Pertenece, en último término, a aquella exactitud aparente de la cual nos ofrece ejemplos singulares la psiquiatría moderna. Por lo general, resultan fatigosos para el lector, sin que siquiera puedan darle, en cambio, la impresión de asistir al análisis. Hemos comprobado ya repetidamente que el lector, cuando quiere creer al analítico, le concede también su crédito en cuanto a la elaboración a la cual ha tenido que someter su material, y si no quiere tomar en serio ni el análisis ni al médico, ningún protocolo, por exacto que sea, le hará la menor impresión. No parece ser este el mejor medio de compensar la falta de evidencia que se reprocha a las descripciones psicoanalíticas.

d) La coincidencia de la investigación con el tratamiento es, desde luego, uno de los títulos más preciados de la labor analítica; pero la técnica que sirve a la primera se opone, sin embargo, al segundo a partir de cierto punto. Antes de terminar el tratamiento no es conveniente elaborar científicamente un caso y reconstruir su estructura e intentar determinar su trayectoria, fijando de cuando en cuando su situación, como lo exigiría el interés científico. El éxito terapéutico padece en estos casos utilizados desde un principio para un fin científico y tratados en consecuencia. En cambio, obtenemos los mejores resultados terapéuticos en aquellos otros en los que actuamos como si no persiguiéramos fin ninguno determinado, dejándonos sorprender por cada nueva orientación y actuando libremente, sin prejuicio alguno. La conducta más acertada para el psicoanalítico consistirá en pasar sin esfuerzo de una actitud psíquica a otra, no especular ni cavilar mientras analiza y espera a terminar el análisis para someter el material reunido a una labor mental de síntesis. La distinción entre ambas actitudes carecería de toda utilidad si poseyéramos ya todos los conocimientos que pueden ser extraídos de la labor analítica sobre la psicología de lo inconsciente y la estructura de las neurosis, o, por lo menos, los más importantes. Pero actualmente nos encontramos aún muy lejos de un tal fin y no debemos cerrarnos los caminos que nos permiten comprobar lo descubierto hasta ahora y aumentar nuestros conocimientos.

e) He de recomendar calurosamente a mis colegas que procuren tomar como modelo durante el tratamiento psicoanalítico la conducta del cirujano, que impone silencio a todos sus afectos e incluso a su compasión humana y concentra todas sus energías psíquicas en su único fin: practicar la operación conforme a todas las reglas del arte. Por las circunstancias en las que hoy se desarrolla nuestra actividad médica se hace máximamente peligrosa para el analítico una cierta tendencia afectiva: la ambición terapéutica de obtener con su nuevo método, tan apasionadamente combatido, un éxito que actúe convincentemente sobre los demás. Entregándose a esta ambición, no sólo se coloca en una situación desfavorable para su labor, sino que se expone indefenso a ciertas resistencias del paciente, de cuyo vencimiento depende en primera línea la curación. La justificación de esta frialdad de sentimientos que ha de exigirse al médico está en que crea para ambas partes interesadas las condiciones más favorables, asegurando al médico la deseable protección de su propia vida afectiva y al enfermo el máximo auxilio que hoy nos es dado prestarle. Un antiguo cirujano había adoptado la siguiente divisa: *Je le pensais, Dieu le guérit.* Con algo semejante debía darse por contento el analítico.

f) No es difícil adivinar el fin al que todas estas reglas tienden de consuno. Intentan crear en el médico la contrapartida de la "regla psicoanalítica fundamental" impuesta al analizado. Del mismo modo que el analizado ha de comunicar todo aquello que la introspección le revele, absteniéndose de toda objeción lógica o afectiva que intente moverle a realizar una selección, el médico habrá de colocarse en situación de utilizar, para la interpretación y el descubrimiento de lo inconsciente oculto, todo lo que el paciente le suministra, sin sustituir con su propia censura la selección a la que el enfermo ha renunciado. O dicho en una fórmula: debe orientar hacia lo inconsciente emisor del sujeto su propio inconsciente, como órgano receptor, comportándose con respecto al analizado como el receptor del teléfono con respecto al emisor. Como el receptor transforma de nuevo en ondas sonoras las oscilaciones eléctricas provocadas por las ondas sonoras emitidas, así también el psiquismo inconsciente del médico está capacitado para reconstruir, con los productos de lo inconsciente que le son comunicados, este inconsciente mismo que ha determinado las ocurrencias del sujeto.

Pero si el médico ha de poder servirse así de su inconsciente como de un instrumento, en el análisis ha de llenar plenamente por sí mismo una condición psicológica. No ha de tolerar en sí resistencia ninguna que aparte de su conciencia lo que su inconsciente ha descubierto, pues de otro modo introduciría en el análisis una nueva forma de selección y deformación mucho más perjudicial que la que podría producir una tensión consciente de su atención. Para ello no basta que sea un individuo aproximadamente normal, debiendo más bien exigírsele que se haya sometido a una purificación psicoanalítica y haya adquirido conocimiento de aquellos complejos propios que pudieran perturbar su aprehensión del material suministrado por los analizados. Es indiscutible que la resistencia de estos defectos, no vencidos por un análisis previo, descalifican para ejercer el psicoanálisis, pues, según la acertada expresión de W. Stekel, a cada una de las represiones no vencidas en el médico corresponde un *punto ciego* en su percepción analítica.

Hace ya años respondí a la interrogante de cómo podía llegarse a ser analítico en los siguientes términos: por el análisis de los propios sueños. Esta preparación resulta, desde luego, suficiente para muchas personas, mas no para todas las que quisieran aprender a analizar. Hay también muchas a las cuales se hace imposible analizar sus sueños sin ayuda ajena. Uno de los muchos merecimientos contraídos por la escuela analítica de Zurich consiste en haber establecido que para poder practicar el psicoanálisis era condición indispensable haberse hecho analizar previamente por una persona perita ya en nuestra técnica. Todo aquel que piense seriamente en ejercer el análisis debe elegir este camino, que le promete más de una ventaja, recompensándole con largueza del sacrificio que supone tener que revelar sus intimidades a un extraño. Obrando así, no sólo se conseguirá antes y con menor esfuerzo el conocimiento deseado de los elementos ocultos de la propia personalidad, sino que se obtendrán directamente y por propia experiencia aquellas pruebas que no puede aportar el estudio de los libros ni la asistencia a cursos y conferencias. Por último, la duradera relación espiritual que suele establecerse entre el analizado y su iniciador entraña también un valor nada despreciable.

Estos análisis de individuos prácticamente sanos permanecen, como es natural, inacabados. Aquellos que sepan estimar el gran valor del conocimiento y el dominio de sí mismos en ellos obtenidos, continuarán luego, en un autoanálisis, la investigación de su propia personalidad y verán con satisfacción cómo siempre les es dado hallar, tanto en sí mismos como en los demás, algo nuevo. En cambio, quienes intenten dedicarse al análisis despreciando someterse antes a él, no sólo se verán castigados con la incapacidad de penetrar en los pacientes más allá de una cierta profundidad, sino que se expondrán a un grave peligro, que puede serlo también para otros. Se inclinarán fácilmente a proyectar sobre la ciencia, como teoría general, lo que una obscura autopercepción les descubre sobre las peculiaridades de su propia persona, y de este modo atraerán el descrédito sobre el método psicoanalítico e inducirán a error a los individuos poco experimentados.

g) Añadiremos aún algunas reglas con las que pasaremos de la actitud recomendable del médico al tratamiento de los analizados.

Resulta muy atractivo para el psicoanalítico joven y entusiasta poner en juego mucha parte de su propia individualidad para arrastrar consigo al paciente e infundirle impulso para sobrepasar los límites de su reducida personalidad. Podría parecer lícito, e incluso muy apropiado para vencer las resistencias dadas en el enfermo, el que el médico le permitiera la visión de sus propios defectos y conflictos anímicos y le hiciera posible equipararse a él, comunicándole las intimidades de su vida. La confianza debe ser recíproca, y si se quiere que alguien nos abra su corazón, debemos comenzar por mostrarle el nuestro.

Pero en la relación psicoanalítica suceden muchas cosas de un modo muy distinto a como sería de esperar según las premisas de la psicología de la conciencia. La experiencia no es nada favorable a semejante técnica afectiva. No es nada difícil advertir que con ella abandonamos el terreno psicoanalítico y nos aproximamos al tratamiento por sugestión. Alcanzamos así que el paciente comunique antes y con mayor facilidad lo que ya le es conocido y hubiera silenciado aún durante algún tiempo por resistencias convencionales. Mas por lo que respecta al descubrimiento de lo que permanece inconsciente para el enfermo, esta técnica no nos es de utilidad ninguna; incapacita al sujeto para vencer las resistencias más profundas y fracasa siempre en los casos de alguna gravedad, provocando en el enfermo una curiosidad insaciable que le inclina a invertir los términos de la situación y a encontrar el análisis del médico más interesante que el suyo propio. Esta actitud abierta del médico dificulta asimismo una de las tareas capitales de la cura: la solución de la transferencia, resultando así que las ventajas que al principio pudo proporcionar quedan luego totalmente anuladas. En consecuencia, no vacilamos en declarar indeseable una tal técnica. El médico debe permanecer impenetrable para el enfermo y no mostrar, como un espejo, más que aquello que le es mostrado. Desde el punto de vista práctico no puede condenarse que un psicoterapeuta mezcle una parte de análisis con algo de influjo sugestivo para conseguir en poco tiempo resultados visibles, como resulta necesario en los sanatorios; pero debe exigírsele que al obrar así sepa perfectamente lo que hace y reconozca que su método no es del psicoanálisis auténtico.

h) De la actuación educadora que sin propósito especial por su parte recae sobre el médico en el tratamiento psicoanalítico se deriva para él otra peligrosa tentación. En la solución de las inhibiciones de la evolución psíquica se le plantea espontáneamente la labor de señalar nuevos fines a las tendencias liberadas. No podremos entonces extrañar que se deje llevar por una comprensible ambición y se esfuerce en hacer algo excelente de aquella persona a la que tanto trabajo le ha costado liberar de la neurosis, marcando a sus deseos los más altos fines. Pero también en esta cuestión debe saber dominarse el médico y subordinar su actuación a las capacidades del analizado más que a sus propios deseos. No todos los neuróticos poseen una elevada facultad de sublimación. De muchos de ellos hemos de suponer que no hubieran contraído la enfermedad si hubieran poseído el arte de sublimar sus instintos. Si les imponemos una sublimación excesiva y los privamos de las satisfacciones más fáciles y próximas de sus instintos, les haremos la vida más difícil aún de lo que ya la sienten. Como médicos debemos ser tolerantes con las flaquezas del enfermo y satisfacernos con haber devuelto a un individuo —aunque no se trate de una personalidad sobresaliente— una parte de su capacidad funcional y de goce. La ambición pedagógica es tan inadecuada como la terapéutica. Pero, además, debe tenerse en cuenta que muchas personas han enfermado precisamente al intentar sublimar sus instintos más de lo que su organización podía permitírselo, mientras que aquellas otras capacitadas para la sublimación la llevan a cabo espontáneamente en cuanto el análisis deshace sus inhibiciones. Creemos, pues, que la tendencia a utilizar regularmente el tratamiento analítico para la sublimación de instintos podrá ser siempre meritoria, pero nunca recomendable en todos los casos.

i) ¿En qué medida debemos requerir la colaboración intelectual del analizado en el tratamiento? Es difícil fijar aquí normas generales. Habremos de atenernos, ante todo, a la personalidad del paciente, pero sin dejar de observar jamás la mayor prudencia. Resulta equivocado plantear al analizado una labor mental determinada, tal como reunir sus recuerdos, reflexionar sobre un período determinado de su vida, etc. Por el contrario, tiene que aceptar algo que ha de parecerle muy extraño en un principio. Que para llegar a la solución de los enigmas de la neurosis no sirve de nada la reflexión ni el esfuerzo de la atención o la voluntad, y sí únicamente la paciente observancia de las reglas psicoanalíticas que le prohíben ejercer crítica alguna sobre lo inconsciente y sus productos. La obediencia a esta regla debe exigirse más inflexiblemente a aquellos enfermos que toman la costumbre de escapar a las regiones intelectuales durante el tratamiento y reflexionan luego mucho, y a veces muy sabiamente, sobre su estado, ahorrándose así todo esfuerzo por dominarlo. Por esta razón prefiero también que los pacientes no lean durante el tratamiento ninguna obra psicoanalítica; les pido que aprendan en su propia persona y les aseguro que aprenderán así mucho más de lo que pudiera enseñarles toda la bibliografía psicoanalítica. Pero reconozco que en las condiciones en que se desarrolla la cura en sanatorio puede ser conveniente servirse de la lectura para la preparación del analizado y la creación de una atmósfera propicia.

En cambio, no deberá intentarse jamás conquistar la aprobación y el apoyo de los padres o familiares del enfermo dándoles a leer una obra más o menos profunda de nuestra bibliografía. Por lo general, basta con ello para hacer surgir prematuramente la hostilidad de los parientes contra el tratamiento psicoanalítico de los suyos, hostilidad natural e inevitable más pronto o más tarde, resultando así que la cura no llega siquiera a ser iniciada.

Terminaremos manifestando nuestra esperanza de que la progresiva experiencia de los psicoanalíticos conduzca pronto a un acuerdo unánime sobre la técnica más adecuada para el tratamiento de los neuróticos. Por lo que respecta al tratamiento de los *familiares*, confieso que no se me ocurre solución alguna y que me inspira pocas esperanzas su tratamiento individual.

La *fausse reconnaissance* (*déjà raconté*) durante el análisis

1914

Sucede con frecuencia durante el análisis que al terminar de relatar el paciente algún recuerdo añade: "Pero esto ya se lo he contado a usted otra vez", mientras que, por nuestra parte, estamos seguros de acabárselo de oír por vez primera. Si así lo hacemos saber al paciente, insistirá repetidamente y con toda energía en su afirmación, declarándose dispuesto a jurarlo, etcétera. Pero con tales aseveraciones no hacen sino confirmar nuestra convicción sobre la novedad de lo oído. Sería totalmente antipsicológico querer decir una tal discusión insistiendo con mayor fuerza en nuestra seguridad e imponiendo nuestro convencimiento. Sabemos que este sentimiento de confianza en la fidelidad de la memoria carece de todo valor objetivo, y como necesariamente ha de estar equivocado uno de los dos, la paramnesia puede corresponder tanto al médico como al analizado. Después de reconocerlo así ante el paciente, interrumpimos la discusión y dejamos su decisión para más adelante.

En algunos, muy pocos, casos recordamos luego haber oído ya, en efecto, al enfermo el discutido relato y encontramos en el acto el motivo subjetivo, a veces muy lejano, que ha provocado el olvido temporal. Mas, por lo general, el equivocado es el paciente y no nos es difícil llevarle a reconocer su error. La explicación de este fenómeno parece ser la de que el sujeto tuvo realmente alguna vez la intención de contarnos aquello, e incluso se dispuso a iniciar en una ocasión, o quizá en varias, su relato; pero no llegó a cumplir nunca su propósito, por impedírselo una resistencia, y ahora confunde el recuerdo del propósito con el de su realización.

Dejando a un lado todos aquellos casos en los que puede caber alguna duda, haremos resaltar otros que entrañan un singular interés teórico. Con algunos sujetos comprobamos repetidamente que la afirmación de haber contado ya algo surge precisamente con especial tenacidad en ocasiones en las que es absolutamente imposible que estén en lo cierto. Lo que en estos casos suponen haber contado ya y reconocen ahora como algo pasado, que el médico debía saber tan bien como ellos, resultan ser recuerdos muy valiosos para el análisis, confirmaciones esperadas hace mucho tiempo o soluciones que ponen un término a una parte del análisis y a las que el médico hubiera enlazado seguramente penetrantes explicaciones. Ante estas circunstancias, el paciente concede pronto que su recuerdo debe de haberle engañado, aunque no logra explicarse la clara precisión del mismo.

El fenómeno que en estos casos nos ofrece el paciente merece el nombre de *fausse reconnaissance*, y es totalmente análogo a aquellos otros en los que experimentamos espontáneamente la sensación de habernos encontrado ya en aquella misma situación, de haber vivido ya otra vez aquello (el fenómeno de *déjà vu*), sin que nos sea nunca posible confirmar nuestro convencimiento hallando en nuestra memoria la huella mnémica de aquella vez anterior. Como es sabido, este fenómeno ha producido una multitud de tentativas de explicación que podemos reunir en dos grupos[13]. En el primero se da crédito a la sensación contenida en el fenómeno y se acepta que se trata realmente de un recuerdo; la cuestión estaría en averiguar de qué. En el segundo, mucho más nutrido, hallamos aquellas explicaciones en las cuales se supone más bien una ilusión de

---

[13] *Cf.* H. Ellis: *World of dreams*, 1911.

la memoria y a las cuales se plantea, por lo tanto, la labor de investigar cómo puede producirse tal fallo paramnésico de la función. Por lo demás, estas tentativas abarcan un amplio círculo de motivos, comenzando por la antiquísima teoría, atribuida a Pitágoras, de que el fenómeno de *déjà vu* contiene la prueba de una existencia individual anterior, siguiendo con la hipótesis anatómica de que el fenómeno depende de una disociación temporal de la actividad de los dos hemisferios del cerebro (Wigan, 1860) y culminando en las teorías puramente psicológicas de la mayoría de los autores modernos, que ven en el *déjà vu* una manifestación de una debilidad de la percepción, y lo atribuyen a la fatiga, al agotamiento o a la distracción.

En 1904 ha dado Grasset[14] al fenómeno de *déjà vu* una explicación que ha de contarse entre las del primer grupo. A su juicio, el fenómeno indica que el sujeto hizo anteriormente alguna vez una percepción *inconsciente* que sólo ahora ha llegado a la conciencia bajo la impresión de una nueva percepción análoga. Varios otros autores han aceptado esta explicación de Grasset y han señalado como base del fenómeno el recuerdo de un sueño olvidado. En ambos casos se trataría de la reviviscencia de una impresión inconsciente.

En la segunda edición de mi *Psicopatología de la vida cotidiana* (1907) incluí yo, sin conocer el trabajo de Grasset, o en todo caso, sin mencionarlo, una idéntica explicación de la supuesta paramnesia. Para mi disculpa, he de alegar que mi teoría constituía el resultado de la investigación psicoanalítica de un caso de *déjà vu* experimentado veintiocho años atrás por una paciente mía. De esta investigación resultó que la situación en la que surgió el fenómeno era realmente muy adecuada para despertar el recuerdo de un suceso vivido anteriormente por la analizada.

---

[14] *Le sensation du «déjà vu»*. (*Journal de Psychologie Norm., et Pathol.*, I, 1904).

En la familia a la cual fue a visitar por entonces, teniendo doce años, había un hermano enfermo de muerte, y su propio hermano se había hallado pocos meses antes en igual peligro. Pero a este elemento común se enlazó en esta segunda situación una fantasía incapaz de conciencia —el deseo de que su hermano muriese—, y por esta razón no podía hacerse consciente la analogía entre ambas. La sensación de dicha analogía quedó sustituida por el fenómeno de haber vivido ya aquello, desplazándose la identidad desde el elemento común sobre la localidad.

Como es sabido el nombre de *déjà vu* comprende toda una serie de fenómenos análogos: el *déjà entendu*, el *déjà éprouvé* y el *déjà senti*, etc. El caso que a continuación reproducimos constituye un *déjà raconté*, que se derivaría, por lo tanto, de un propósito inconsciente no realizado.

Un paciente relata en el curso de sus asociaciones: "Tenía por entonces cinco años, y jugando con un cuchillo en el jardín me rebané el dedo meñique...Bueno, creí que me lo había rebanado... Pero esto ya se lo he contado a usted otra vez".

Afirmo al paciente que no recuerdo haberle oído nada semejante. Insiste, cada vez más convencido, alegando estar plenamente seguro de no equivocarse. Por último, pongo fin a la discusión en la forma antes indicada y le pido que, de todos modos, me repita la historia. Ya veríamos después.

"Teniendo cinco años, estaba un día en el jardín con mi niñera, y jugaba con una navajita, clavándola en la corteza de uno de aquellos nogales que desempeñan también un papel en mi sueño. De repente, advertí con espanto indecible que me había cortado de tal manera el dedo meñique (¿el derecho o el izquierdo?), que sólo permanecía unido a la mano por un trozo de piel. No sentía dolor ninguno, pero sí mucho miedo. Sin atreverme a decir nada a la niñera, sentada a poca distancia de mí, me desplomé sobre un banco y permanecí allí, incapaz de mirarme siquiera el dedo. Por fin, al cabo de un rato, me serené, me miré la mano y comprobé con asombro que no me había hecho herida alguna".

Una vez terminado su relato, el paciente reconoció ya que no podía haberme contado antes aquella visión o alucinación. Comprendía muy bien que, por mi parte, no habría podido dejar pasar sin aprovecharla una tal prueba de la existencia del *miedo a la castración.*

Con esto quedó vencida su resistencia contra la aceptación del complejo de castración; pero preguntó: "¿Por qué he creído tan seguramente haberle contado ya este recuerdo?"

Luego recordamos ambos que en diversas ocasiones, pero siempre sin provecho alguno, había relatado los siguientes pequeños recuerdos:

"Cuando mi tío salió de viaje, nos preguntó a mi hermana y a mí qué queríamos que nos trajese. Mi hermana le pidió un libro y yo una navajita". Ahora reconocimos en esta ocurrencia, surgida meses antes, un recuerdo encubridor del recuerdo reprimido y una agregación al relato de la supuesta pérdida del dedo meñique (un indudable equivalente del pene), relato retenido por el influjo de la resistencia. La navaja que aparecía en el relato por tanto tiempo retenido era la que su tío le había traído realmente de su viaje.

Creo inútil añadir nada más a la interpretación de este pequeño suceso por lo que se refiere a su aclaración del fenómeno de *fausse reconnaissance.* Con respecto al contenido de la visión del paciente, he de observar que semejantes ilusiones alucinatorias no son nada raras en conexión con el complejo de la castración, pudiendo servir también para la corrección de percepciones indeseadas.

En 1911, una persona de formación universitaria, a la que no conozco, y cuya edad no puedo indicar, me escribió desde una ciudad alemana, poniendo a mi disposición el siguiente recuerdo infantil:

«Al leer su ensayo titulado *Un recuerdo infantil de Leonardo da Vinci*, las afirmaciones contenidas en las páginas 29 y 31 despertaron en mí intensa oposición. Su observación de que el niño se halla dominado por el interés hacia sus propios genitales me hizo pensar que, de tratarse de una ley general, era yo, en todo caso, una excepción. Las líneas siguientes, página 31 hasta el principio de la 32, me llenaron luego de asombro, de aquel asombro que se apodera de nosotros cuando se nos da a conocer algo completamente nuevo. Pero en medio de mi asombro, acudió a mí un recuerdo que me demostró —para mi mayor sorpresa— que todo aquello no debía cogerme realmente tan de nuevas. En efecto, durante la época en que me hallaba entregado de lleno a la "investigación sexual infantil", tuve ocasión de contemplar los genitales de una de mis compañeras de juego y *vi en ellos claramente un pene semejante al mío*. Poco después, la contemplación de las estatuas y las pinturas de desnudo me sumió de nuevo en confusiones, y para escapar a esta discordia "científica" imaginé el siguiente experimento: Apretando los muslos uno contra otro, sujetaba entre ellos mis genitales, haciéndolos desaparecer, y comprobaba entonces, con satisfacción, que de aquel modo se borraba toda diferencia entre mi propio desnudo y los desnudos femeninos. Así, pues, concluí que en estos últimos se hacía desaparecer, por medio de igual procedimiento, el órgano genital.

»En este punto, acude a mí otro recuerdo que siempre ha tenido para mí gran importancia, por ser uno de los tres únicos que constituyen mi recuerdo total de mi madre, tempranamente fallecida. Mi madre está en pie delante del fregadero y lava en él unos vasos y otros cacharros, mientras yo juego en el mismo cuarto y cometo alguna travesura. En castigo, mi madre me propina unos cuantos palmetazos, y de pronto veo, con horror, que se me desprende el dedo meñique y cae precisamente en el cubo. Como sé que mi madre está enfadada, no me atrevo a decirle nada y presencio con espanto cómo la criada se lleva a poco el cubo. Durante mucho tiempo tuve el convencimiento de haber perdido un dedo, probablemente hasta la época en que aprendí a contar.

»He intentado muchas veces interpretar este recuerdo, de gran importancia para mí, por su relación con mi madre, pero ninguna de mis interpretaciones ha llegado a satisfacerme. Sólo ahora, después de la lectura de su trabajo, vislumbro una solución sencilla y satisfactoria del enigma.»

Al final del tratamiento, y para satisfacción del médico, surge frecuentemente otra forma de *fausse reconnaissance*. Una vez que se logra la aceptación del suceso reprimido, de naturaleza real o psíquica, contra todas las resistencias, rehabilitándolo así, en cierto modo, suele exclamar el paciente: "Ahora tengo la sensación de haberlo sabido siempre". Con esto queda cumplida la labor psicoanalítica.

LA INICIACIÓN DEL TRATAMIENTO

1913

Si intentamos aprender en los libros el noble juego del ajedrez, no tardaremos en advertir que sólo las aperturas y los finales pueden ser objeto de una exposición sistemática exhaustiva, a la que se sustrae, en cambio, totalmente la infinita variedad de las jugadas siguientes a la apertura. Sólo el estudio de partidas celebradas entre maestros del ajedrez puede cegar esta laguna. Pues bien: las reglas que podemos señalar para la práctica del tratamiento psicoanalítico están sujetas a idéntica limitación.

En el presente trabajo me propongo reunir algunas de estas reglas para uso del analítico práctico en la iniciación del tratamiento. Entre ellas hay algunas que pueden parecer insignificantes, y quizá lo sean. En su disculpa he de alegar que se trata de reglas de juego, que han de extraer su significación de la totalidad del plan. Pero, además, las presento tan sólo como simples "consejos", sin exigir estrictamente su observancia. La extraordinaria diversidad de las constelaciones psíquicas dadas, la plasticidad de todos los procesos psíquicos y la riqueza de los factores que hemos de determinar se oponen también a una mecanización de la técnica y permiten que un procedimiento generalmente justificado no produzca en ocasiones resultado positivo alguno, o inversamente, que un método defectuoso logre el fin deseado. De todos modos, estas circunstancias no impiden señalar al médico normas generales de conducta.

Ya en otro lugar[15] hemos consignado toda una serie de indicaciones relativas a la selección de los enfermos para el tratamiento analítico. No habré, pues, de repetirlas aquí, y sólo haré constar que en el intervalo han sido plenamente aceptadas por otros psicoanalíticos. Pero sí añadiré que ulteriormente he tomado la costumbre de advertir a aquellos enfermos sobre los cuales poseo pocos datos que, en principio, sólo provisionalmente, y por una o dos semanas, puedo encargarme de ellos, y de este modo, cuando me veo obligado a interrumpir el análisis, por estar contraindicado, ahorro al enfermo la penosa impresión de una tentativa de curación fracasada, pues considera el hecho como un mero sondeo realizado para llegar a conocer el caso y decidir si le es o no aplicable el psicoanálisis. Es este el único medio de prueba de que disponemos, y no conseguiríamos nada intentado sustituirlo por una serie de interrogatorios, que, además, nos llevarían el mismo tiempo o quizá más. Pero a la par que un ensayo previo, constituye la iniciación del análisis y ha de seguir, por lo tanto, sus mismas normas. Sólo podremos diferenciarlo algo del análisis propiamente dicho dejando hablar preferentemente al enfermo y no suministrándole más explicaciones que las estrictamente indispensables para la continuación de su relato.

Esta iniciación del tratamiento con un período de prueba de algunas semanas tiene, además, una motivación diagnóstica. Muchas veces al encontrarnos ante una neurosis con síntomas histéricos u obsesivos, no muy acentuada y relativamente reciente, esto es, ante una de aquellas formas de neurosis que consideramos más apropiadas para el tratamiento analítico, tenemos que preguntarnos, sin embargo, si no se tratará de un caso inicial de una demencia precoz (esquizofrenia, según

---

[15] Véase el ensayo titulado *Sobre psicoterapia* en este mismo volumen.

Bleuler, o parafrenia, según mi propuesta), que al cabo de más o menos tiempo mostrará francamente todo el cuadro sintomático de esta afección. A mi juicio, la decisión no es en estos casos nada fácil. Sé que hay psiquíatras que rara vez vacilan en este diagnóstico diferencial, pero también estoy convencido de que se equivocan tan a menudo como los demás. Pero los errores de este género son mucho más fatales para el psicoanalítico que para el psiquíatra clínico, pues en ninguno de los dos casos posibles emprende este nada decisivo; se expone solamente al peligro de cometer un error teórico y su diagnóstico no tiene más que un interés académico. En cambio, si el psicoanalítico yerra en su diagnóstico, incurrirá en una falta de carácter práctico, impondrá al enfermo un esfuerzo inútil y desacreditará su terapia. Si el enfermo no padece una histeria ni una neurosis obsesiva, sino una parafrenia, no podrá mantener el médico su promesa de curación y, por lo tanto, deberá poner de su parte todo lo posible para evitar un error de diagnóstico. En un tratamiento de ensayo, prolongado algunas semanas, puede ya tener ocasión de observar manifestaciones sospechosas que le determinen a no llevar más adelante la tentativa. Desgraciadamente, no puede tampoco afirmarse que tal ensayo nos facilite siempre un diagnóstico seguro; es tan sólo una precaución más[16].

Las conferencias prolongadas con el enfermo antes de dar principio al tratamiento analítico, la sumisión anterior de aquel

---

[16] Sobre el tema de esta inseguridad diagnóstica, sobre las probabilidades de éxito del análisis en las formas leves de parafrenia y sobre el fundamento de la analogía de las dos afecciones de referencia podríamos decir mucho más de lo que nos consiente los límites del presente ensayo. Siguiendo el ejemplo de Jung, nos inclinaríamos quizá a oponer las histerias y la neurosis obsesiva como *neurosis de transferencia*, a las afecciones parafrénicas, como *neurosis de introversión*, si al hacerlo así, no despojásemos al concepto de "introversión" (de la libido) de su único sentido justificado.

a otro método terapéutico y la existencia de una relación de amistad entre el médico y el enfermo determinan ciertas consecuencias desfavorables, a las que debemos estar preparados. Motivan, en efecto, que el enfermo se presente ante el médico en una actitud de transferencia ya definida, que el médico habrá de ir descubriendo poco a poco en lugar de encontrar ocasión de observar el crecimiento y la constitución de la transferencia desde su principio. El paciente nos lleva así durante cierto tiempo una ventaja que sólo a disgusto le concedemos en la cura.

Debe desconfiarse siempre de aquellos enfermos que nos piden un plazo antes de comenzar la cura. La experiencia nos ha demostrado que es inútil esperar su retorno al expirar la tregua acordada, incluso en aquellos casos en los que la motivación del aplazamiento, o sea, la racionalización de su propósito de eludir el tratamiento, parecería plenamente justificada para un profano.

El hecho de que entre el médico y el paciente que va a ser sometido al análisis, o entre sus familias respectivas, existan relaciones de amistad o conocimiento, suscita también especiales dificultades. El psicoanalista del que se solicita que se encargue del tratamiento de la mujer o el hijo de un amigo puede prepararse a perder aquella amistad, cualquiera que sea el resultado del análisis. No obstante, deberá sacrificarse si no encuentra un sustituto en el que pueda confiar.

Tanto los profanos como aquellos médicos que todavía confunden el psicoanálisis con un tratamiento de sugestión suelen atribuir gran importancia a las esperanzas que el paciente funde en el nuevo tratamiento. Juzgan que tal o cual enfermo no habrá de dar mucho trabajo, por entrañar una gran confianza en el psicoanálisis y estar convencido de su verdad y su eficacia. En cambio, tal otro suscitará graves dificultades, pues se trata de un escéptico que niega todo crédito a nuestros métodos y sólo se convencerá cuando experimente en sí propio su eficacia. Pero, en realidad, la actitud del paciente significa muy poco; su confianza o desconfianza provisional no supone apenas nada, comparada con las resistencias internas que mantienen las neurosis. La confianza del paciente hace muy agradable nuestro primer contacto con él, y le damos, por ella, las más rendidas gracias, pero al mismo tiempo le advertimos también que tan favorable disposición se estrellará seguramente contra las primeras dificultades emergentes en el tratamiento. Al escéptico le decimos que el análisis no precisa de la confianza del analizado y que, por lo tanto, puede mostrarse todo lo desconfiado que le plazca, sin que por nuestra parte hayamos de atribuir su actitud a un defecto de su capacidad de juicio, pues nos consta que no está en situación de poderse formar un juicio seguro sobre estas cuestiones; su desconfianza no es sólo un síntoma como los demás suyos y no habrá de perturbar, en modo alguno, la marcha del tratamiento, siempre que, por su parte, se preste él a observar concienzudamente las normas del análisis.

Para las personas conocedoras de la esencia de la neurosis no constituirá sorpresa ninguna saber que también los individuos plenamente capacitados para someter a otros al análisis se conducen como cualquier mortal y pueden producir resistencias intensísimas en cuanto pasan a ser, a su vez, objeto de análisis. Estos casos nos procuran de nuevo una sensación de la tercera dimensión psíquica, y no encontramos nada sorprendente hallar arraigada la neurosis en estratos psíquicos a los que no ha descendido la ilustración psicoanalítica.

Otra de las cuestiones importantes que surgen al iniciar un análisis es la de concertar con el paciente las condiciones de tiempo y de dinero.

Por lo que se refiere al tiempo, sigo estrictamente y sin excepción alguna el principio de adscribir a cada paciente una hora determinada. Esta hora le pertenece por completo, es de su exclusiva propiedad y responde económicamente de ella, aunque no la utilice. Semejante condición, generalmente admitida en nuestra buena sociedad cuando se trata de un profesor de música o de idiomas, parecerá acaso muy dura en cuanto al médico y hasta incorrecta desde el punto de vista profesional. Se alegarán quizá las muchas casualidades que pueden impedir al paciente acudir a una misma hora todos los días a casa del médico y se pedirá que tengamos en cuenta las numerosas enfermedades intercurrentes que pueden inmovilizar al sujeto en el curso de un tratamiento analítico algo prolongado. Pero a todo ello habré de explicar que no hay la menor posibilidad de obrar de otro modo. En cuanto intentásemos seguir una conducta más benigna, las faltas de asistencia "puramente casuales" se multiplicarían de tal modo, que perderíamos sin fruto alguno la mayor parte de nuestro tiempo. Por el contrario, manteniendo estrictamente el severo criterio indicado, desaparecen por completo los obstáculos "casuales" que pudieran impedir al enfermo acudir algún día a la consulta y se hacen muy raras las enfermedades intercurrentes, resultando así que sólo muy pocas veces llegamos a gozar de un asueto retribuido que pudiera avergonzarnos. En cambio, podemos continuar seguidamente nuestro trabajo y eludimos la contrariedad de ver interrumpido el análisis en el momento en que prometía llegar a ser más interesante y provechoso. Unos cuantos años de practicar el psicoanálisis siguiendo estrictamente este principio de exigir a cada enfermo la retribución correspondiente a la hora que se le ha señalado, la utilice o no, nos convencen decisivamente de la importancia de la psicogenia en la vida cotidiana de los hombres, de la frecuencia de las "enfermedades falsas" y de la inexistencia del azar. En los casos de enfermedad orgánica indubitable, que el interés psíquico no puede, naturalmente, excluir, interrumpo el tratamiento y adjudico a otro paciente la hora que así me queda libre, a reserva de continuar el tratamiento del primero cuando cesa su enfermedad orgánica y puedo, por mi parte, señalarle otra hora.

Por lo general, trabajo diariamente con mis enfermos, excepción hecha de los domingos y las fiestas muy señaladas, viéndolos, por lo tanto, seis veces por semana. En los casos leves, o cuando se trata de la continuación de un tratamiento ya muy avanzado, pueden bastar tres horas semanales. Fuera de este caso, la disminución de las sesiones de tratamiento resulta tan poco ventajosas para el médico como para el enfermo, debiendo rechazarse, desde luego, al principio del análisis. Una labor más espaciada nos impediría seguir paso a paso la vida actual del paciente, y la cura correría el peligro de perder su contacto con la realidad y desviarse por caminos laterales. De cuando en cuando tropezamos también con algún paciente al que hemos de dedicar más de una hora diaria, pues necesita ya casi este tiempo para desentumecerse y comenzar a mostrarse comunicativo.

Al principio del tratamiento suelen también dirigir los enfermos al médico una pregunta poco grata: ¿Cuánto habrá de durar el tratamiento? ¿Qué tiempo necesita usted para curarme de mi enfermedad? Cuando previamente le hemos propuesto comenzar con un período de ensayo, podemos eludir una respuesta directa a estas interrogantes, prometiendo al sujeto que, una vez cumplido tal período, nos ha de ser más fácil indicarle la duración aproximada de la cura. Contestamos, pues, al enfermo como Esopo al caminante que le preguntaba cuánto tardaría en llegar al final de su viaje; esto es, invitándole a echar a andar, y le explicamos tal respuesta alegando que antes de poder determinar el tiempo que habrá de emplear en llegar a la meta necesitamos conocer su paso. Con esto salvamos las primeras dificultades, pero la comparación utilizada no es exacta, pues el neurótico puede cambiar frecuentemente de paso y no avanzar sino muy lentamente a veces. En realidad, resulta imposible fijar de antemano la duración del tratamiento.

La ignorancia de los enfermos y la insinceridad de los médicos se confabulan para exigir del psicoanálisis los más desmedidos rendimientos en un mínimo de tiempo. Véase, si no, el siguiente extracto de una carta que me ha dirigido hace pocos días una señora rusa. Tiene cincuenta y tres años; viene enferma hace veintitrés, y desde hace diez se halla incapacitada para toda labor algo continuada. Los "tratamientos seguidos en diversos sanatorios" no han conseguido devolverla a la "vida activa". Espera obtener la curación por medio del psicoanálisis, sobre el cual le han llamado la atención sus lecturas. Pero su enfermedad ha costado ya tanto dinero a su familia, que no podría prolongar su estancia en Viena más allá de dos meses. Además, tendrá que hacer sus comunicaciones por escrito, pues está segura de que el solo hecho de rozar sus complejos provocará en ella una explosión o la "hará enmudecer por algún tiempo". En general, no puede esperarse de nadie que levante con los dedos una pesada mesa como podría levantar un ligero escabel, ni que construya una casa de siete pisos en el mismo tiempo que una choza; pero cuando se trata de las neurosis, hasta las personas más inteligentes olvidan la proporcionalidad necesaria entre el tiempo, el trabajo y el resultado. Todo ello no es sino una consecuencia perfectamente comprensible de la profunda ignorancia general en cuanto a la etiología de las neurosis. Como no se sabe de dónde han venido, se supone que un buen día desaparecerán como vinieron.

Los médicos apoyan este feliz optimismo, e incluso los más eminentes estiman a veces muy por bajo la gravedad de las enfermedades neuróticas. Un colega que me honra con su amistad y que después de elaborar muchos años bajo distintas premisas científicas ha aceptado las del psicoanálisis, me escribía en una ocasión: "Lo que necesitamos es un tratamiento cómodo, breve y ambulatorio de las neurosis obsesivas". Como no podía satisfacerle, me disculpé, todo avergonzado, con la observación de que también los internistas se alegrarían mucho de poder hallar, para el cáncer o la tuberculosis, una terapia que reuniera tales ventajas.

Contestando ya directamente a la interrogante, declararemos que el psicoanálisis precisa siempre períodos prolongados, desde un semestre hasta un año cuando menos, y desde luego mucho más prolongados de lo que por lo general espera el enfermo. Estamos, pues, obligados a hacérselo saber así, antes que se decida definitivamente a someterse al tratamiento. Por mi parte, me parece lo más digno y también los más conveniente advertir desde un principio al enfermo las dificultades de la terapia analítica y los sacrificios que exige, evitando así que el día de mañana pueda reprocharnos haberle inducido a aceptar un tratamiento cuya amplitud e importancia ignoraba. Aquellos enfermos, que ante estas noticias renuncian al tratamiento, habrían de demostrarse seguramente más tarde poco adecuados para el mismo, y de este modo realizamos ya desde un principio una selección muy conveniente. Con el progreso de la ilustración psicoanalítica de los enfermos va aumentando el número de los que resisten esta prueba.

Por otra parte, rehusamos comprometer a los pacientes a seguir el tratamiento durante un período determinado y les permitimos abandonarlo cuando quieren, aunque sin ocultarles que la interrupción de la cura iniciada excluye todo posible resultado positivo y puede provocar un estado insatisfactorio, como una operación no llevada a término. En los primeros años de mi actividad psicoanalítica me era dificilísimo mover a los enfermos a proseguir el tratamiento. En cambio, hoy me es mucho más difícil obligarles a darlo por terminado.

La abreviación de la cura analítica continúa siendo una aspiración perfectamente justificada, a cuyo cumplimiento se tiende, según veremos, por diversos caminos. Desgraciadamente, se opone a ella un factor muy importante: la lentitud con que se cumplen las modificaciones anímicas algo profundas. Cuando situamos a los enfermos ante la dificultad que supone el largo tiempo necesario para el análisis, suele encontrar y proponernos una determinada solución. Dividen sus pade-cimientos en dos grupos, principal y secundario, incluyendo en el primero aquellos que les parecen más intolerables, y nos dicen: "Si logra usted librarme de tal o cual síntoma (por ejemplo, del dolor de cabeza o de una angustia determinada), ya veré yo de arreglármelas con los demás". Pero al pensar así estima muy por alto el poder electivo del análisis. El médico analista puede, desde luego, alcanzar resultados positivos muy importantes, pero lo que no puede es determinar precisamente cuáles. Inicia un proceso, la solución de las represiones existen-tes, y puede vigilarlo, propulsarlo, desembarazar de obstáculos su trayectoria, o también, en el peor caso, perturbarlo. Pero en general el proceso sigue, una vez iniciado, su camino propio, sin dejarse marcar una dirección, ni mucho menos la sucesión de los puntos que ha de ir atacando. De este modo, con el poder del analista sobre los fenómenos patológicos sucede aproxi-madamente lo mismo que con la potencia viril. El hombre más potente puede, desde luego, engendrar un ser completo, pero no hace surgir solamente en el organismo femenino una cabeza, un brazo o una pierna, ni siquiera determinar el sexo de la criatura. No hace tampoco más que iniciar un proceso extraordinariamente complicado y determinado por sucesos antiquísimos, proceso que termina con el parto. También la neurosis de un individuo posee los caracteres de un organismo, y sus fenómenos parciales no son independientes entre sí, sino que se condicionan y se apoyan unos a otros. No se padece nunca más que una sola neurosis y no varias que hayan venido a coincidir casualmente en el mismo individuo. Un enfermo al que, siguiendo sus deseos, hubiéramos liberado de un sín-toma intolerable, podría experimentar a poco la dolorosa sorpresa de ver intensificarse, a su vez, hasta lo intolerable, otro síntoma distinto, benigno hasta entonces. Todo aquel que quiera hacer lo más independiente posible de sus condiciones sugestivas (esto es, de sus condiciones de transferencia) el éxito terapéutico, obrará cuerdamente renunciando también a los indicios de influencia electiva de que el médico dispone. Para el psicoanalítico los pacientes más gratos habrán de ser aquellos que acuden a él en busca de la más completa salud posible y ponen a su disposición todo el tiempo que le sea preciso para conseguir su restablecimiento. Naturalmente, sólo pocos casos nos ofrecen condiciones tan favorables.

Otra de las cuestiones que deben ser resueltas al iniciar un tratamiento es la referente al dinero; esto es, al montante de los honorarios del médico. El analítico no niega que el dinero debe ser considerado en primera línea como medio para la conservación individual y la adquisición de poderío, pero afirma, además, que en su valoración participan poderosos factores sexuales. En apoyo de esta afirmación puede alegar que el hombre civilizado actual observa en las cuestiones de dinero la misma conducta que en las cuestiones sexuales, procediendo con la misma doblez, el mismo falso pudor y la misma hipocresía. Por su parte, el analítico no está dispuesto a incurrir en iguales vicios, sino a tratar ante el paciente las cuestiones de dinero con la misma sinceridad natural que quiere inculcarle en cuanto a los hechos de la vida sexual, y de este modo le demostrará ya desde un principio, haber renunciado él mismo a un falso pudor, comunicándole espontáneamente en cuánto estima su tiempo y su trabajo. Una elemental prudencia le aconsejará luego no dejar que se acumulen grandes sumas, sino pasar su minuta a intervalos regulares (por ejemplo, mensualmente). Por otro lado, es bien sabido que la baratura de un tratamiento no contribuye en modo alguno a hacerlo más estimable a los enfermos. Esta conducta no es, desde luego, la habitual entre los neurólogos o los internistas de nuestra sociedad europea. Pero el psicoanalítico puede equipararse al cirujano, que también es sincero y exigente en estas cuestiones, porque posee realmente medios eficaces de curación. A mi juicio, es indudablemente más digno y más moral declarar con toda franqueza nuestras necesidades y nuestras aspiraciones a fingir un filantrópico desinterés, incompatible con nuestra situación económica, como aún es habitual entre los médicos, e indignarnos en secreto de la desconsideración y la tacañería de los enfermos o incluso criticarla en público. El analítico podrá apoyar además sus pretensiones de orden económico en el hecho de que, trabajando intensamente, jamás puede llegar a ganar tanto como otros especialistas.

Por estas mismas razones podrá negarse también a todo tratamiento gratuito, sin hacer excepción alguna en favor de parientes o colegas. Esta última determinación parece infringir los preceptos del compañerismo médico, pero ha de tenerse en cuenta que un tratamiento gratuito significa mucho más para el psicoanalítico que para cualquier otro médico, pues supone sustraerle por muchos meses una parte muy considerable de su tiempo retribuido (una séptima u octava parte). Un segundo tratamiento gratuito simultáneo le robaría ya una cuarta o una tercera parte de sus posibilidades de ganancia, lo cual podría ya equipararse a los efectos de un grave accidente traumático.

Habremos de preguntarnos, además, si la ventaja que procura al enfermo el tratamiento gratuito puede compensar en cierto modo el sacrificio del médico. Personalmente me creo autorizado a formular un juicio sobre esta cuestión, pues durante diez años he dedicado una hora diaria, y en algunas épocas dos, a tratamientos gratuitos, guiado por la idea de eludir todas las fuentes de resistencias posibles y facilitarme así la tarea de penetrar en la esencia de la neurosis. Pero esta conducta no me proporcionó en ningún caso las ventajas buscadas. El tratamiento gratuito intensifica enormemente algunas de las resistencias del neurótico; por ejemplo, en las mujeres jóvenes, la tentación integrada en la relación de transferencia, y en los hombres jóvenes, la rebeldía contra el deber de gratitud, rebeldía procedente del complejo del padre y que constituye uno de los más graves obstáculos a la influencia terapéutica. La ausencia de la compensación que supone el pago de honorarios al médico se hace sentir penosamente al enfermo; la relación entre ambos pierde todo carácter real y el paciente queda privado de uno de los motivos principales para tender a la terminación de la cura.

Se puede no compartir la repugnancia ascética al dinero y deplorar, sin embargo, que la terapia analítica resulte casi inasequible a los pobres, y tanto por motivos externos como internos. Pero es cosa que no tiene gran remedio. Por otro lado, quizá acierte la afirmación corriente de que los hombres a quienes las duras necesidades de la vida imponen un rudo y constante trabajo sucumben menos fácilmente a la neurosis. Ahora bien: la experiencia demuestra, en cambio, que cuando uno de tales individuos contrae una neurosis, no se deja ya sino difícilmente arrancar a ella, pues le presta grandes servicios en su lucha por la autoafirmación y le procura una ventaja patológica secundaria demasiado importante. La neurosis le ayuda a lograr de los demás la compasión que antes no logró de ellos su miseria material y le permite eximirse a sí mismo de la necesidad de combatir su pobreza por medio del trabajo. Al atacar con medios puramente psicoterápicos la neurosis de un sujeto necesitado, advertimos en seguida que lo que él demanda en este caso es una terapia actual de muy distinto género, una terapia como la que nuestra leyenda nacional atribuye al emperador José II. Naturalmente, también entre estas personas encontramos a veces individuos muy estimables a quienes la desgracia ha vencido sin culpa alguna por parte de ellos y en los cuales no tropieza el tratamiento gratuito con los obstáculos antes indicados, obteniendo, por el contrario, resultados perfectos.

Para la clase media, el gasto que supone el tratamiento psicoanalítico sólo aparentemente puede resultar excesivo. Aparte de que un gasto relativamente moderado, nunca puede significar nada frente a la salud y a la capacidad funcional, si comparamos las continuas expensas exigidas por el tratamiento no analítico de los neuróticos en sanatorios y consultas con el incremento de capacidad funcional y adquisitiva que los mismos experimentan al cabo de una cura psicoanalítica llevada a feliz término, podremos decir que el enfermo ha hecho todavía un buen negocio. Lo más costoso en esta vida es la enfermedad... y la tontería.

Antes de cerrar estas observaciones relativas a la iniciación de la cura analítica, diré aún algunas palabras sobre un cierto ceremonial que observamos en las sesiones del tratamiento. A este respecto, mantengo mi consejo de hacer echarse al paciente en un diván, colocándose el médico detrás de él y fuera del alcance de su vista. Esta disposición tiene un sentido histórico: es un resto del tratamiento hipnótico, partiendo del cual se desarrolló el psicoanálisis. Pero merece conservarse por varias razones. En primer lugar, por un motivo personal que seguramente compartirá conmigo mucha gente. No resisto pasarme ocho o más horas al día teniendo constantemente clavada en mí la mirada de alguien. Pero, además, como en tanto que escucho al sujeto me abandono también, por mi parte, al curso de mis ideas inconscientes, no quiero que mi gesto procure al paciente materia de interpretaciones o influya sobre sus manifestaciones. Por lo general, el sujeto no se acomoda gustoso a esta disposición y se rebela contra ella, sobre todo cuando el instinto visual (*voyeurs*) desempeña un papel importante en su neurosis. Por mi parte, mantengo inflexiblemente la situación descrita, con la que me propongo y consigo evitar la inmixtión de la transferencia en las ocurrencias del enfermo, aislar la transferencia y hacerla surgir a su tiempo como resistencia claramente delimitada. Sé que muchos analíticos obran en este punto de otro modo, pero no puedo decir si es porque realmente encuentran con ello alguna ventaja o sólo por el deseo de no hacer lo que otros.

Una vez reguladas en esta forma las condiciones de la cura, habremos de preguntarnos en qué punto y con qué materiales se ha de comenzar el tratamiento.

En general, no importa cuál sea la materia con la que iniciemos el análisis: la historia del paciente, sus recuerdos infantiles o el historial de su enfermedad. Lo único de que debemos cuidarnos es de empezar dejando hablar al enfermo sobre sí mismo, sin entrar a determinar su elección del punto de partida. Así, pues, nos limitaremos a decirle: "Antes que yo pueda indicarle nada, tengo que saber mucho sobre usted. Le ruego, por lo tanto, que me cuente lo que usted sepa de sí mismo".

De esta conducta pasiva inicial sólo hacemos una excepción en cuanto a la regla psicoanalítica fundamental a la que el paciente ha de atenerse y que le comunicamos desde un principio: "Una advertencia aún, antes de empezar: su relato ha de diferenciarse de una conversación corriente en una cierta condición. Normalmente procura usted, como es natural, no perder el hilo de su relato y rechazar todas las ocurrencias e ideas secundarias que pudieran hacerle incurrir en divagaciones impertinentes. En cambio, ahora tiene usted que proceder de otro modo. Advertirá usted que durante su relato acudirán a su pensamiento diversas ideas, que usted se inclinará a rechazar con ciertas objeciones críticas. Sentirá usted la tentación de decirse "Esto o lo otro no tiene nada que ver con lo que estoy contando, o carece de toda importancia, o es un desatino, y, por lo tanto, no tengo para qué decirlo". Pues bien: debe usted guardarse de ceder a tales críticas y decirlo, a pesar de sentirse inclinado a silenciarlo o precisamente por ello. Más adelante conocerá usted, y reconocerá, la razón de esta regla, que es, en realidad, la única que habrá usted de observar. Diga usted, pues, todo lo que acude a su pensamiento. Condúzcase como un viajero que va junto a la ventanilla del vagón y describe a sus compañeros cómo el paisaje va cambiando ante sus ojos. Por último, no olvide usted nunca que ha prometido ser absolutamente sincero y no calle nunca algo porque le resulte desagradable comunicarlo"[17].

---

[17] Sobre la observancia de esta regla fundamental habría mucho que decir. A veces encontramos personas que se conducen como si ellas mismas la hubiesen dictado. Otras pecan contra ellas desde un principio. Su comunicación al sujeto, antes de iniciar el análisis, es tan indispensable como útil. Más tarde, bajo el dominio de las resistencias, deja de ser observada, y para todo sujeto llega alguna vez el momento de infringirla. Por nuestro autoanálisis sabemos cuán irresistiblemente surge la tentación de ceder a los pretextos críticos que nos inducen a rechazar las ocurrencias. De la escasa eficacia del pacto que convenimos con el paciente al exponer la regla fundamental del análisis tenemos ocasión de convencernos en cuanto se trata por primera vez de la comunicación de algo referente a una tercera persona. El paciente sabe que debe decirlo todo, pero aprovecha los preceptos de la discreción para crearse un obstáculo: "¿Debo realmente decirlo todo? Creía que la regla sólo refería a mis cosas propias y no a las que tuvieran relación con otras personas".

Naturalmente, no hay medio de llevar a cabo un tratamiento analítico excluyendo de la comunicación las relaciones del paciente con otras personas y sus pensamientos sobre ellas. *Pour faire une omelette il feut casser des oeufs.* Un hombre correcto olvida fácilmente las intimidades de los demás cuando las mismas no entrañan algo de interés personal para él. Tampoco podemos renunciar a la comunicación de nombres propios, pues, de hacerlo así, el relato del enfermo adolecerá de una vaguedad que lo hará inaprehensible para la memoria del médico, y además, los nombres retenidos obstruyen el acceso a toda una serie de relaciones interesantes. Lo más que puede hacerse es permitir al sujeto que reserve los nombres hasta encontrarse más familiarizado con el médico y con el procedimiento. Es harto singular cómo se hace insoluble la labor entera en cuanto consentimos la reserva en un único punto. Señálese un lugar con derecho de asilo en una ciudad y veremos lo que tarda en reunirse en él toda la gente maleante por ella dispersa. En una ocasión tuve en tratamiento a un alto funcionario, obligado por su juramento a no comunicar determinadas cosas, consideradas como secretos de Estado, y esta limitación bastó para hacer fracasar

Aquellos pacientes que creen conocer el punto de partida de su enfermedad, comienzan, por lo general, su relato con la exposición de los hechos en los que ven el motivo de sus dolencias; otros, que se dan cuenta de la relación de sus neurosis con sus experiencias infantiles, suelen empezar con una descripción de su vida, desde sus primeros recuerdos. En ningún caso debe, sin embargo, esperarse un relato sistemático, ni tampoco hacer nada por conseguirlo. Cada uno de los detalles de la historia habrá luego de ser relatado nuevamente y sólo en estas repeticiones surgirán ya los elementos que permiten al paciente establecer relaciones importantes, cuya existencia ignora, sin embargo.

Hay pacientes que a partir de las primeras sesiones preparan previamente, con el mayor cuidado, lo que durante ellas han de decir, bajo pretexto de garantizar así un mejor aprovechamiento del tiempo. Pero en esta conducta se oculta una resistencia, disfrazada de celoso interés por el análisis. Aconsejaremos, pues, a los enfermos que prescindan de semejante preparación, cuyo solo fin es impedir la emergencia de ocurrencias indeseadas[18]. Aunque el enfermo crea sinceramente en la bondad de su propósito, la resistencia impondrá su intervención en la preparación intencional y logrará que el material más valioso eluda la comunicación. No tardaremos luego en observar que el paciente encuentra aún otros métodos para sustraer al tratamiento el material pedido. Por ejemplo, hablará todos los días con algún amigo íntimo sobre la marcha de la cura, y dará salida en esta conversación a todas las ideas que luego habrían de asaltarle en presencia del médico. La cura adolece entonces de una grieta por la que se escapa precisamente lo mejor. No

---

el análisis. El tratamiento psicoanalítico tiene que sobreponerse a toda clase de consideraciones, pues la neurosis y sus resistencias no respetan tampoco ninguna.
[18] Sólo permitiremos una excepción cuando se trate de precisar datos relativos a antecedentes familiares, cambios de residencia, operaciones, etcétera.

habremos, pues, de dilatarnos mucho en aconsejar al paciente que considere su cura analítica como un asunto reservado entre él y el médico, sin que deba poner al corriente de los detalles de la misma a ninguna otra persona, por familiar y curiosa que sea. En estadios ulteriores del tratamiento, el paciente deja de experimentar, por lo general, semejantes tentaciones.

A aquellos enfermos que quieren mantener secreto el tratamiento, porque también han mantenido secreta su neurosis, no les opongo dificultad alguna, aunque tal condición impida que algunos de los más acabados éxitos terapéuticos lleguen a actuar convincentemente sobre la opinión general. Naturalmente, la decisión del enfermo en cuanto al secreto del tratamiento hace ya surgir a la luz un carácter de su historia íntima.

Aconsejando al enfermo en los comienzos de la cura que procure no confiar sino a limitadísimas personas o a ninguna, si es posible, la marcha y los detalles del tratamiento, lo protegemos también, en cierto modo, de las muchas influencias hostiles que intentaran apartarle del análisis. Más tarde, tales influencias resultan ya inofensivas y hasta útiles para hacer emerger resistencias que tendían a permanecer ocultas.

Cuando el enfermo requiere temporalmente, durante el tratamiento analítico, la aplicación de otra terapia, interna o especial, es más conveniente confiarla a un colega no analítico que tomarla también a nuestro cargo. La práctica de tratamientos combinados, en los casos de neurosis con intensas concomitancias orgánicas, resulta casi siempre irrealizable. Los pacientes pierden su interés por el análisis en cuanto se les muestra más de un camino para a llegar a la curación. Lo mejor es aplazar el tratamiento orgánico hasta terminar el psíquico, pues si se practica antes, es casi seguro que no se obtendrá con el resultado alguno.

Volvamos ahora a la iniciación del tratamiento. Algunas veces encontraremos pacientes que comenzarán la cura objetando que no se les ocurre nada que contar, aunque tienen intacto ante si todo el vasto dominio de la historia de su vida y de su enfermedad. Pero ni entonces, ni nunca luego, debemos ceder a su demanda de que les marquemos el tema sobre el que han de hablar. Hemos de tener siempre presente qué es lo que en estos casos se nos opone. Se trata de una intensa resistencia que ha avanzado hasta la primera línea, y lo mejor será aceptar el acto de desafío y atacarla animosamente. Nuestra afirmación, enérgicamente repetida, de que al principio de la cura no puede existir semejante falta de toda ocurrencia, tratándose, realmente, de una resistencia contra el análisis, obliga al paciente a iniciar sus confesiones con algo que ya sospechábamos o revela una parte de sus complejos. Habremos de considerar muy mal signo el que haya de confesamos que ya al oírnos comunicarle la regla fundamental psicoanalítica se propuso reservar, a pesar de todo, determinadas cosas. Menos malo será que sólo tenga que confesarnos su desconfianza ante el análisis o las cosas que contra el mismo ha oído. Si niega estas posibilidades al exponérselas nosotros, le arrancaremos, en cambio, la confesión de haber silenciado en el análisis determinados pensamientos. Hubo de pensar en la cura misma, en el aspecto de la habitación, en los objetos que en ella había o en la situación de su propia persona, tendida allí sobre un diván; pero en vez de comunicar estos pensamientos, declaró que no se le ocurría nada. No es difícil interpretar esta clase de asociaciones; todo lo que se enlaza a la situación del tratamiento corresponde a una transferencia sobre la persona del médico, transferencia muy adecuada para constituirse en una resistencia. En estos casos nos vemos obligados a comenzar con el descubrimiento de esta transferencia, y partiendo de ella, encontramos pronto el camino de acceso al material patógeno del enfermo. Aquellas mujeres que, según toda la historia de su vida, se hallan preparadas a una agresión sexual y aquellos hombres que encierran intensos complejos homosexuales reprimidos son los que generalmente inician el análisis alegando una tal falta de ocurrencias.

Como la primera resistencia, también los primeros síntomas y actos casuales de los pacientes presentan singular interés y delatan uno de los complejos que dominan su neurosis. Un joven filósofo, muy inteligente y de extraordinaria sensibilidad estética, se aseguró cuidadosamente la hebilla del pantalón antes de echarse en el diván al dar comienzo a la primera sesión del tratamiento, y corroboró luego la significación de este acto casual, revelando haber entrañado, en su pasado, refinadas tendencias coprófilas, como su ulterior esteticismo hacía esperar. En igual situación, una muchacha se apresuró a estirarse afanosa la falda, tapándose los tobillos, que habían quedado visibles, y con ello reveló ya lo más importante que luego había de descubrir el análisis: el orgullo narcisista que su belleza le inspiraba y sus tendencias exhibicionistas.

Muchos pacientes se rebelan contra la indicación de acomodarse en el diván de espaldas a nosotros, y solicitan nuestro permiso para adoptar otra posición durante el tratamiento, en su mayor parte porque les desagrada no ver al médico. Desde luego, no accedemos jamás a ello; pero, en cambio, no podemos evitar que antes de comenzar "oficialmente" la sesión o después de declararla terminada, y cuando ya se han levantado del diván, nos dirijan algunas frases, arreglándoselas así para dividir el tratamiento en dos partes: una "oficial" durante la cual se muestran, por lo general, muy cohibidos, y otra "íntima" en la que aparecen más desenvueltos y comunican toda clase de cosas que, para ellos, no corresponden ya al tratamiento. El médico no se acomoda por mucho tiempo a esta división, retiene también todo lo que el paciente le cuenta antes o después de la sesión, y utilizándolo analíticamente en la primera ocasión propicia, da al traste con la separación que el sujeto intentaba establecer, y que se basa también en una resistencia de transferencia.

En tanto que las comunicaciones y las ocurrencias del paciente se suceden sin interrupción, no debemos tocar para nada el tema de la transferencia, dejando esta labor, la más espinosa de todas las que se nos plantean en el análisis, para el momento en que la transferencia se haya convertido ya en resistencia.

Se nos preguntará ahora cuándo hemos de iniciar nuestras explicaciones al analizado, revelándole el oculto sentido de sus asociaciones e iniciándole en las hipótesis y los métodos técnicos del análisis.

Nuestra respuesta será la siguiente: Nunca antes de haberse establecido en el paciente una transferencia aprovechable, un *rapport* en toda regla con nosotros. El primer fin del tratamiento es siempre ligar al paciente a la cura y a la persona del médico. Para ello no hay más que dejarle tiempo. Si le demostramos un serio interés, apartamos cuidadosamente las primeras resistencias y evitamos ciertas torpezas posibles, el paciente establece en seguida espontáneamente un tal enlace y agrega al médico a una de las imágenes de aquellas personas de las que estaba habituado a ser bienquisto. En cambio, si adoptamos desde un principio una actitud que no sea esta de cariñoso interés y simpatía, y nos mostramos rígidamente moralizantes o aparecemos ante los ojos del paciente como representantes o mandatarios de otras personas (de su cónyuge o sus padres, por ejemplo), destruiremos toda posibilidad de semejante resultado positivo.

Estas indicaciones entrañan, naturalmente, la condenación de todo procedimiento que tienda a comunicar al paciente la traducción de sus síntomas en el acto de conseguir su interpretación o considere como un triunfo especial enfrontarle violentamente con tales "soluciones" en las primeras sesiones del tratamiento. Para un analítico experimentado no será difícil deducir ya los deseos retenidos del enfermo, de la primera relación de sus dolencias y del historial de su enfermedad, pero se necesitará estar cegado por una indisculpable irreflexión y una ridícula vanidad para revelar a una persona a la que acabamos de conocer e ignorante aun de todas las hipótesis analíticas, que se halla dominada por una adherencia incestuosa a su madre; que abriga deseos de muerte contra su mujer, a la que supone amar, o que lleva en sí la intención de engañar a sus superiores, etc. He oído decir que existen analíticos que se vanaglorian de semejantes diagnósticos instantáneos y tratamientos rápidos, y debo precaver a todos contra tales ejemplos. Siguiéndolos, sólo conseguirá el médico desacreditarse y desacreditar nuestra causa, pues provocarán en los pacientes resistencias intensísimas, independientemente de que sus deducciones sean o no acertadas. O, mejor dicho, las resistencias provocadas serán tanto más intensas cuanto mayor haya sido el acierto deductivo. Por otra parte, el efecto terapéutico será, por lo general, nulo, y sólo se conseguirá alejar a los enfermos de todo tratamiento analítico. Todavía en estadios más avanzados del tratamiento hemos de procurar no comunicar al paciente la solución de un síntoma o la traducción de un deseo hasta que comprendamos que está ya muy próximo a encontrarla por sí mismo. En épocas pasadas he tenido frecuente ocasión de comprobar que la comunicación prematura de una solución ponía un término, también prematuro, a la cura, tanto a consecuencia de las resistencias que de pronto despertaba como por el alivio concomitante a la solución.

Se nos objetará aquí que nuestra labor no es prolongar el tratamiento, sino llevarlo a término lo más rápidamente posible. El enfermo sufre a consecuencia de un desconocimiento y una incomprensión de sus procesos inconscientes, y nuestro deber sería desvanecer cuanto antes su ignorancia comunicándole en el acto nuestros descubrimientos.

Para responder a esta objeción nos es preciso aclarar previamente algunas cuestiones referentes a la significación del conocimiento y al mecanismo de la curación en el psicoanálisis.

En los primeros tiempos de la técnica analítica, y guiados por una actitud mental intelectualista, hubimos de considerar muy importante que el enfermo llegara al conocimiento de lo que antes olvidó por represión, y apenas establecíamos una diferencia de valor entre su ilustración a este respecto y la nuestra propia. Así, teníamos por singular fortuna conseguir noticias sobre el trauma infantil por conducto distinto del paciente; esto es, por sus padres, sus guardadores o por la misma persona causante del trauma, cosa que se nos hizo posible alguna vez, y nos apresurábamos a comunicar al paciente la noticia y las pruebas de su exactitud, con la seguridad de llevar así a un rápido desenlace la neurosis y el tratamiento. La ausencia de tal resultado positivo nos defraudaba intensamente. ¿Cómo era posible que el enfermo, conociendo ya su experiencia traumática, se condujese, no obstante, como si continuase sin saber nada de ella? El descubrimiento y la descripción del trauma reprimido no lograban siquiera provocar la emergencia de su recuerdo.

En un caso determinado, la madre de una muchacha histérica hubo de revelarme el suceso homosexual al que correspondía máxima influencia sobre la fijación de los ataques de la sujeto. La madre misma había sorprendido la escena, pero la muchacha la había olvidado por completo, no obstante haberse desarrollado en los años inmediatos ya a la pubertad. Este caso me procuró una importante experiencia. Cada vez que repetía el relato de la madre a la muchacha, sufría esta un ataque histérico, y después del mismo demostraba haber olvidado de nuevo el suceso. No cabía duda de que la enferma manifestaba la más intensa resistencia al conocimiento que tratábamos de imponerle. Por último, simuló una amencia y una pérdida total de la memoria para protegerse contra mis revelaciones. De este modo, tuvimos que resolvernos a dejar de conceder al conocimiento de la paciente la extrema importancia que veníamos atribuyéndole y a desplazar el acento sobre las resistencias que habían determinado en su día la ignorancia y se hallaban aún dispuestas a defenderla; resistencias contra las cuales resultaba impotente el conocimiento consciente, aun en aquellos casos en los que no era expulsado de nuevo.

La singular conducta de los enfermos que saben conciliar un conocimiento consciente con un desconocimiento del mismo elemento permanece inexplicable para la psicología llamada normal. Para el psicoanálisis, que reconoce la existencia de un psiquismo inconsciente, no supone dificultad ninguna. Pero, por otra parte, el fenómeno descrito constituye uno de los mejores apoyos de una teoría que nos aproxima a los procesos anímicos tópicamente diferenciados. Los enfermos conocen los sucesos reprimidos en su pensamiento, pero este carece de un enlace con el lugar en el cual se halla contenido de algún modo el recuerdo reprimido. Para que pueda iniciarse alguna modificación es necesario que el proceso mental consciente haya penetrado hasta aquel lugar y haya vencido las resistencias de la represión. Es como si un Gobierno decreta la aplicación de un criterio de benignidad al enjuiciamiento de ciertos delitos. En tanto que el Ministerio de Justicia no haya comunicado a los tribunales la resolución del Gobierno y mientras los jueces y magistrados no se resuelvan a acatarla, las sentencias no acusarán modificación alguna. Haremos constar, sin embargo, como rectificación, que la revelación consciente de lo reprimido al enfermo no permanece totalmente sin efecto. Si no conseguimos con ella el fin deseado de poner un término a los síntomas, trae consigo, en cambio, otras consecuencias. En un principio provocará resistencias; pero, una vez vencidas estas, estimulará un proceso mental en cuyo curso surgirá por fin la acción esperada sobre el recuerdo inconsciente.

Es tiempo ya de revisar el juego de fuerzas que ponemos en actividad por medio del tratamiento. El primer motor de la terapia está en las dolencias del enfermo y en el deseo de curación por ellas engendrado. De la magnitud de esta fuerza motivacional hemos de sustraer algo que sólo en el curso del análisis descubrimos: ante todo, la ventaja secundaria de la enfermedad, pero la energía instintiva misma ha de ser conservada hasta el final del tratamiento. Todo alivio provoca una disminución de la misma. Mas por sí sola es incapaz de suprimir la enfermedad. Para ello faltan dos cosas: no conoce los caminos que han de seguirse para llegar a dicho fin, ni genera tampoco las magnitudes de energía necesarias para luchar contra las resistencias. Ambos defectos son compensados por el tratamiento analítico, el cual procura las magnitudes de afecto necesarias para el vencimiento de las resistencias, movilizando las energías preparadas para la transferencia, y muestra al enfermo los caminos por los que debe dirigir tales energías. La transferencia logra suprimir muchas veces por sí misma los síntomas patológicos, pero sólo provisionalmente, esto es, mientras ella misma existe. Pero esto constituirá un tratamiento sugestivo, nunca un psicoanálisis. El tratamiento merece tan sólo este último nombre cuando la transferencia ha empleado su intensidad para vencer las resistencias. Sólo entonces queda hecha imposible la enfermedad, aun cuando la transferencia sea suprimida, como debe serlo.

En el curso del tratamiento despierta aún otro factor cooperador: el interés intelectual y la comprensión del enfermo. Pero este factor presenta escasa importancia comparado con las demás fuerzas en lucha, y su valor aparece constantemente amenazado por la obnubilación del juicio emanada de las resistencias. Así, pues, las nuevas fuentes de energía que el analítico procura al enfermo nacen de la transferencia y de la orientación de sus procesos psíquicos. Mas para iniciar esta última deberá esperar la aparición de la transferencia y desarrollarla paralelamente al vencimiento de las sucesivas resistencias para ella engendradas.

Recuerdo, repetición y elaboración

1914

No me parece inútil recordar una y otra vez a los estudiosos las profundas modificaciones experimentadas por la técnica psicoanalítica desde sus primeros comienzos. Al principio, en la fase de la catarsis de Breuer, atendíamos directamente a la génesis de los síntomas y orientábamos toda nuestra labor hacia la reproducción de los procesos psíquicos de aquella situación inicial, para conseguir su derivación por medio de la actividad consciente. El recuerdo y la derivación por reacción eran los fines a los que entonces tendíamos con ayuda del estado hipnótico. Más tarde, cuando renunciamos a la hipnosis, se nos planteó la labor de deducir de las ocurrencias espontáneas del analizado aquello que no conseguía recordar. La resistencia había de ser burlada por la interpretación y la comunicación de sus resultados al enfermo. Conservamos, pues, la orientación primitiva de nuestra labor hacia las situaciones en las que surgieron los síntomas por vez primera y hacia aquellas otras que íbamos descubriendo detrás del momento en que emergió la enfermedad, pero abandonamos la derivación por reacción, sustituyéndola por la labor que el enfermo había de llevar a cabo para dominar la crítica contra sus asociaciones, en observancia de la regla psicoanalítica fundamental que le era impuesta. Por último, quedó estructurada la consecuencia técnica actual, en la cual prescindimos de una orientación fija hacia un factor o un problema determinado, nos contentamos con estudiar la superficie psíquica del paciente y utilizamos la interpretación para descubrir las resistencias que en ella emergen y comunicárselas al analizado. Se establece entonces una nueva división del trabajo: el médico revela al enfermo resistencias que él mismo desconoce, y una vez vencidas estas, el sujeto relata sin esfuerzo alguno las situaciones y relaciones olvidadas. Naturalmente, el fin de estas técnicas ha permanecido siendo el mismo: descriptivamente, la supresión de las lagunas del recuerdo; dinámicamente, el vencimiento de las resistencias de la represión.

Debemos conservar agradecimiento a la antigua técnica hipnótica por habernos presentado aislados y esquematizados los distintos procedimientos psíquicos del análisis. Sólo así hemos podido arriesgarnos luego a crear situaciones complicadas en el análisis, sin que el mismo perdiera para nosotros su transparencia.

La evocación de los recuerdos no suscitaba grandes dificultades en el tratamiento hipnótico primitivo. El paciente se transfería a una situación anterior, que no parecía confundir nunca con la actual, comunicaba los procesos psíquicos a ella correspondientes en cuanto los mismos habían permanecido anormales, y añadía todo lo que podía resultar de la traducción a lo consciente de los procesos inconscientes entonces.

Enlazaré aquí algunas observaciones que todo analítico habrá podido comprobar prácticamente. El olvido de impresiones, escenas y sucesos se reduce casi siempre a una "retención" de los mismos. Cuando el paciente habla de este material "olvidado", rara vez deja de añadir: "En realidad, siempre he sabido perfectamente todas estas cosas; lo que pasa es que nunca me he detenido a pensar en ellas", y muchas veces se manifiesta defraudado porque no se le ocurren suficientes cosas que pueda reconocer como "olvidadas" y en las que no ha vuelto a pensar desde que sucedieron. Este deseo queda a veces cumplido, sobre todo en las histerias de conversión. El "olvido" queda nuevamente restringido por la existencia de recuerdos encubridores. En algunos casos he experimentado la impresión de que la amnesia infantil, tan importante para nuestra teoría, es totalmente compensada por los recuerdos encubridores. En estos no se conserva únicamente una parte de nuestra vida infantil, sino todo lo que en ella tuvo importancia esencial. Trátase tan sólo de saberlo extraer de ellos por medio del análisis. En realidad, constituyen una representación tan suficiente de los años infantiles olvidados, como el contenido manifiesto del sueño lo es de las ideas oníricas latentes.

El otro grupo de procesos psíquicos susceptibles de ser opuestos, como actos puramente internos, a las impresiones y los sucesos vividos, o sea, el constituido por las fantasías, las asociaciones, los sentimientos, etc., ha de ser estudiado separadamente en cuanto a su relación con el olvido y el recuerdo. Sucede aquí muy frecuentemente que se "recuerda" algo que no pudo nunca ser "olvidado", pues nunca fue retenido ni llegó a ser consciente, y además, para el curso psíquico, parece totalmente indiferente que tal elemento fuera consciente y quedase luego olvidado o que no penetrase jamás hasta la conciencia. La convicción que el analizado adquiere en el curso del análisis es independiente de tal recuerdo.

Sobre todo en las diversas formas de la neurosis obsesiva, el olvido se limita a destruir conexiones, suprimir relaciones causales y aislar recuerdos enlazados entre sí.

Por lo general, resulta imposible despertar el recuerdo de una clase especial de sucesos muy importantes correspondientes a épocas muy tempranas de la infancia y vividos entonces sin comprenderlos, pero perfectamente interpretados y comprendidos luego por el sujeto. Su conocimiento nos es procurado por los sueños, y la estructura de la neurosis nos fuerza a admitirlos, pudiendo, además, comprobar que una vez vencidas sus resistencias, el analizado no emplea contra su aceptación la ausencia de la sensación de recordar (de la sensación de que algo nos era ya conocido). De todos modos, requiere este tema tanta prudencia crítica y aporta tantas cosas nuevas y desconcertantes, que preferimos reservarlo para un trabajo aislado, en el que lo estudiaremos en material adecuado.

Con la nueva técnica, el curso del análisis se hace mucho más complicado y trabajoso; algunos casos ofrecen al principio la serena facilidad habitual en el tratamiento hipnótico, aunque no tarden en tomar otro rumbo, pero lo general es que las dificultades surjan desde un principio. Ateniéndonos a este último tipo, para caracterizar la diferencia podemos decir que el analizado no *recuerda* nada de lo olvidado o reprimido, sino que lo *vive de nuevo*. No lo reproduce como recuerdo, sino como acto; lo *repite* sin saber, naturalmente, que lo repite.

Por ejemplo: el analizado no cuenta que recuerda haberse mostrado rebelde a la autoridad de sus padres, sino que se conduce en esta forma con respecto al médico. No recuerda que su investigación sexual infantil fracasó, dejándole perplejo, sino que produce una serie de sueños complicados y ocurrencias confusas y se lamenta de que nada le sale bien y de que su destino es no conseguir jamás llevar a buen término una empresa. No recuerda haberse avergonzado intensamente de ciertas actividades sexuales y haber temido que los demás las descubrieran, sino que se avergüenza del tratamiento a que ahora se encuentra sometido y procura mantenerlo secreto, etcétera.

Sobre todo, no dejará de iniciar la cura con tal repetición. Con frecuencia, cuando hemos comunicado a un paciente de vida muy rica en acontecimientos y largo historial patológico la regla psicoanalítica fundamental y esperamos oír un torrente de confesiones, nos encontramos con que asegura no saber qué decir. Calla y afirma que no se le ocurre nada. Todo esto no es, naturalmente, más que la repetición de una actitud homosexual que se ofrece como resistencia a todo recuerdo. Mientras el sujeto permanece sometido al tratamiento no se libera de esta obsesión de repetir, y acabamos por comprender que este fenómeno constituye su manera especial de recordar.

Como es natural, nos interesará, en primer término, la relación de esta repetición obsesiva con la transferencia y la resistencia. No tardamos en advertir que la transferencia no es por sí misma más que una repetición, y la repetición, la transferencia del pretérito olvidado, pero no sólo sobre el médico, sino sobre todos los demás sectores de la situación presente. Tendremos, pues, que estar preparados a que el analizado se abandone a la obsesión repetidora que sustituye en él el impulso a recordar no sólo en lo que afecta a su relación con el médico, sino también en todas las demás actividades y relaciones simultáneas de su vida; por ejemplo, cuando durante el transcurso de la cura elige un objeto erótico, se encarga de una labor o acomete una empresa. Tampoco resulta difícil reconocer la participación en la resistencia. Cuanto más intensa es esta, más ampliamente quedará sustituido el recuerdo por la acción (repetición). La facilidad con la cual emergía en la hipnosis el recuerdo de lo olvidado se debía precisamente a que el estado hipnótico anula de momento la acción de la resistencia. Cuando la cura comienza bajo el patrocinio de una transferencia positiva no muy acentuada, nos permite penetrar al principio, profundamente, en los recuerdos, como antes la hipnosis, y hasta los mismos síntomas patológicos permanecen acallados mientras tanto. Pero cuando en el curso ulterior del análisis se hace hostil o muy intensa esta transferencia, el recuerdo queda sustituido en el acto por la repetición, y a partir de este momento, las resistencias van marcando la sucesión de las repeticiones. El enfermo extrae del arsenal del pasado las armas con las cuales se defiende contra la continuación de la cura y de las cuales hemos de ir despojándole poco a poco.

Hemos visto ya que el analizado repite en lugar de recordar, y que lo hace bajo las condiciones de la resistencia. Vamos a ver ahora qué es realmente lo que repite. Pues bien: repite todo lo que se ha incorporado ya a su ser partiendo de las fuentes de lo reprimido; es decir, sus inhibiciones, sus tendencias no-utilizadas y sus rasgos de carácter patológico. Y ahora observamos que al hacer resaltar la obsesión repetidora no hemos descubierto nada nuevo, sino que hemos completado y unificado nuestra teoría. Vemos claramente que la enfermedad del analizado no puede cesar con el comienzo del análisis y que no debemos tratarla como un hecho histórico, sino como una potencia actual. Poco a poco vamos atrayendo a nosotros cada uno de los elementos de esta enfermedad y haciéndolos entrar en el campo de acción de la cura, y mientras el enfermo los va viviendo como algo real, vamos nosotros practicando en ellos nuestra labor terapéutica, consistente, sobre todo, en la referencia del pasado.

La evocación de recuerdos durante la hipnosis tenía que producir la impresión de un experimento de laboratorio. La repetición en el tratamiento analítico, según la nueva técnica, supone evocar un trozo de vida real, y, por lo tanto, no puede ser innocua en todos los casos. A este punto viene a enlazarse todo el problema de la "agravación durante la cura", inevitable a veces.

La iniciación del tratamiento trae ya consigo una modificación de la actitud consciente del enfermo ante su enfermedad. Generalmente, se ha limitado a dolerse de ella y a despreciarla, sin estimar debidamente su importancia; pero, por lo demás, ha continuado observando, con respecto a sus manifestaciones, la misma política de represión que antes en cuanto a sus orígenes. De este modo, puede muy bien no haber llegado aún a conocer precisamente las condiciones de su fobia, no haber advertido el contenido justo de sus ideas obsesivas o no haber aprehendido la verdadera intención de su impulso obsesivo. La cura no puede pasar por esto. El sujeto ha de tener el valor de ocupar su atención con los fenómenos de su enfermedad, a la cual no debe ya despreciar, sino considerar como un adversario digno, como una parte de su propio ser, fundada en motivos importantes y de la cual podrá extraer valiosas enseñanzas para su vida ulterior. De esta forma preparamos desde un principio la reconciliación del sujeto con lo reprimido que se manifiesta en sus síntomas, pero, por otro lado, concedemos también a la enfermedad un cierto margen de tolerancia. Si esta nueva relación con la enfermedad agudiza algunos conflictos y hace pasar a primera línea síntomas hasta entonces poco precisos, podemos consolar fácilmente al enfermo observándole que se trata de agravaciones necesarias, pero pasajeras, y que, en definitiva, no es posible vencer a un enemigo que se mantiene ausente o no está suficientemente próximo. Pero la resistencia puede aprovechar la situación para sus fines e intentar abusar de la tolerancia concedida a la enfermedad, y entonces parece decirnos: "Mira lo que sucede cuando me veo forzada a ocuparme de estas cosas. ¿Ves cómo estaba en lo cierto abandonándolas a la represión?"

Otro peligro es el de que en el curso de la cura lleguen también a ser reproducidos impulsos instintivos nuevos situados en estratos más profundos, que no habían emergido aún. Por último, aquellos actos que el paciente ejecuta fuera del campo de acción de la transferencia pueden acarrearle daños pasajeros e incluso ser elegidos de manera que anulen por completo el valor de la salud que el tratamiento tiende a restablecer.

No es difícil justificar la táctica que en esta situación ha de seguir el médico. Su fin continúa siendo, como en un principio, la evocación del recuerdo, la reproducción en el terreno psíquico, aunque sabe muy bien que no ha de serle posible conseguirlo por medio de la nueva técnica. Se dispondrá, pues, a iniciar con el paciente una continua lucha por mantener en el terreno psíquico todos los impulsos que aquel quisiera derivar hacia la motilidad, y considera como un gran triunfo de la cura conseguir derivar por medio del recuerdo algo que el sujeto tendía a derivar por medio de un acto. Cuando la adhesión producto de la transferencia integra ya algún valor, el tratamiento consigue impedir al paciente todos los actos de repetición algo importantes y utilizar, *in statu nascendi*, el propósito de ejecutarlos como material para la labor terapéutica. La mejor manera de proteger al enfermo de los daños que puede acarrearle la ejecución de sus impulsos es comprometerle a no adoptar durante el curso del tratamiento ninguna resolución importante —elegir carrera o mujer, por ejemplo— y a esperar para ello el momento de la curación.

Al mismo tiempo, respetamos la libertad personal del paciente en cuanto sea compatible con estas precauciones; no le impedimos la ejecución de propósitos poco trascendentales, aunque se trate de evidentes simplezas, y no olvidemos que sólo la propia y personal experiencia hace al hombre sabio. Hay también casos en los que nos es imposible disuadir al sujeto de acometer una empresa totalmente inadecuada a sus circunstancias y que sólo mucho después van madurando y haciéndose asequibles a la elaboración analítica. En ocasiones, sucede también que no nos da tiempo de imponer a los instintos impetuosos el freno de la transferencia o que el paciente rompe, en un acto de repetición, los lazos que le ligaban al tratamiento. Como caso extremo, citaremos el de una señora ya madura que había sufrido repetidamente estados de obnubilación, en los que abandonaba su casa y a su marido, sin que jamás hubiera podido alegar la existencia de un motivo consciente para tales fugas. Al iniciar el tratamiento analítico, mostraba una transferencia positiva bien desarrollada, pero esta transferencia creció de un modo inquietantemente rápido en los primeros días, y al cabo de una semana la paciente me "abandonó" también a mí, antes que yo hubiera tenido tiempo de hacerle alguna indicación que hubiese podido impedirle tal repetición.

Pero la mejor manera de refrenar la compulsión repetidora del enfermo y convertirla en un motivo de recordar la tenemos en el manejo de la transferencia. Reconociendo en cierto modo sus derechos y dejándola actuar libremente en un sector determinado, conseguimos hacerla inofensiva y hasta útil. La abandonamos, pues, la transferencia como un campo en el que puede desarrollarse con libertad casi completa y en el que cumplirá la función de hacer surgir ante nuestros ojos todos los instintos patógenos ocultos en la vida anímica del analizado. Cuando el paciente nos presta la mínima cooperación consistente en respetar las condiciones de existencia del tratamiento, conseguimos siempre dar a todos los síntomas de la enfermedad una nueva significación basada en la transferencia y sustituir su neurosis vulgar por una neurosis de transferencia, de la cual puede ser curado por la labor terapéutica. La transferencia crea así una zona intermedia entre la enfermedad y la vida, y a través de esta zona va teniendo efecto la transición desde la primera a la segunda. El nuevo estado ha acogido todos los caracteres de la enfermedad, pero constituye una enfermedad artificial, asequible por todos lados a nuestra intervención. Al mismo tiempo, es también un trozo de vida real, pero provisorio y hecho posible por circunstancias especialmente favorables. De las reacciones de la repetición que surgen en la transferencia parten luego los caminos ya conocidos para la evocación de los recuerdos, los cuales surgen sin esfuerzo aparente una vez vencidas las resistencias.

Podía dar ya por terminada mi exposición si el título del presente ensayo no me obligase a describir aún otra parte de la técnica analítica. Como ya sabemos, el vencimiento de las resistencias se inicia revelando el médico al analizado la existencia y condición de las mismas, ignorada siempre por el sujeto. Ahora bien: parece ser que algunos analistas principiantes se inclinan a creer que esta labor inicial es toda la que han de llevar a cabo. En muchas ocasiones he sido llamado en consulta por médicos que se lamentaban de haber revelado al paciente su resistencia sin haber obtenido resultado positivo alguno, sino más bien una intensificación de la resistencia descubierta y una mayor complicación de la situación general. La cura parecía haber quedado estancada; pero semejante temor resultaba siempre infundado. En realidad, la cura seguía su camino. Lo único que sucedía es que el médico había olvidado que la revelación de la resistencia no puede tener por consecuencia inmediata su desaparición. Ha de dejarse tiempo al enfermo para ahondar en la resistencia, hasta entonces desconocida para él, *elaborarla* y dominarla, continuando, a su pesar, el tratamiento conforme a la regla analítica fundamental. Sólo al culminar esta labor llegamos a descubrir, en colaboración con el analizado, los impulsos instintivos reprimidos que alimentaban la resistencia. En todo esto, el médico no tiene que hacer más que esperar y dejar desarrollarse un proceso que no puede ser eludido ni tampoco siempre apresurado. No olvidándose de esto, se ahorrará muchas veces el error de suponer fracasado el tratamiento, cuando el mismo sigue, en realidad, directamente su camino.

En la práctica esta elaboración de las resistencias puede constituir una penosa labor para el analizado y una dura prueba para la paciencia del médico. Pero también constituye parte de la labor que ejerce sobre el paciente mayor acción modificadora y la que diferencia al tratamiento analítico de todo influjo por sugestión. Teóricamente, podemos equipararla a la derivación por reacción de las magnitudes de afecto aprisionadas por la represión, proceso sin el cual no lograba eficacia alguna el tratamiento hipnótico.

Observaciones sobre el "amor de transferencia"

1915

Todo principiante en psicoanálisis teme principalmente las dificultades que han de suscitarle la interpretación de las ocurrencias del paciente y la reproducción de lo reprimido. Pero no tarda en comprobar que tales dificultades significan muy poco en comparación de las que surgen luego en el manejo de la transferencia.

De las diversas situaciones a que da lugar esta fase del análisis, quiero describir aquí una, precisamente delimitada, que merece especial atención, tanto por su frecuencia y su importancia real como por su interés teórico. Me refiero al caso de que una paciente demuestre con signos inequívocos o declare abiertamente haberse enamorado, como otra mortal cualquiera, del médico que está analizándola. Esta situación tiene su lado cómico y su lado serio e incluso penoso, y resulta tan complicada, tan inevitable y tan difícil de resolver, que su discusión viene constituyendo hace mucho tiempo una necesidad vital de la técnica psicoanalítica. Pero, reconociéndolo así, no hemos tenido hasta ahora, absorbidos por otras cuestiones, un espacio libre que poder dedicarle, aunque también ha de tenerse en cuenta que su desarrollo tropieza siempre con el obstáculo que supone la discreción profesional, tan indispensable en la vida, como embarazosa para nuestra disciplina. Pero en cuanto la literatura psicoanalítica pertenece también a la vida real, surge aquí una contradicción insoluble. Recientemente he tenido que infringir ya en un trabajo los preceptos de la discreción para indicar cómo precisamente esta situación concomitante a la transferencia hubo de retrasar en diez años el desarrollo de la terapia psicoanalítica[19].

Para el profano —y en psicoanálisis puede considerar aún como tales a la inmensa mayoría de los hombres cultos— los sucesos amorosos constituyen una categoría especialísima, un capítulo de nuestra vida que no admite comparación con ninguno de los demás. Así, pues, al saber que la paciente se ha enamorado del médico, opinará que sólo caben dos soluciones: o las circunstancias de ambos les permiten contraer una unión legítima y definitiva, cosa poco frecuente, o, lo que es más probable, tienen que separarse y abandonar la labor terapéutica comenzada. Existe, desde luego, una tercera solución, que parece además compatible con la continuación de la cura: la iniciación de unas relaciones amorosas ilegítimas y pasajeras; pero tanto la moral burguesa como la dignidad profesional del médico la hacen imposible. De todos modos, el profano demandará que el analítico le presente alguna garantía de la exclusión de este último caso.

Es evidente que el punto de vista del analítico ha de ser completamente distinto.

Supongamos que la situación se desenlaza conforme a la segunda de las soluciones indicadas: el médico y la paciente se separan al hacerse manifiesto el enamoramiento de la primera, y la cura queda interrumpida. Pero el estado de la paciente hace necesaria, poco después, una nueva tentativa con otro médico, y resulta que la sujeto acaba también por enamorarse de este segundo médico e igualmente del tercero, etc. Este hecho, que no dejará de presentarse en ningún caso, y en el que vemos uno de los fundamentos de la teoría

---

[19] Véase el trabajo titulado *Historia del movimiento psicoanalítico*, incluido en el tomo XII de esta edición.

psicoanalítica, entraña importantes enseñanzas, tanto para el médico como para la enferma.

Para el médico supone una preciosa indicación y una excelente prevención contra una posible transferencia recíproca, pronta a surgir en él. Le demuestra que el enamoramiento de la sujeto depende exclusivamente de la situación psicoanalítica y no puede ser atribuido en modo alguno a sus propios atractivos personales, por lo cual no tiene el menor derecho a envanecerse de aquella "conquista", según se la denominaría fuera del análisis. Y nunca está de más tal advertencia. Para la paciente surge una alternativa: o renuncia definitivamente al tratamiento analítico o ha de aceptar, como algo inevitable, un amor pasajero por el médico que la trate[20].

No dudo que los familiares de la enferma se decidirán por la primera de estas posibilidades como el analítico por la segunda. Pero, a mi juicio, es este un caso en el que la decisión no debe ser abandonada a la solicitud cariñosa —y en el fondo celosa y egoísta— de los familiares. El interés de la enferma debe ser el único factor decisivo, pues el cariño de sus familiares no la curará jamás de su neurosis. El analítico no necesitará imponerse, pero sí puede afirmarse indispensable para la consecución de ciertos resultados. Aquellos familiares de una paciente que hace suya la actitud de Tolstoi ante este problema, pueden conservar tranquilos la posesión imperturbada de su mujer o de su hija, pero tendrán que resignarse a que también ella conserve su neurosis y la consiguiente alteración de su capacidad de amar. En último término, la situación es análoga a la que suscita un tratamiento ginecológico. El marido o el padre celoso se equivocan además por completo si creen que la paciente

---

[20] Que la transferencia puede manifestarse también en otros sentimientos menos tiernos es cosa ya sabida, y no hemos de entrar a examinarla en el presente estudio.

escapará al peligro de enamorarse del médico, confiando la curación de su neurosis a un tratamiento distinto del analítico. La única diferencia estará en que su enamoramiento, latente y no analizado, no suministrará jamás aquella contribución a la curación que de él sabría extraer el análisis.

Ha llegado a mí la noticia de que algunos médicos que practican el análisis suelen preparar a las pacientes a la aparición de la transferencia amorosa e incluso las inclinan a fomentarla "para que el análisis progrese". Difícilmente puede imaginarse técnica más desatinada. Con ella sólo consigue el médico arrancar al fenómeno la fuerza probatoria que supone su espontaneidad y crearse obstáculos que luego han de serle muy difíciles de vencer.

En un principio no parece, ciertamente, que el enamoramiento surgido en la transferencia pueda procurarnos nada favorable a la cura. La paciente, incluso la más dúctil hasta entonces, pierde de repente todo interés por la cura y no quiere ya hablar ni oír hablar más que de su amor, para el cual demanda correspondencia. No muestra ya ninguno de los síntomas que antes la aquejaban, o no se ocupa de ellos para nada, y se declara completamente curada. La escena cambia totalmente, como si una súbita realidad hubiese venido a interrumpir el desarrollo de una comedia, como cuando en medio de una representación teatral surge la voz de "fuego". La primera vez que el médico se encuentra ante este fenómeno le es muy difícil no perder de vista la verdadera situación analítica y no incurrir en el error de creer realmente terminado el tratamiento.

Un poco de reflexión basta, sin embargo, para aprehender la situación verdadera. En primer lugar, hemos de sospechar que todo aquello que viene a perturbar la cura es una manifestación de la resistencia, y, por lo tanto, esta tiene que haber participado ampliamente en la aparición de las exigencias amorosas de la paciente. Ya desde mucho tiempo antes veníamos advirtiendo en la sujeto los signos de una transferencia positiva, y pudimos atribuir, desde luego, a esta actitud suya con respecto al médico su docilidad, su aceptación de las explicaciones que le dábamos en el curso del análisis, su excelente comprensión y la claridad de inteligencia que en todo ello demostraba. Pero todo esto ha desaparecido ahora, la paciente aparece absorbida por su enamoramiento, y esta transformación se ha producido precisamente en un momento en el que suponíamos que la sujeto iba a comunicar o a recordar un fragmento especialmente penoso e intensamente reprimido de la historia de su vida. Por lo tanto, el enamoramiento venía existiendo desde mucho antes; pero ahora comienza a servirse de él la resistencia para coartar la continuación de la cura, apartar de la labor analítica el interés de la paciente y colocar al médico en una posición embarazosa.

Un examen más detenido de la situación nos descubre en ella la influencia de ciertos factores que la complican. Estos factores son, en parte, los concomitantes a todo enamoramiento, pero otros se nos revelan como manifestaciones especiales de la resistencia. Entre los primeros hemos de contar la tendencia de la paciente a comprobar el poder del médico, haciéndole descender al puesto de amante y todas las demás ventajas que trae consigo la satisfacción amorosa. De la resistencia podemos, en cambio, sospechar que haya utilizado la declaración amorosa para poner a prueba al severo analítico, que, de mostrase propicio a abandonar su papel, habría recibido en el acto una dura lección. Pero, ante todo, experimentamos la impresión de que actúa como un agente provocador, intensificando el enamoramiento y exagerando la disposición a la entrega sexual, para justificar luego, tanto más acentuadamente, la acción de la represión, alegando los peligros de un tal desenfreno. En estas circunstancias meramente accesorias, que pueden muy bien no aparecer en los casos puros, ha visto Alfred Adler el nódulo esencial de todo el proceso.

Pero, ¿cómo ha de comportarse el analítico para no fracasar en esta situación, cuando tiene la convicción de que la cura debe ser continuada, a pesar de la transferencia amorosa y a través de la misma?

Me sería muy difícil postular ahora, acogiéndome a la moral generalmente aceptada, que el analítico no debe aceptar el amor que le es ofrecido ni corresponder a él, sino, por el contrario, considerar llegado el momento de atribuirse ante la mujer enamorada la representación de la moral, y moverla a renunciar a sus pretensiones amorosas y a proseguir la labor analítica, dominando la parte animal de su personalidad.

Pero no me es posible satisfacer estas esperanzas y tampoco su primera como su segunda parte. La primera no, porque no escribo para la clientela, sino para los médicos, que han de luchar con graves dificultades, y, además, porque en este caso me es posible referir el precepto moral a su origen; esto es, a su educación a un fin. Pero esta vez me encuentro, afortunadamente, en una situación en la que puedo sustituir el precepto moral por las conveniencias de la técnica analítica, sin que el resultado sufra modificación alguna.

Todavía he de negarme más resueltamente a satisfacer la segunda parte de las esperanzas indicadas. Invitar a la paciente a yugular sus instintos, a la renuncia y a la sublimación, en cuanto nos ha confesado su transferencia amorosa, sería un solemne desatino. Equivaldría a conjurar a un espíritu del averno, haciéndole surgir ante nosotros, y despedirle luego sin interrogarle. Supondría no haber atraído lo reprimido a la conciencia más que para reprimirlo de nuevo, atemorizados. Tampoco podemos hacernos ilusiones sobre el resultado de un tal procedimiento. Contra las pasiones, nada se consigue con razonamientos, por elocuentes que sean. La paciente no verá más que el desprecio y no dejará de tomar venganza de él.

Tampoco podemos aconsejar un término medio, que quizá alguien consideraría el más prudente, y que consistiría en afirmar a la paciente que correspondemos a sus sentimientos y eludir, al mismo tiempo, toda manifestación física de tal cariño, hasta poder encaminar la relación amorosa por senderos menos peligrosos y hacerla ascender a un nivel superior. Contra esta solución he de objetar que el tratamiento psicoanalítico se funda en una absoluta veracidad, a la cual debe gran parte de su acción educadora y de su valor ético, resultando harto peligroso apartarse de tal fundamento. Aquellos que se han asimilado verdaderamente a la técnica analítica no pueden ya practicar el arte de engañar, indispensable a otros médicos, y suelen delatarse cuando en algún caso lo intentan con la mejor intención. Además, como exigimos del paciente la más absoluta veracidad, nos jugamos toda nuestra autoridad exponiéndonos a que él mismo nos sorprenda en falta. Por último, la tentativa de fingir cariño a la paciente no deja de tener sus peligros. Nuestro dominio sobre nosotros mismos no es tan grande que descarte la posibilidad de encontrarnos de pronto con que hemos ido más allá de lo que nos habíamos propuesto. Así, pues, mi opinión es que no debemos apartarnos un punto de la indiferencia que nos procura el vencimiento de la transferencia recíproca.

Ya antes he dejado adivinar que la técnica analítica impone al médico el precepto de negar a la paciente la satisfacción amorosa por ella demandada. La cura debe desarrollarse en la abstinencia. Pero al afirmarlo así, no aludimos tan sólo a la abstinencia física ni tampoco a la abstinencia de todo lo que el paciente puede desear, pues esto no lo soportaría quizá ningún enfermo. Queremos más bien sentar el principio de que debemos dejar subsistir en los enfermos la necesidad y el deseo como fuerzas que han de impulsarle hacia la labor analítica y hacia la modificación de su estado, y guardarnos muy bien de querer amansar con subrogados las exigencias de tales fuerzas. Y, en realidad, lo único que podríamos ofrecer a la enferma serían subrogados, pues mientras no queden vencidas sus represiones, su estado la incapacita para toda satisfacción real.

Concedemos, desde luego, que el principio de que la cura analítica debe desarrollarse en la abstinencia va mucho más allá del caso particular aquí estudiado, y precisa de una discusión más detenida, en la que quedarían fijados los límites de su posibilidad en la práctica. Más, por ahora, eludiremos la cuestión para atenernos lo más estrictamente posible a la situación de la que hemos partido. ¿Qué sucedería si el médico se condujese de otro modo y utilizase la eventual libertad suya y de la paciente para corresponder al amor de esta última y satisfacer su necesidad de cariño?

Si al adoptar esta resolución lo hace guiado por el propósito de asegurarse así el dominio sobre la paciente, moverla a resolver los problemas de la cura y conseguir, por tanto, liberarla de su neurosis, la experiencia no tardará en demostrarle que ha errado por completo el cálculo. La paciente conseguiría su fin, y, en cambio, él no alcanzará jamás el suyo. Entre el médico y la enferma se habría desarrollado otra vez la divertida historia del cura y el agente de seguros: un agente de seguros, muy poco dado a las cosas de la religión, cayó gravemente enfermo, y sus familiares llamaron a un sabio sacerdote para que intentara convertirle antes de la muerte. La conversación se prolonga tanto, que los parientes comienzan a abrigar alguna esperanza. Por último, se abre la puerta de la alcoba. El incrédulo no se ha convertido, pero el sacerdote vuelve a su casa asegurado contra toda clase de riesgos.

El hecho de que la paciente viera correspondidas sus pretensiones amorosas constituiría una victoria para ella y una total derrota para la cura. La enferma habría conseguido, en efecto, aquello a lo que aspiran todos los pacientes en el curso del análisis: habría conseguido repetir, realmente, en la vida algo que sólo debía recordar, reproduciéndolo como material psíquico y manteniéndolo en los dominios anímicos[21]. En el curso ulterior de sus relaciones amorosas manifestaría luego todas las inhibiciones y todas las reacciones patológicas de su vida erótica, sin que fuera posible corregirlas, y la dolorosa aventura terminaría dejándola llena de remordimiento y habiendo intensificado considerablemente su tendencia a la represión. Las relaciones amorosas ponen, en efecto, un término a toda posibilidad de influjo por medio del tratamiento analítico. La reunión de ambas cosas es algo imposible.

Así, pues, la satisfacción de las pretensiones amorosas de la paciente es tan fatal para el análisis como su represión. El camino que ha de seguir el analítico es muy otro, y carece de antecedentes en la vida real. Nos guardamos de desviar a la paciente de su transferencia amorosa o disuadirla de ella, pero también, y con igual firmeza, de toda correspondencia. Conservamos la transferencia amorosa, pero la tratamos como algo irreal, como una situación por la que se ha de atravesar fatalmente en la cura, que ha de ser referida a sus orígenes inconscientes y que ha de ayudarnos a llevar a la conciencia de la paciente los elementos más ocultos de su vida erótica, sometiéndolos así a su dominio consciente. Cuando más resueltamente damos la impresión de hallarnos asegurados contra toda tentación, antes podremos extraer de la situación todo su contenido analítico. La paciente cuya represión sexual no ha sido aún levantada, sino tan sólo relegada a un último término, se sentirá entonces suficientemente segura para comunicar francamente todas las fantasías de su deseo sexual y todos los caracteres de su enamoramiento, y partiendo de estos elementos nos mostrará el camino que ha de conducirnos a los fundamentos infantiles de su amor.

---

[21] Véase el trabajo que precede: *Recuerdo, repetición y elaboración.*

Con cierta categoría de mujeres fracasará, sin embargo, esta tentativa de conservar, sin satisfacerla, la transferencia amorosa para utilizarla en la labor analítica. Son estas las mujeres de pasiones elementales, que no toleran subrogado alguno; naturalezas primitivas que no quieren aceptar lo psíquico por lo material. Estas personas nos colocan ante el dilema de corresponder a su amor o atraernos la hostilidad de la mujer despreciada. Ninguna de estas dos actitudes es favorable a la cura, y, por lo tanto, habremos de retirarnos sin obtener resultado alguno y reflexionando sobre el problema de cómo puede ser compatible la aptitud para la neurosis con una tan indomable necesidad de amor.

La manera de hacer aceptar poco a poco la concepción analítica a otras enamoradas menos violentas se habrá revelado, seguramente, en idéntica forma, a muchos analíticos. Consiste, sobre todo, en hacer resaltar la innegable participación de la resistencia en aquel "amor". Un enamoramiento verdadero haría más dócil a la paciente, e intensificaría su buena voluntad en resolver los problemas de su caso, sólo porque el hombre amado lo pedía. Una mujer realmente enamorada anhelaría obtener la curación completa para alcanzar un mayor valor a los ojos del médico y preparar la realidad en la que poder desarrollar ya libremente su inclinación amorosa. Pero, en lugar de todo esto, la paciente se muestra caprichosa y desobediente; ha dejado de interesarse por el análisis y seguramente de creer en las afirmaciones del médico. Así, pues, lo que hace no es sino manifestar una resistencia bajo la forma de enamoramiento, y sin tener siquiera en cuenta que de aquel modo coloca al médico en una situación muy embarazosa, pues si rechaza su pretendido amor, como se lo aconsejan su deber y su conocimiento de la situación real, dará pretexto a la paciente para hacerse la despreciada y eludir, en venganza, la curación que él podría ofrecerle, como ahora la elude con su enamoramiento.

Como segundo argumento contra la autenticidad de este amor aducimos la afirmación de que el mismo no presenta ni un solo rasgo nuevo, nacido de la situación actual, sino que se compone en su totalidad de repeticiones y ecos de reacciones anteriores e incluso infantiles, y nos comprometemos a demostrárselo así a la paciente con el análisis detallado de su conducta amorosa.

Si a estos argumentos agregamos cierta paciencia, conseguiremos, casi siempre, dominar la difícil situación y continuar la labor analítica, cuyo fin más inmediato será el descubrimiento de la elección infantil de objeto y de las fantasías a ella enlazadas. Pero antes de seguir adelante quiero examinar críticamente los argumentos expuestos y plantear la interrogante de si decimos con ellos a la paciente toda la verdad o no son más que un recurso engañoso del que hemos echado mano para salir del mal paso. O, dicho de otro modo: el enamoramiento que se hace manifiesto en la cura analítica, ¿no puede realmente ser tenido por verdadero?

A mi juicio, hemos dicho a la paciente la verdad, pero no toda la verdad, sin preocuparnos de lo que pudiera resultar. De nuestros dos argumentos, el más poderoso es el primero. La participación de la resistencia en el amor de transferencia es indiscutible y muy amplia. Pero la resistencia misma no crea este amor, lo encuentra ya ante sí, y se sirve de él, exagerando sus manifestaciones. No aporta, pues, nada contrario a la autenticidad del fenómeno. Nuestro segundo argumento es más débil; es cierto que este enamoramiento se compone de nuevas ediciones de rasgos antiguos y repite reacciones infantiles. Pero tal es el carácter esencial de todo enamoramiento. No hay ninguno que no repita modelos infantiles. Precisamente aquello que constituye su carácter obsesivo, rayando en lo patológico, procede de su condicionalidad infantil. El amor de transferencia presenta quizá un grado menos de libertad que el amor corriente, llamado *normal*; delata más claramente su dependencia del modelo infantil y se muestra menos dúctil y menos susceptible de modificación; pero esto no es todo, ni tampoco lo esencial.

¿En qué otros caracteres podemos, pues, reconocer la autenticidad de un amor? ¿Acaso en su capacidad de rendimiento, en su utilidad para la consecución del fin amoroso? En este punto el amor de transferencia parece no tener nada que envidiar a los demás. Nos da la impresión de poder conseguirlo todo de él.

Resumiendo: no tenemos derecho alguno a negar al enamoramiento que surge en el tratamiento analítico el carácter del "auténtico". Si nos parece tan poco normal, ello se debe principalmente a que también el enamoramiento corriente, ajeno a la cura analítica, recuerda más bien los fenómenos anímicos anormales que los normales. De todos modos, aparece caracterizado por algunos rasgos que le aseguran una posición especial: Primero, es provocado por la situación analítica; segundo, queda intensificado por la resistencia dominante en tal situación; y tercero, es menos prudente, más indiferente a sus consecuencias y más ciego en la estimación de la persona amada que otro cualquier enamoramiento normal. Pero no debemos tampoco olvidar que precisamente estos caracteres divergentes de lo normal constituyen el nódulo esencial de todo enamoramiento.

Para la conducta del médico resulta decisivo el primero de los tres caracteres indicados. Sabiendo que el enamoramiento de la paciente ha sido provocado por la iniciación del tratamiento analítico de la neurosis, tiene que considerarlo como el resultado inevitable de una situación médica, análogo a la desnudez del enfermo durante un reconocimiento o a su confesión de un secreto importante. En consecuencia, le estará totalmente vedado extraer de él provecho personal alguno. La buena disposición de la paciente no invalida en absoluto este impedimento y echa sobre el médico toda la responsabilidad, pues este sabe perfectamente que para la enferma no existía otro camino de llegar a la curación. Una vez vencidas todas las dificultades, suelen confesar las pacientes que al emprender la cura abrigaban ya la siguiente fantasía: "Si me porto bien, acabaré por obtener, como recompensa, el cariño del médico".

Así, pues, los motivos éticos y los técnicos coinciden aquí para apartar al médico de corresponder al amor de la paciente. No cabe perder de vista que su fin es devolver a la enferma la libre disposición de su facultad de amar, coartada ahora por fijaciones infantiles, pero devolvérsela, no para que la emplee en la cura, sino para que haga uso de ella más tarde, en la vida real, una vez terminado el tratamiento. No debe representar con ella la escena de las carreras de perros, en las cuales el premio es una ristra de salchichas, y que un chusco estropea tirando a la pista una única salchicha, sobre la cual se arrojan los corredores, olvidando la carrera y el copioso premio que espera el vencedor. No he de afirmar que siempre resulta fácil para el médico mantenerse dentro de los límites que le prescriben la ética y la técnica. Sobre todo para el médico joven y carente aún de lazos fijos. Indudablemente, el amor sexual es uno de los contenidos principales de la vida, y la reunión de la satisfacción anímica y física en el placer amoroso constituye, desde luego, uno de los puntos culminantes de la misma. Todos los hombres, salvo algunos obstinados fanáticos, lo saben así y obran en consecuencia, aunque no se atreven a confesarlo. Por otra parte, es harto penoso para el hombre rechazar un amor que se le ofrece, y de una mujer interesante, que nos confiesa noblemente su amor, emana siempre, a pesar de la neurosis y la resistencia, un atractivo incomparable. La tentación no reside en el requerimiento puramente sensual de la paciente, que por sí solo quizá produjera un efecto negativo, haciendo preciso un esfuerzo de tolerante comprensión para ser disculpado como un fenómeno natural. Las otras tendencias femeninas, más delicadas, son quizá las que entrañan el peligro de hacer olvidar al médico la técnica y su labor profesional, en favor de una bella aventura.

Y, sin embargo, para el analítico ha de quedar excluida toda posibilidad de abandono. Por mucho que estime el amor, ha de estimar más su labor de hacer franquear a la paciente un escalón decisivo de su vida. La enferma debe aprender de él a dominar el principio del placer y a renunciar a una satisfacción próxima, pero socialmente ilícita, en favor de otra más lejana e incluso incierta, pero irreprochable tanto desde el punto de vista psicológico como desde el social. Para alcanzar un tal dominio ha de ser conducida a través de las épocas primitivas de su desarrollo psíquico y conquistar en este camino aquel incremento de la libertad anímica que distingue a la actividad psíquica consciente —en un sentido sistemático— de la inconsciente.

De este modo, el psicoterapeuta ha de librar un triple combate: en su interior, contra los poderes que intentan hacerle descender del nivel analítico; fuera del análisis, contra los adversarios que le discuten la importancia de las fuerzas instintivas sexuales y le prohíben servirse de ellas en su técnica científica; y en el análisis, contra sus pacientes, que al principio se comportan como los adversarios, pero manifiestan luego la hiperestimación de la vida sexual que los domina, y quieren aprisionar al médico en las redes de su pasión, no refrenada socialmente.

Los profanos, de cuya actitud ante el psicoanálisis hablé en un principio, tomarán seguramente pretexto de esta exposición sobre el amor de transferencia para llamar la atención de las gentes sobre los peligros de nuestro método terapéutico. El psicoanalítico sabe que opera con fuerzas explosivas y que ha de observar la misma prudencia y la misma escrupulosidad que un químico en su laboratorio. Pero, ¿cuándo se ha prohibido a un químico continuar trabajando en la obtención de materias explosivas indispensables, alegando el peligro de su labor? Es harto singular que el psicoanálisis haya de ir conquistando una tras otra todas las licencias concedidas hace ya mucho tiempo a las demás actividades médicas. Desde luego, no pretendo la supresión de los otros tratamientos más inocentes. Bastan en algunos casos, y, en definitiva, para la sociedad humana es tan inútil el *furor sanandi* como cualquier otro fanatismo. Pero supone estimar muy por bajo el origen y la importancia práctica de las psiconeurosis creer posible vencerlas operando con medios sencillos e inocuos.

No; en la acción médica siempre quedará, junto a la "medicina", un lugar para el *ferrum* y para el *ignis*, y de este modo, siempre será indispensable el psicoanálisis entero y verdadero, el que no se asusta de manejar las tendencias anímicas más peligrosas y dominarlas para el mayor bien del enfermo.

Los caminos de la terapia psicoanalítica

Conferencia pronunciada en el Quinto Congreso Psicoanalítico.
Budapest, 1918.

Nunca hemos pretendido haber alcanzado la cima de nuestro saber ni de nuestro poder, y ahora, como antes, estamos dispuestos a reconocer las imperfecciones de nuestro conocimiento, añadir a él nuevos elementos e introducir en nuestros métodos todas aquellas modificaciones que puedan significar un progreso.

Viéndonos reunidos de nuevo, después de largos años de separación, durante los cuales hemos luchado animosamente por nuestra disciplina, he de inclinarme a revisar el estado de nuestra terapia y a examinar en qué nuevas direcciones podría continuar su desarrollo.

Hemos formulado nuestra labor médica determinando que consiste en revelar al enfermo neurótico sus tendencias reprimidas, inconscientes, y descubrir con este fin las resistencias que en él se oponen a semejante ampliación de su conocimiento de sí mismo. El descubrimiento de estas resistencias no equivale siempre a su vencimiento; pero una vez descubiertas, confiamos en alcanzar este último resultado utilizando la transferencia del enfermo sobre la persona del médico para infundirle nuestra convicción de la falta de adecuación de las represiones desarrolladas en la infancia y de la imposibilidad de vivir conforme a las normas del principio del placer. Ya en otro lugar hube de exponer los caracteres dinámicos de este nuevo conflicto que sustituimos en el enfermo al anterior, patológico, y por ahora no tengo nada que agregar a dicha exposición.

A la labor por medio de la cual hacemos llegar lo reprimido a la conciencia del enfermo le hemos dado el nombre de *psicoanálisis*. ¿Por qué *análisis*, término que significa descomposición y disociación, y hace pensar en una semejanza con la labor que el químico realiza en su laboratorio con los cuerpos que la naturaleza le ofrece? Porque en realidad existe una tal analogía en cuanto a un punto importantísimo. Los síntomas y las manifestaciones patológicas del enfermo son, como todas sus actividades anímicas, de naturaleza compuesta. Los elementos de esta composición son, en último término, motivos o impulsos instintivos. Pero el enfermo no sabe nada, o sólo muy poco, de estos motivos elementales. Somos nosotros los que le descubrimos la composición de estos complicadísimos productos psíquicos, referimos los síntomas a las tendencias instintivas que los motivan, y le revelamos en sus síntomas la existencia de tales motivos instintivos, que hasta entonces desconocía, como el químico que aísla el cuerpo simple, el elemento químico, de la sal, en la cual se había mezclado con otros elementos, haciéndose irreconocible. Igualmente, mostramos al enfermo, en sus manifestaciones anímicas no consideradas patológicas, que tampoco era perfecta su conciencia de la motivación de las mismas, en la cual han intervenido motivos instintivos que no ha llegado a conocer.

También hemos arrojado mucha luz sobre el instinto sexual, descomponiéndolo en sus elementos, y cuando interpretamos un sueño, prescindimos de considerarlo como un todo y enlazamos la asociación a cada uno de sus factores.

De esta justificada comparación de la actividad médica psicoanalítica con una labor química podría surgir una nueva orientación de nuestra terapia. Hemos analizado al enfermo; esto es, hemos descompuesto su actividad anímica en sus componentes elementales y hemos mostrado en él, aislados, estos elementos instintivos. Lo inmediato será pedirnos que le ayudemos también a conseguir una síntesis nueva y mejor de los mismos. Todos sabéis que, en efecto, nos ha sido ya dirigida tal demanda. Se nos ha dicho que al análisis de la vida anímica enferma debe seguir la síntesis de la misma, e incluso ha surgido la preocupación de que quizá podía llevarse a cabo demasiado análisis y demasiado poca síntesis y se ha mostrado una tendencia a desplazar el peso capital de la acción psicoterapéutica sobre esta síntesis.

Por mi parte, no puedo creer que se nos plantee en esta psicosíntesis una nueva labor. Si quisiera permitirme ser sincero y un tanto descortés, diría que no se trata más que de una palabra vacía. Pero me limitaré a observar que constituye únicamente una inútil extensión de una comparación o, si queréis, un abuso injustificado de una denominación. Un nombre no es más que una etiqueta que ponemos a una cosa para diferenciarla de otras análogas, no un programa ni una definición; y una comparación no precisa tocar más que en un punto lo comparado y puede alejarse mucho de ello en todo lo demás. Lo psíquico es algo tan singularmente único, que ninguna comparación puede definir su naturaleza. La labor psicoanalítica ofrece analogías con el análisis químico, pero también con la intervención del cirujano, el auxilio del ortopédico y la influencia del pedagogo. La comparación con el análisis químico queda limitada por el hecho de que en la vida psíquica hemos de operar con impulsos dominados por una tendencia a la unificación y a la síntesis. Cuando conseguimos descomponer un síntoma, separar un impulso instintivo de la totalidad en que se hallaba incluido, no permanece aislado, sino que se incluye en seguida en otra nueva totalidad[22].

---

[22] Durante el análisis químico sucede, sin embargo, algo totalmente análogo. Simultáneamente a las disociaciones que el químico impone, van desarrollándose síntesis ajenas a su voluntad, provocadas por las afinidades de los cuerpos.

Así, en realidad, el enfermo neurótico nos aporta una vida anímica desgarrada, disociada por las resistencias; pero mientras la analizamos y suprimimos las resistencias, esta vida anímica va soldándose, y la gran unidad en la que vemos el *yo* del sujeto va incorporándose a todas las tendencias instintivas que hasta entonces permanecían disociadas de ella y ligadas a otros elementos. La psicosíntesis se realiza, pues, en el enfermo de un modo automático e inevitable, sin necesidad de nuestra intervención. Con la descomposición de los síntomas y la supresión de las resistencias hemos creado las condiciones de esta síntesis. No es cierto que el enfermo halla algo descompuesto en sus elementos que espere pacientemente a que nosotros lo unifiquemos.

Así pues, el desarrollo de nuestra terapia emprenderá quizá otros caminos, ante todo aquellos a los que Ferenczi ha dado el nombre de *psicoanálisis activa* en su reciente trabajo sobre las *Dificultades técnicas del análisis de una histeria* (*Internat. Zshr. f. Psychoanalyse*, V, 1919).

Veamos, rápidamente, en qué puede consistir esta conducta "activa" del analítico.

Hasta ahora nuestra labor terapéutica se circunscribía a hacer consciente lo reprimido y descubrir las resistencias, tarea ya suficientemente *activa*. Pero, ¿debemos acaso abandonar por completo al enfermo la empresa de vencer las resistencias que le hemos revelado? ¿No podemos prestarle en ella más ayuda que la emanada de la transferencia? ¿No será más natural continuar nuestro apoyo colocándolo en la situación psíquica más favorable a la solución deseada del conflicto? Su afección depende también de múltiples circunstancias exteriores. ¿Habremos de reparar en modificar esta constelación interviniendo en ella de un modo adecuado? A mi juicio, semejante "actividad" del médico analítico está más que suficientemente justificada.

Como veréis, se abre aquí a la técnica analítica un nuevo campo, cuya explotación exigirá una penetrante labor, conforme a reglas especialísimas. No he de intentar iniciaros hoy en esta técnica, todavía en formación, y me limitaré a hacer resaltar un principio que constituirá seguramente la norma fundamental de nuestra acción en este nuevo campo. Helo aquí: *La cura analítica ha de desarrollarse, dentro de lo posible, en la abstinencia.*

No podemos entrar a determinar aquí los límites de semejante posibilidad, a cuya fijación habremos de dedicar un estudio detallado. Pero sí quiero hacer constar que el concepto de *abstinencia* no supone la ausencia de toda satisfacción —cosa, naturalmente, imposible—, ni ha de interpretarse tampoco en su sentido vulgar de abstención del comercio sexual, sino que entraña un significado distinto, mucho más estrechamente enlazado a la dinámica de la adquisición de la enfermedad y de su curación.

Recordaréis que lo que hizo enfermar al sujeto fue una *privación*, y que sus síntomas constituyen para él una satisfacción sustitutiva. Durante la cura podéis observar que todo alivio de su estado patológico retarda la marcha del restablecimiento y disminuyen la fuerza instintiva que impulsa hacia la curación. Ahora bien: no nos es posible en modo alguno renunciar a esta fuerza instintiva, y toda disminución de la misma significa un peligro para nuestros propósitos terapéuticos. ¿Cuál será entonces la consecuencia obligada? Que, por muy cruel que parezca, hemos de cuidar de que la dolencia del enfermo no alcance un término prematuro. Al quedar mitigada por la descomposición y la desvalorización de los síntomas, tenemos, pues, que instituir otra nueva sensible privación, pues si no, corremos peligro de no alcanzar ya nunca más que alivios insignificantes y pasajeros.

Este peligro nos amenaza, que yo sepa, por dos lados. En primer lugar, el enfermo se esfuerza afanosamente en crearse nuevas satisfacciones sustitutivas exentas ya de carácter patológico, en lugar de sus síntomas. Aprovecha la extraordinaria fácultad de desplazamiento de la libido parcialmente liberada para cargar de libido las más diversas actividades, preferencias y costumbres y elevarlas a la categoría de satisfacciones sustitutivas. Encuentra constantemente nuevas derivaciones de este género que acaparan la energía necesaria para la propulsión de la cura y sabe mantenerlas secretas durante algún tiempo. Se nos plantea así la labor de ir descubriendo todas estas desviaciones y exigir al paciente que renuncie a ellas, por muy inocente que parezca la actividad conducente a la satisfacción. Pero el enfermo a medias curado puede también emprender caminos más peligrosos; por ejemplo, ligarse irreflexiva y precipitadamente a una mujer. Observaremos, de pasada, que las sustituciones más corrientes de la neurosis son, en estos casos, una boda irreflexiva y desgraciada o una enfermedad orgánica, situaciones que satisfacen especialmente la conciencia de culpabilidad (necesidad de castigo) que mantiene a muchos enfermos tan tenazmente adheridos a su neurosis. El sujeto se castiga a sí mismo con una elección matrimonial poco afortunada o acepta como un castigo del destino una larga enfermedad orgánica y renuncia entonces, muy frecuentemente, a una continuación de la neurosis.

La actividad del médico ha de manifestarse en todas estas situaciones como una enérgica oposición a las satisfacciones sustitutivas prematuras.

El segundo de los peligros que amenazan la energía propulsora del análisis resulta más fácil de precaver. Consiste en que el enfermo buscará preferentemente la satisfacción sustitutiva en la cura misma, en la relación de transferencia con el médico, e incluso tenderá a encontrar por este camino una compensación total de las privaciones que en otros terrenos le han sido impuestas. Desde luego, habremos de hacerle alguna concesión a este respecto, y más o menos amplia según la naturaleza del caso y la idiosincrasia del enfermo. Pero no es conveniente extremar la tolerancia. El analítico que se deja arrastrar por su filantropía y otorga al enfermo una tolerancia excesiva comete la misma falta económica de que se hacen culpables nuestros sanatorios no analíticos. Estos tienden exclusivamente a hacer que la cura resulte lo más grata posible, para que el enfermo busque de nuevo en ello un refugio cada vez que la vida le presente alguna de sus dificultades. Pero con ello renuncian a fortificarle ante la vida y a aumentar su capacidad para resolver sus problemas personales. En la cura analítica debe evitarse todo esto. Gran parte de los deseos del enfermo, en cuanto a su relación con el médico, habrán de quedar incumplidos, debiendo serle negada precisamente la satisfacción de aquellos que nos parezcan más intensos y que él mismo manifieste con mayor apremio.

El principio de mantener la abstinencia durante la cura no agota el contenido de la actividad del médico. Otra de las orientaciones de esta actividad ha sido ya objeto de discusión entre la escuela suiza y nosotros. Por nuestra parte, rehusamos decididamente adueñarnos del paciente que se pone en nuestras manos y estructurar su destino, imponerle nuestros ideales y formarle, con orgullo creador, a nuestra imagen y semejanza. Mi opinión continúa siendo hoy contraria a semejante conducta, que además de transgredir los límites de la actuación médica, carece de toda utilidad para la obtención de nuestro fin terapéutico. Personalmente he podido auxiliar con toda eficacia a sujetos con los que no me unía comunidad alguna de raza, educación, posición social o principios, sin perturbar para nada su idiosincrasia. De todos modos, al desarrollarse la discusión antes citada, experimenté la impresión de que el analítico que llevaba la voz de nuestro grupo —creo que era E. Jones— procedía con demasiada intransigencia. No podemos evitar encargarnos también de pacientes completamente inermes ante la vida, en cuyo tratamiento habremos de agregar al influjo analítico de una influencia educadora, y también con los demás surgirán alguna vez ocasiones en las que nos veremos obligados a actuar como consejeros y educadores. Pero en estos casos habremos de actuar siempre con máxima prudencia, tendiendo a desarrollar y robustecer la personalidad del paciente en lugar de imponerle las directrices de la nuestra propia.

Nuestro venerado amigo J. Putnam, a quien hemos de estar reconocidos por su defensa del psicoanálisis en el ambiente norteamericano, tan hostil a él, habrá de perdonarnos que tampoco aceptemos su demanda de colocar el psicoanálisis al servicio de una determinada concepción filosófica del universo e imponer ésta a los pacientes, para su mayor ennoblecimiento espiritual. También esto constituiría una violencia, aunque encubierta por la más noble intención.

El descubrimiento de que las distintas formas patológicas que tratamos no pueden ser curadas todas con la misma técnica nos ha impuesto otra especie totalmente distinta de actividad. Sería prematuro tratar ya aquí detalladamente de esta cuestión, pero sí puedo haceros ver, en dos ejemplos, en qué medida surge aquí una nueva modalidad activa de nuestros métodos. Nuestra técnica se ha desarrollado en el tratamiento de la histeria y permanece aún orientada hacia esta afección. Pero las fobias nos obligan ya a salirnos de nuestra conducta habitual. No conseguiremos jamás dominar una fobia si esperamos a que el análisis llegue a mover al enfermo a abandonarla, pues no aportará entonces nunca el análisis el material indispensable para conseguir una explicación convincente de la misma. Por lo tanto, habremos de seguir otro camino. Tomemos como ejemplo la agorafobia en sus dos grados, leve y grave. El enfermo de agorafobia leve siente miedo de ir solo por la calle, pero no ha renunciado a hacerlo. El enfermo grave se protege ya contra la angustia, renunciando en absoluto a salir solo. Con estos últimos no alcanzaremos jamás resultado positivo alguno si antes no conseguimos resolverlos, por medio del influjo analítico, a conducirse como los primeros, esto es, a salir solos a la calle, aunque durante tales tentativas hayan de luchar penosamente con la angustia. Así, pues, hemos de tender antes a mitigar la fobia, y una vez conseguido esto mediante nuestra intervención activa, el enfermo se hace ya con aquellas ocurrencias y recuerdos que permiten la solución de la fobia.

La actitud expectante pasiva parece aún menos indicada en los casos graves de actos obsesivos, los cuales tienden, en general, a un proceso curativo "asintótico", a una duración indefinida del tratamiento, surgiendo en ellos, para el análisis, el peligro de extraer a luz infinidad de cosas sin provocar modificación alguna del estado patológico. A mi juicio, la única técnica acertada en estos casos consiste en esperar a que la cura misma se convierta en una obsesión y dominar entonces violentamente con ella la obsesión patológica. De todos modos, no debéis olvidar que con estos dos ejemplos he querido solamente presentaros una muestra de las nuevas direcciones en que parece comenzar a orientarse nuestra terapia.

Para terminar, quisiera examinar con vosotros una situación que pertenece al futuro y que acaso os parezca fantástica. Pero, a mi juicio, merece que vayamos acostumbrando a ella nuestro pensamiento. Sabéis muy bien que nuestra acción terapéutica es harto restringida. Somos pocos, y cada uno de nosotros no puede tratar más que un número muy limitado de enfermos al año, por grande que sea su capacidad de trabajo. Frente a la magnitud de la miseria neurótica que padece el mundo y que quizá pudiera no padecer, nuestro rendimiento terapéutico es cuantitativamente insignificante. Además, nuestras condiciones de existencia limitan nuestra acción a las clases pudientes de la sociedad, las cuales suelen elegir por sí mismas sus médicos, siendo apartadas del psicoanálisis, en esta elección, por toda una serie de prejuicios. De este modo, nada nos es posible hacer aún por las clases populares, que tan duramente sufren bajo las neurosis.

Supongamos ahora que una organización cualquiera nos permita aumentar de tal modo nuestro número que seamos ya bastantes para tratar grandes masas de enfermos. Por otro lado, es también de prever que alguna vez habrá de despertar la conciencia de la sociedad y advertir a esta que los pobres tienen tanto derecho al auxilio del psicoterapeuta como al del cirujano, y que las neurosis amenazan tan gravemente la salud del pueblo como la tuberculosis, no pudiendo ser tampoco abandonada su terapia a la iniciativa individual. Se crearán entonces instituciones médicas en las que habrá analíticos encargados de conservar capaces de resistencia y rendimiento a los hombres que, abandonados a sí mismos, se entregarían a la bebida, a las mujeres próximas a derrumbarse bajo el peso de las privaciones y a los niños, cuyo único porvenir es la delincuencia o la neurosis. El tratamiento sería, naturalmente, gratis. Pasará quizá mucho tiempo hasta que el Estado se dé cuenta de la urgencia de esta obligación suya. Las circunstancias actuales retrasarán acaso todavía más este momento, y es muy probable que la beneficencia privada sea la que inicie la fundación de tales instituciones. Pero indudablemente han de ser un hecho algún día.

Se nos planteará entonces la labor de adaptar nuestra técnica a las nuevas condiciones. No dudo que el acierto de nuestras hipótesis psicológicas impresionará también los espíritus populares, pero, de todos modos, habremos de buscar la expresión más sencilla y comprensible de nuestras teorías. Seguramente comprobaremos que los pobres están aún menos dispuestos que los ricos a renunciar a su neurosis, pues la dura vida que les espera no les ofrece atractivo alguno y la enfermedad les confiere un derecho más a la asistencia social. Es probable que sólo consigamos obtener algún resultado cuando podamos unir a la ayuda psíquica una ayuda material, a estilo del emperador José. Asimismo, en la aplicación popular de nuestros métodos habremos de mezclar quizá el oro puro del análisis al cobre de la sugestión directa, y también el influjo hipnótico pudiera volver a encontrar aquí un lugar, como en el tratamiento de las neurosis de guerra. Pero cualesquiera que sean la estructura y composición de esta psicoterapia para el pueblo, sus elementos más importantes y eficaces continuarán siendo, desde luego, los tomados del psicoanálisis propiamente dicho, riguroso y libre de toda tendencia.

Publicado sin nombre de autor en la *Internationaler
Zeitschrift für Psychoanalyse* (1920).

En un nuevo libro de Havelock Ellis, el meritísimo investigador de la sexualidad y noble crítico del psicoanálisis —*The philosophy of conflict and other essays in war time*, segunda serie, Londres, 1919—, aparece un ensayo titulado *Psychoanalysis in relation to sex*, encaminado a demostrar que la obra del creador del psicoanálisis no debe considerarse como una labor científica, sino como una labor artística. Aunque este juicio aparece expresado en forma amabilísima e incluso excesivamente halagüeña, tenemos que ver en él una nueva manifestación de la resistencia y una repulsa del psicoanálisis, y hemos de rechazarlo resueltamente.

Pero no es esta crítica lo que nos ha llevado a ocuparnos del citado ensayo de Havelock Ellis, sino la mención en él contenida de un autor anterior al psicoanálisis, que hubo ya de practicar y recomendar, aunque para distintos fines, la técnica de la asociación espontánea, teniendo así un derecho a ser considerado en esta cuestión como un precursor de los psicoanalíticos. "En el año de 1857 —escribe Havelock Ellis— el doctor J. J. Garth Wilkinson, más conocido como poeta y místico que como médico, publicó un tomo de poesías místicas que pretendía haber compuesto conforme a un breve método, al que daba el nombre de *Impresión*. 'Se elige un tema —dice—, e inmediatamente después de escribir el título podemos ya considerar la primera ocurrencia que acuda a nuestro pensamiento, como el paso inicial en el desarrollo del tema, aunque la palabra o la frase de que se trate nos parezca extraña o ajena a él'. 'El primer movimiento de nuestro espíritu, la primera palabra que a nosotros acude, es ya el resultado de la tendencia a adentrarnos en el tema propuesto'. 'Siguiendo consecuentemente este procedimiento —añade Garth Wilkinson— acabamos siempre por penetrar hasta el corazón mismo de las cosas, como guiados por un instinto infalible'. Según Wilkinson, esta técnica atraía a la superficie nuestras más profundas tendencias inconscientes, obligándolas a manifestarse. Aconsejaba dejar a un lado toda reflexión y toda voluntad y confiarse a la improvisación, con la seguridad de que, haciéndolo así, nuestras facultades espirituales se orientarán hacia fines desconocidos".

"No debemos olvidar que, aunque Wilkinson era médico, utilizó solamente esta técnica para fines religiosos y literarios, nunca para fines médicos o científicos; mas, de todos modos, no es difícil ver que en lo esencial se trata de la técnica psicoanalítica, aplicada a la propia persona, constituyendo una prueba más de que el método de Freud es realmente el de un artista".

Los lectores familiarizados con la literatura psicoanalítica recordarán aquel bello pasaje de la correspondencia de Schiller con Korner, en el que Schiller habla de las asociaciones espontáneas como de un elemento importantísimo de la producción literaria. Es, pues, de suponer que la técnica que Wilkinson creía nueva hubiese sido ya vislumbrada por otros muchos escritores, y su aplicación sistemática en el psicoanálisis, más que una prueba de la idiosincrasia artística de Freud, constituye una consecuencia de su firme convencimiento de la absoluta determinación de todo el suceder anímico. De esta convicción tenía que deducirse, como posibilidad más inmediata y verosímil, la pertenencia de la asociación espontánea al tema fijado, tal y como luego nos lo comprueba el análisis cuando la acción de resistencias demasiado intensas no hace irreconocible la conexión.

De todos modos, puede asegurarse que ni Schiller ni Garth Wilkinson han influido para nada en la elección de la técnica psicoanalítica. De existir aquí alguna relación personal, ha de buscarse en otro lado.

No hace mucho el doctor Hugo Duborvitz, de Budapest, llamó la atención del doctor Ferenczi sobre un breve ensayo de Ludwing Börne, publicado en 1823 y reproducido luego en el tomo primero de sus *Obras Completas* (edición de 1862). Se titula *El arte de llegar a ser un escritor original en tres días*, y parece escrito a la manera de Jean Paul, cuya estela seguía Börne por entonces. Concluye con las palabras siguientes: "Voy a exponer ahora el método prometido. Tomad unos cuantos pliegos de papel y escribid durante tres días, sin falsedad ni hipocresía, todo lo que se os ocurra. Escribid lo que pensáis de vosotros mismos, de vuestras mujeres, de la guerra contra los turcos, de Goethe, del proceso criminal de Fonk, del juicio final, de vuestros superiores, y al cabo de los tres días quedaréis maravillados ante la serie de ideas originales e inauditas que han acudido a vuestro pensamiento. Tal es el arte de llegar a ser en tres días un escritor original".

Cuando el profesor Freud leyó este ensayo de Börne, comunicó una serie de datos que pueden ser muy importantes para la prehistoria del aprovechamiento psicoanalítico de las asociaciones espontáneas. Manifestó, en efecto, que al cumplir los catorce años le habían sido regaladas las obras de Börne, y que precisamente este libro era el único que aún conservaba de aquel tiempo. Börne había sido el primer escritor que había captado profundamente su atención. No conservaba recuerdo alguno del ensayo de que ahora se trataba; pero, en cambio, el de otros contenidos en el mismo volumen había surgido de cuando en cuando en su memoria, sin causa visible, durante largos años. Sobre todo, le asombraba hallar en el primero algunas ideas que él siempre había mantenido y defendido. Por ejemplo: "A todos nos detiene un funesto miedo de pensar. Más rigurosa que la censura de los Gobiernos es la que ejerce la opinión pública sobre la obra de nuestro espíritu". (También encontramos ya citada aquí la "censura" que luego ha reaparecido en el psicoanálisis como censura onírica...) "Lo que les falta a muchos escritores para ser mejores no es inteligencia, sino carácter... La sinceridad es la fuente del genio y los hombres serían más inteligentes si fueran más morales..."

No parece, pues, imposible que esta referencia al ensayo de Börne nos haya descubierto un ejemplo de aquella parte de "criptoamnesia" oculta seguramente en muchos casos detrás de una supuesta originalidad.

III

INTRODUCCIÓN AL NARCISISMO

La *Introducción al narcicismo* apareció en el *Jahrbuch für Psychoanalyse* en 1914. Incluida luego en la cuarta serie de *Aportaciones a la teoría de la neurosis* (1.ª edición, 1918; 2.ª, 1922), y figura actualmente en el tomo VI de las *Obras Completas*, editadas por el Internationaler Psychoanalytischer Verlag. Es esta su primera versión.

El término *narcisismo* procede de la descripción clínica, y fue elegido en 1899 por P. Näcke para designar aquellos casos en los que individuo toma como objeto sexual su propio cuerpo y lo contempla con agrado, lo acaricia y lo besa, hasta llegar a una completa satisfacción. Llevado a este punto, el narcisismo constituye una perversión que ha acaparado toda la vida sexual del sujeto, cumpliéndose en ella todas las condiciones que nos ha revelado el estudio general de las perversiones.

La investigación psicoanalítica nos ha descubierto luego rasgos de esta conducta narcisista en personas aquejadas de otras perturbaciones; por ejemplo, según Sadger, en los homosexuales, haciéndonos, por lo tanto, sospechar que también en la evolución sexual regular individuo se dan ciertas localizaciones narcisistas de la libido. Determinadas dificultades del análisis de sujeto neuróticos nos habían impuesto ya esta sospecha, pues una de las condiciones que parecían limitar eventualmente la acción psicoanalítica era precisamente una tal conducta narcisista del enfermo. En este sentido, el narcisismo no sería ya una perversión, sino el complemento libidinoso del egoísmo del instinto de conservación, egoísmo que atribuimos justificadamente en una cierta medida a todo ser vivo.

La idea de un narcisismo primario y normal acabó de imponérsenos en la tentativa de aplicar las hipótesis de la teoría de la libido a la explicación de la demencia precoz (Kraepelin) o esquizofrenia (Bleuler). Estos enfermos, a los que yo he propuesto calificar de *parafrénicos*, muestran dos características principales: la manía de grandezas y la falta de todo interés por el mundo exterior (personas y cosas). Esta última circunstancia los sustrae totalmente al influjo del psicoanálisis, que nada puede hacer así en su auxilio. Pero la indiferencia del parafrénico ante el mundo exterior presenta caracteres peculiarísimos que será necesario determinar. También el histérico o el neurótico obsesivo pierden su relación con la realidad, y, sin embargo, el análisis nos demuestra que no han roto su relación erótica con las personas y las cosas. La conservan en su fantasía; esto es, han sustituido los objetos reales por otros imaginarios, o los han mezclado con ellos, y, por otro lado, han renunciado a realizar los actos motores necesarios para la consecución de sus fines en tales objetos. Este estado es el que conocemos con el nombre de *introversión de la libido*, según afortunado término de Jung. El parafrénico se conduce muy diferentemente. Parece haber retirado realmente su libido de las personas y las cosas del mundo exterior, sin haberlas sustituido por otras en sus fantasías. Cuando en algún caso hallamos tal sustitución, es siempre de carácter secundario y corresponde a una tentativa de curación, que quiere volver a llevar la libido al objeto[23].

Surge aquí la interrogante siguiente: ¿Cuál es en la esquizofrenia el destino de la libido retraída de los objetos? La manía de grandezas, característica de estos estados, nos indica la respuesta, pues se ha constituido seguramente a costa de la libido objetivada. La libido sustraída al mundo exterior ha sido aportada al *yo*, surgiendo así un estado al que podemos dar el nombre de *narcisismo*. Pero manía misma de grandezas no es algo nuevo, sino, como ya sabemos, es la intensificación y concreción de un estado que ya venía existiendo, circunstancia que nos lleva a considerar el narcisismo engendrado por el reflujo al *yo* de las cargas de la libido del objeto, como un

---

[23] Véase el análisis del *Caso Schreber*, que se publicara en el volumen XVI de esta edición.

narcisismo encubierto secundario, basado en un narcisismo primario encubierto por diversas influencias.

Hago constar de nuevo que no pretendo dar aquí una explicación del problema de la esquizofrenia, ni siquiera profundizar en él, limitándome a reproducir lo ya expuesto en otros lugares para justificar una introducción del narcisismo.

Nuestras observaciones y nuestras teorías sobre la vida anímica de los niños y de los pueblos primitivos nos han suministrado también una importante aportación a este nuevo desarrollo de la teoría de la libido. La vida anímica infantil y primitiva muestra, en efecto, ciertos rasgos que si se presentaran aislados habrían de ser atribuidos a la manía de grandezas: una hiperestimación del poder de sus deseos y sus actos psíquicos, la "omnipotencia de las ideas", una fe en la fuerza mágica de las palabras y una técnica contra el mundo exterior, la "magia" que se nos muestra como una aplicación consecuente de tales premisas megalómanas[24]. En el niño de nuestros días, cuya evolución nos es mucho menos transparente, suponemos una actitud análoga ante el mundo exterior. Nos formamos así la idea de una carga libidinosa primitiva del *yo*, de la cual parte luego las magnitudes de libido destinadas a cargar los objetos; pero que en el fondo continúa subsistente en el *yo* y viene a ser, con respecto a las cargas de los objetos, lo que el cuerpo de un protozoo con relación a los seudópodos de él destacados. Esta parte de la localización de la libido tenía que permanecer oculta a nuestra investigación, al tomar esta su punto de partida en los síntomas neuróticos. Las emanaciones de esta libido, las cargas de objeto, susceptibles de ser destacadas sobre el objeto o retraídas de él, fueron lo único que advertimos, dándonos también cuenta, en conjunto, de la existencia de una oposición

---

[24] *Cf. Tótem y tabú*, tomo VIII de esta edición.

entre la libido del *yo* y la objetivada[25]. Cuanto mayor es la primera, tanto más pobre es la segunda. La libido objetivada nos parece alcanzar su máximo desarrollo en el amor, el cual se nos presenta como una disolución de la propia personalidad en favor de la carga de objeto, y tiene su antítesis en la fantasía paranoica del "fin del mundo". Por último, y con respecto a la diferenciación de las energías psíquicas, concluimos que en un principio se encuentran estrechamente unidas, sin que nuestro análisis pueda aún diferenciarla, y que sólo la carga de objetos hace posible distinguir una energía sexual —la libido— de una energía de los instintos del *yo*.

Antes de seguir adelante he de resolver dos interrogantes que nos conducen al nódulo del mismo tema. Primera: ¿Qué relación puede existir entre el narcisismo, del que ahora tratamos, y el autoerotismo, que hemos descrito como un estado primario de la libido? Segunda: Si atribuimos al *yo* una carga primaria de libido, ¿para qué precisamos diferenciar una libido sexual de una energía no sexual de los instintos del *yo*? ¿La hipótesis básica de una energía psíquica unitaria no nos ahorraría acaso todas las dificultades que presenta la diferenciación entre energía de los instintos del *yo* y libido del *yo*, libido del *yo* y libido objetivada? Con respecto a la primera pregunta, haremos ya observar que la hipótesis de que en el individuo no existe, desde un principio, una unidad comparable al *yo* es absolutamente necesaria. El *yo* tiene que ser desarrollado. En cambio, los instintos autoeróticos son primordiales. Para constituir el narcisismo ha de venir a agregarse al autoerotismo algún otro elemento, un nuevo acto psíquico.

---

[25] Esta fantasía tiene por base un doble mecanismo: o la influencia de toda la carga de libido al objeto amado o a su retracción total al *yo*.

La invitación a responder de un modo decisivo a la segunda interrogante ha de despertar cierto disgusto en todo analítico. Repugnamos, en efecto, abandonar la observación por discusiones teóricas estériles; pero, de todos modos, no debemos sustraernos a una tentativa de explicación. Desde luego, representaciones tales como la de una libido del *yo*, una energía de los instintos del *yo*, etc., no son ni muy claras ni muy ricas en contenido, y una teoría especulativa de estas cuestiones tendería, ante todo, a sentar como base un concepto claramente delimitado. Pero, a mi juicio, es precisamente esta la diferencia que separa una teoría especulativa de una ciencia basada en la interpretación de la empiria. Esta última no envidiará a la especulación el privilegio de un fundamento lógicamente inatacable, sino que se contentará con ideas iniciales nebulosas, apenas aprehensibles, que esperará aclarar o podrá cambiar por otras en el curso de su desarrollo. Tales ideas no constituyen, en efecto, el fundamento sobre el cual reposa una tal ciencia, pues la verdadera base de la misma es únicamente la observación. No forman la base del edificio, sino su coronamiento, y pueden ser sustituidas o suprimidas sin daño alguno.

El valor de los conceptos de libido del *yo* y libido objetivada reside principalmente en que proceden de la elaboración de los caracteres íntimos de los procesos neuróticos y psicóticos. La división de la libido en una libido propia del *yo* y otra que inviste los objetos es la prolongación inevitable de una primera hipótesis que dividió los instintos en instintos del *yo* e instintos sexuales. Esta primera división me fue impuesta por el análisis de las neurosis puras de transferencia (histeria y neurosis obsesiva), y sólo sé que todas las demás tentativas de explicar por otros medios estos fenómenos han fracasado rotundamente.

Ante la falta de toda teoría de los instintos, cualquiera que fuese su orientación, es lícito, e incluso obligado, llevar consecuentemente adelante cualquier hipótesis, hasta comprobar su acierto o su error. En favor de la hipótesis de una diferenciación primitiva de instintos sexuales e instintos del *yo* testimonian diversas circunstancias, además de su utilidad en el análisis de las neurosis de transferencia. Concedemos, desde luego, que este testimonio no podría considerarse definitivo por sí sólo, pues pudiera tratarse de una energía psíquica indiferente, que sólo se convirtiera en libido en el momento de investir el objeto. Pero nuestra diferenciación corresponde, en primer lugar, a la división corriente de los instintos en dos categorías fundamentales: hambre y amor. En segundo lugar, se apoya en determinadas circunstancias biológicas. El individuo vive realmente una doble existencia, como fin en sí mismo y como eslabón de un encadenamiento al cual sirve independientemente de su voluntad, si no contra ella. Considera la sexualidad como uno de sus fines propios, mientras que, desde otro punto de vista, se advierte claramente que él mismo no es sino un agregado a su plasma germinativo, a cuyo servicio pone sus fuerzas a cambio de una prima de placer, que no es sino el sustrato mortal de una sustancia inmortal quizás. La separación establecida entre los instintos sexuales y los instintos del *yo* no haría más que reflejar esta doble función del individuo. En tercer lugar, habremos de recordar que todas nuestras provisionalidades psicológicas habrán de ser adscritas alguna vez a sustratos orgánicos, y encontraremos entonces verosímil que sean materias y procesos químicos especiales los que ejerzan la acción de la sexualidad y faciliten la continuación de la vida individual en la de la especie. Por nuestra parte, atendemos también a esta probabilidad, aunque sustituyendo las materias químicas especiales por energías psíquicas especiales.

Precisamente porque siempre procuro mantener apartado de la Psicología todo pensamiento de otro orden, incluso el biológico, he de confesar ahora que la hipótesis de separar los instintos del *yo* de los instintos sexuales, o sea, la teoría de la libido, no tiene sino una mínima base psicológica y se apoya más bien en fundamento biológico. Así, pues, para no pecar de inconsciente, habré de estar dispuesto a abandonar esta hipótesis en cuanto nuestra labor psicoanalítica nos suministre otra más aceptable sobre los instintos, pero hasta ahora no lo ha hecho. Puede ser también que la energía sexual —la libido— no sea, allá en el fondo, más que un producto diferencial de la energía general de la psique. Pero una tal afirmación no tiene tampoco gran alcance. Se refiere a cosas tan lejanas de los problemas de nuestra observación y tan desconocidas, que se hace tan ocioso discutirla como utilizarla. Seguramente esta identidad primordial es de tan poca utilidad para nuestros fines analíticos como el parentesco primordial de todas las razas humanas para la prueba de parentesco exigida por la autoridad judicial para adjudicar una herencia. Estas especulaciones no nos conducen a nada positivo; pero como no podemos esperar a que otra ciencia nos procure una teoría decisiva de los instintos, siempre será conveniente comprobar si una síntesis de los fenómenos psicológicos puede arrojar alguna luz sobre aquellos enigmas biológicos fundamentales. Sin olvidar la posibilidad de errar, habremos, pues, de llevar adelante la hipótesis, primeramente elegida, de una dualidad de instintos del *yo* e instintos sexuales, tal y como nos la impuso el análisis de las neurosis de transferencia, y ver si se desarrollan sin obstáculos y puede ser aplicada también a otras afecciones; por ejemplo, a la esquizofrenia.

Otra cosa sería, naturalmente, si se demostrara que la teoría de la libido ha fracasado ya en la explicación de aquella última enfermedad. C. G. Jung lo ha afirmado así[26], obligándome con ello a exponer prematuramente observaciones que me hubiese

---

[26] "Wandlungen und Symbole der Libido", en *Jahrbuch für Psych. Forschungen*, 1912.

gustado reservar aún algún tiempo. Hubiera preferido seguir hasta su fin el camino iniciado en el análisis del caso Schreber sin haber tenido que exponer antes sus premisas. Pero la afirmación de Jung es por lo menos prematura y muy escasas las pruebas en que la apoya. En primer lugar, aduce equivocadamente mi propio testimonio, afirmando que yo mismo he declarado haberme visto obligado a ampliar el concepto de la libido, ante las dificultades del análisis del caso Schreber; esto es, a abandonar su contenido sexual, haciendo coincidir la libido con el interés psíquico en general. En una acertada crítica del trabajo de Jung ha demostrado ya Ferenczi[27] lo erróneo de esta interpretación. Por mi parte sólo he de confirmar lo dicho por Ferenczi y repetir que jamás he expresado tal renuncia a la teoría de la libido. Otro de los argumentos de Jung, el de que la pérdida de la función real normal sólo puede ser causa de la retracción de la libido, no es un argumento, sino una afirmación gratuita; *its begs the question*, escamotea el problema y ahorra su discusión, pues lo que precisamente había que investigar es si una tal retracción es posible y en qué forma sucede. En su inmediato trabajo importante[28] se aproxima mucho Jung a la solución indicada por mí largo tiempo antes: "De todos modos, hay que tener en cuenta —como ya lo hace Freud en el caso Schreber— que la introversión de la *libido sexualis* conduce a una carga libidinosa del *yo*, la cual produce probablemente la pérdida del contacto con la realidad. La posibilidad de explicar en esta forma el apartamiento de la realidad resulta harto tentadora". Pero contra lo que era de esperar después de esta declaración, Jung no vuelve a ocuparse grandemente de tal posibilidad, y pocas páginas después la excluye, observando que

---

[27] *Intern. Zeitschr. f. Psychoan.*, I, 1915.
[28] "Versuch ciner Darstellung der Psychoan. Theorie", en *Jahrbuch*, V, 1913.

de tal condición "surgiría quizá la psicología de un anacoreta ascético, pero no una demencia precoz". La inconsistencia de este argumento queda demostrada con indicar que un tal anacoreta, "empeñado en extinguir toda huella de interés sexual" (pero "sexual" sólo en el sentido vulgar de la palabra), no tendría por qué presentar siquiera una localización anormal de la libido. Puede mantener totalmente apartado de los humanos su interés sexual y haberlo sublimado, convirtiéndolo en un intenso interés hacia lo divino, lo natural o lo animal, sin haber sucumbido a una introversión de la libido sobre sus fantasías o a una regresión de la misma al propio *yo*. A nuestro juicio, Jung olvida por completo en esta comparación la posibilidad de distinguir un interés emanado de fuentes eróticas y otro de distinta procedencia. Por último, habremos de recordar que las investigaciones de la escuela suiza, no obstante sus merecimientos, sólo han logrado arrojar alguna luz sobre dos puntos del cuadro de la demencia precoz: sobre la existencia de los complejos comunes a los hombres sanos y a los neuróticos y sobre la analogía de sus fantasías con los mitos de los pueblos, sin que hayan podido conseguir una explicación del mecanismo de la enfermedad. Así, pues podremos rechazar la afirmación de Jung de que la teoría de la libido ha fracasado en su tentativa de explicar la demencia precoz, quedando, por lo tanto, excluida su aplicación a las neurosis.

II

El estudio directo del narcisismo tropieza aún con dificultades insuperables. El mejor acceso indirecto continúa siendo el análisis de las parafrenias. Del mismo modo que las neurosis de transferencia nos han facilitado la observación de las tendencias instintivas libidinosas, la demencia precoz y la paranoia habrán de procurarnos una retrospección de la psicología del *yo*.

Habremos, pues, de deducir nuevamente de las deformaciones e intensificaciones de lo patológico lo normal, aparentemente simple. De todos modos, aún se nos abren algunos otros caminos de aproximación al conocimiento del narcisismo. Tales caminos son la observación de la enfermedad orgánica, de la hipocondría y de la vida erótica de los sexos.

Al dedicar mi atención a la influencia de la enfermedad orgánica sobre la distribución de la libido, sigo un estímulo de mi colega, el doctor S. Ferenczi. Todos sabemos, y lo consideramos natural, que el individuo aquejado de un dolor o un malestar orgánico cesa de interesarse por el mundo exterior, en cuanto no tiene relación con su dolencia. Una observación más detenida nos muestra que también retira de sus objetos eróticos el interés libidinoso, cesando así de amar mientras sufre. La vulgaridad de este hecho no debe impedirnos darle una expresión en los términos de la teoría de la libido. Diremos, pues, que el enfermo retrae a su *yo* sus cargas de libido para destacarlas, de nuevo hacia la curación. La libido y el interés del *yo* tienen aquí un destino común y vuelven a hacerse indiferenciables. Semejante conducta del enfermo nos parece naturalísima, porque estamos seguros de que también ha de ser la nuestra en igual caso. Esta desaparición de toda disposición amorosa, por intensa que sea, ante un dolor físico, y su repentina sustitución por la más completa indiferencia, han sido también muy explotadas como fuentes de comicidad.

Análogamente a la enfermedad, el sueño significa también una retracción narcisista de las posiciones de la libido a la propia persona o, más exactamente, sobre el deseo único y exclusivo de dormir. El egoísmo de los sueños tiene quizá en esto su explicación. En ambos casos vemos ejemplos de modificaciones de la distribución de la libido, consecutivas a una modificación del *yo*.

La hipocondría se manifiesta, como la enfermedad orgánica, en sensaciones somáticas penosas o dolorosas, y coincide también con ella en cuanto a la distribución de la libido. El hipocondriaco retrae su interés y su libido —con especial claridad esta última— de los objetos del mundo exterior y los concentra ambos sobre el órgano que le preocupa. Entre la hipocondría y la enfermedad orgánica observamos, sin embargo, una diferencia: en la enfermedad las sensaciones dolorosas tienen su fundamento en alteraciones comprobables, y en la hipocondría, no. Pero de acuerdo con nuestra apreciación general de los procesos neuróticos, podemos decidirnos a afirmar que tampoco en la hipocondría deben faltar tales alteraciones orgánicas. ¿En qué consistirán, pues?

Nos dejaremos orientar aquí por la experiencia de que tampoco en las demás neurosis faltan sensaciones somáticas displacientes comparables a las hipocondriacas. Ya en otro lugar hube de manifestarme inclinado a asignar a la hipocondría un lugar entre las neurosis actuales, al lado de la neurastenia y la neurosis de angustia. No nos parecía exagerado afirmar que a todas las demás neurosis se mezcla también algo de hipocondría. Donde mejor se ve esta inmixtión es en la neurosis de angustia y en histeria que se superpone a ella. Ahora bien: en el aparato genital externo en estado de excitación tenemos el ejemplo de un órgano que se manifiesta dolorosamente sensible y presenta una cierta alteración, sin que se halle enfermo, en el sentido corriente de la palabra. No está enfermo y, sin embargo, aparece hinchado, congestionado, húmedo, y constituye la sede de múltiples sensaciones. Si ahora damos el nombre de *erogeneidad* a la facultad de una parte del cuerpo de enviar a la vida anímica estímulos sexualmente excitantes, y recordamos que la teoría sexual nos ha acostumbrado hace ya mucho tiempo a la idea de que ciertas otras partes del cuerpo —las *zonas erógenas*— pueden representar a los genitales y comportarse como ellos, podremos ya aventurarnos a dar un paso más y decidirnos a considerar la erogeneidad como una cualidad general de todos los órganos, pudiendo hablar entonces de la intensificación o la disminución de la misma en una determinada parte del cuerpo. Paralelamente a cada una de estas alteraciones de la erogeneidad en los órganos, podría tener efecto una alteración de la carga de libido en el *yo*. Tales serían, pues, los factores básicos de la hipocondría, susceptibles de ejercer sobre la distribución de la libido la misma influencia que la enfermedad material de los órganos.

Este proceso mental nos llevaría a adentrarnos en el problema general de las neurosis actuales, la neurastenia y la neurosis de angustia, y no sólo en el de la hipocondría. Por lo tanto, haremos aquí alto, pues una investigación puramente psicológica no debe adentrarse tanto en los dominios de la investigación fisiológica. Nos limitaremos a hacer constar la sospecha de que la hipocondría se halla, con respecto a la parafrenia, en la misma relación que las otras neurosis actuales con la histeria y la neurosis obsesiva, dependiendo, por lo tanto, de la libido del *yo*, como las otras de la libido objetivada. La angustia hipocondriaca seria la contrapartida, en la libido del *yo*, de la angustia neurótica. Además, una vez familiarizados con la idea de enlazar el mecanismo de la adquisición de la enfermedad y de la producción de síntomas en las neurosis de transferencia —el paso de la introversión a la regresión— a un estancamiento de la libido objetivada, podemos aproximarnos también a la de un estancamiento de la libido del *yo* y relacionarlo con los fenómenos de la hipocondría y la parafrenia.

Naturalmente nuestro deseo de saber nos planteará la interrogante de por qué un tal estancamiento de la libido en el *yo* ha de ser sentido como displacer. De momento, quisiera limitarme a indicar que el displacer es la expresión de un incremento de la tensión, siendo, por lo tanto, una cantidad del suceder material la que aquí, como en otros lados, se transforma en la cualidad psíquica del displacer. El desarrollo de displacer no dependerá, sin embargo, de la magnitud absoluta de aquel proceso material, sino más bien de una cierta función de esa magnitud absoluta. Desde este punto, podemos ya aproximarnos a la cuestión de por qué la vida anímica se ve forzada a traspasar las fronteras del narcisismo e investir de libido objetos exteriores. La respuesta deducida de la ruta mental que venimos siguiendo sería la de que dicha necesidad surge cuando la carga libidinosa del *yo* sobrepasa una cierta medida. Un intenso egoísmo protege contra la enfermedad; pero, al fin y al cabo, hemos de comenzar a amar para no enfermar, y enfermamos en cuanto una prohibición interior o exterior nos impide amar.

En nuestro aparato psíquico hemos reconocido una instancia a la que está encomendado el vencimiento de aquellas excitaciones que habrían de engendrar displacer o actuar de un modo patógeno. La elaboración psíquica desarrolla extraordinarios rendimientos en cuanto a la derivación interna de excitaciones no susceptibles de una inmediata descarga exterior o cuya descarga exterior inmediata no resulta deseable. Mas para esta elaboración interna es indiferente, en un principio, actuar sobre objetos reales o imaginarios. La diferencia surge después, cuando la orientación de la libido hacia los objetos irreales (introversión) llega a provocar un estancamiento de la libido. La manía de grandezas permite en las parafrenias una análoga elaboración interna de la libido retraída al *yo*, y quizá sólo cuando esta elaboración fracasa es cuando se hace patógeno el estancamiento de la libido en el *yo* y provoca el proceso de curación que tanto nos impone como enfermedad.

Intentaré penetrar ahora algunos pasos en el mecanismo de la parafrenia, reuniendo aquellas observaciones que me parecen alcanzar ya alguna importancia. La diferencia entre estas afecciones y las neurosis de transferencia reside, para mí, en la circunstancia de que la libido, liberada por la prohibición, no permanece ligada a objetos en la fantasía, sino que se retrae al *yo*. La manía de grandezas corresponde entonces al dominio psíquico de esta libido y es contraparte de la introversión sobre los productos imaginarios en las neurosis de transferencia. Correlativamente, al fracaso de esta función psíquica correspondería la hipocondría de la parafrenia, homóloga a la angustia de las neurosis de transferencia. Sabemos ya que esta angustia puede ser vencida por una prosecución de la elaboración psíquica, o sea, por conversión, por la producción de reacciones o por la constitución de un dispositivo protector (una fobia). Esta es la posición que toma en las parafrenias la tentativa de restitución, proceso al que debemos los fenómenos patológicos manifiestos. Como la parafrenia no trae consigo muchas veces —tal vez la mayoría— más que un desligamiento parcial de la libido de sus objetos, podrían distinguirse en su cuadro tres grupos de fenómenos: primero, los de la normalidad conservada o neurosis (fenómenos residuales); segundo, los del proceso patológico (el desligamiento de la libido de sus objetos, la manía de grandezas, la perturbación afectiva, la hipocondría y todas las regresiones); y tercero, los de la restitución, que ligan nuevamente la libido a los objetos, bien a la manera de una histeria (demencia precoz, parafrenia propiamente dicha), bien a la de una neurosis obsesiva (paranoia). Esta nueva carga de libido sucede desde un nivel diferente y bajo distintas condiciones que la primaria. La diferencia entre las neurosis de transferencia en ella creadas y los productos correspondientes del *yo* normal habría de facilitarnos una profunda visión de la estructura de nuestro aparato anímico.

La vida erótica humana, con sus diversas variantes en el hombre y en la mujer, constituye otro acceso al estudio del narcisismo. Del mismo modo que la libido del objeto encubrió al principio a nuestra observación la libido del *yo*, tampoco hasta llegar a la elección de objeto del niño (y del adolecente), hemos advertido que el mismo toma sus objetos sexuales de sus experiencias de satisfacción. Las primeras satisfacciones sexuales autoeróticas son vividas en relación con funciones vitales destinadas a la conservación. Los instintos sexuales se apoyan al principio en la satisfacción de los instintos del *yo*, y sólo ulteriormente se hacen independientes de estos últimos. Pero esta relación se muestra también en el hecho de que las personas a las que ha estado encomendada la alimentación, el cuidado y la protección del niño son sus primeros objetos sexuales; o sea, en primer lugar, la madre o sus subrogados. Junto a este tipo de la elección de objeto, al que podemos dar el nombre de *tipo de aposición (Anlehnungstypus)*, nos ha descubierto la investigación psicoanalítica otro que ni siquiera sospechábamos. Hemos comprobado que muchas personas, y especialmente aquellas en las cuales el desarrollo de la libido ha sufrido alguna perturbación —por ejemplo, los perversos y los homosexuales—, no eligen su ulterior objeto erótico conforme a la imagen de la madre, sino conforme a la de su propia persona. Demuestran buscarse a sí mismos como objeto erótico, realizando así su elección de objeto conforme a un tipo que podemos llamar *narcisista*. En esta observación ha de verse el motivo principal que nos ha movido a adoptar la hipótesis del narcisismo.

Pero de este descubrimiento no hemos concluido que los hombres se dividan en dos grupos, según realicen su elección de objeto conforme al tipo de aposición o al tipo narcisista, sino que hemos preferido suponer que el individuo encuentra abiertos ante sí dos caminos distintos para la elección de objeto, pudiendo preferir uno de los dos. Decimos, por lo tanto, que el individuo tiene dos objetos sexuales primitivos: él mismo y la mujer nutriz, y presuponemos así el narcisismo primario de todo ser humano, que eventualmente se manifestará luego, predominando en su elección de objeto.

El estudio de la elección de objeto en el hombre y en la mujer nos descubre diferencias fundamentales, aunque, naturalmente, no regulares. El amor completo al objeto, conforme al tipo de aposición, es característico del hombre. Muestra aquella singular hiperestimación sexual, cuyo origen está, quizá, en el narcisismo primitivo del niño, y que corresponde, por lo tanto, a una transferencia del mismo sobre el objeto sexual. Esta hiperestimación sexual permite la génesis del estado de enamoramiento, tan peculiar y que tanto recuerda la obsesión neurótica; estado que podremos referir, en consecuencia, a un empobrecimiento de la libido del *yo* en favor del objeto. La evolución muestra muy distinta estructura en el tipo de mujer más corriente y probablemente más puro y auténtico. En este tipo de mujer parece surgir, con la pubertad y por el desarrollo de los órganos sexuales femeninos, latentes hasta entonces, una intensificación del narcisismo primitivo, que resulta desfavorable a la estructuración de un amor objetivado regular y acompañado de hiperestimación sexual. Sobre todo en las mujeres bellas nace una complacencia de la sujeto por sí misma, que la compensa de las restricciones impuestas por la sociedad a su elección de objeto. Tales mujeres sólo se aman, en realidad, a sí mismas y con la misma intensidad con la que el hombre las ama. No necesitan amar, sino ser amadas, y aceptan al hombre que llena esta condición. La importancia de este tipo de mujeres para la vida erótica de los hombres es muy elevada, pues ejercen máximo atractivo sobre ellos, y no sólo por motivos estéticos, pues por lo general son las más bellas, sino también a consecuencia de interesantísimas constelaciones psicológicas. Resulta, en efecto, fácilmente visible que el narcisismo de una persona ejerce gran atractivo sobre aquellas otras que han renunciado plenamente al suyo y se encuentran pretendiendo el amor del objeto. El atractivo de los niños reposa en gran parte en su narcisismo, en su actitud de bastarse a sí mismos, lo mismo que el de ciertos animales que parecen no ocuparse de nosotros en lo más mínimo; por ejemplo, los gatos y las grandes fieras. Análogamente, en la literatura, el tipo de criminal célebre y el del humorista acaparan nuestro interés por la consecuencia narcisista con la que saben mantener apartado de su *yo* todo lo que pudiera empequeñecerlo. Es como si los envidiásemos por saber conservar un dichoso estado psíquico, una inatacable posesión de la libido, a la cual hubiésemos tenido que renunciar por nuestra parte. Pero el extraordinario atractivo de la mujer narcisista tiene también su reverso; gran parte de la insatisfacción del hombre enamorado, sus dudas sobre el amor de la mujer y sus lamentaciones sobre los enigmas de su carácter tienen sus raíces en esa incongruencia de los tipos de elección de objeto.

Quizá no sea inútil asegurar que esta descripción de la vida erótica femenina no implica tendencia ninguna a disminuir a la mujer. Aparte de que acostumbro mantenerme rigurosamente alejado de toda tendencia, sé muy bien que estas variantes corresponden a la diferenciación de funciones en un todo biológico extraordinariamente complicado. Pero, además, estoy dispuesto a reconocer que existen muchas mujeres que aman conforme al tipo masculino y desarrollan también la hiperestimación sexual correspondiente.

También para las mujeres narcisistas, y que han permanecido frías para con el hombre, existe un camino que las lleva al amor objetivado en toda su plenitud. En el hijo al que dan la vida se les presenta una parte de su propio cuerpo como un objeto exterior, al que pueden consagrar un pleno amor objetivado, sin abandonar por ello su narcisismo. Por último, hay todavía otras mujeres que no necesitan esperar a tener un hijo para pasar del narcisismo (secundario) al amor objetivado. Se han sentido masculinas antes de la pubertad y han seguido, en su desarrollo, una parte de la trayectoria masculina, y cuando esta aspiración a la masculinidad queda rota por la madurez femenina, conservan la facultad de aspirar a un ideal masculino, que, en realidad, no es más que la continuación de la criatura masculina que ellas mismas fueron.

Cerraremos estas observaciones con una breve revisión de los caminos de la elección de objeto. Se ama:

1. —Conforme al tipo narcisista:
a) Lo que uno es (a sí mismo).
b) Lo que uno fue.
c) Lo que uno quisiera ser.
d) A la persona que fue una parte de uno mismo.

2. —Conforme al tipo de aposición:
a) A la mujer nutriz.
b) Al hombre protector.

Y a las personas sustitutivas que de cada una de estas dos parten en largas series. El caso *c)* del primer tipo habrá de ser aún justificado con observaciones ulteriores.

En otro lugar y en una relación diferente, habremos de estudiar también la significación de la elección de objeto narcisista para la homosexualidad masculina.

El narcisismo primario del niño por nosotros supuesto, que contiene una de las premisas de nuestras teorías de la libido, es más difícil de aprehender por medio de la observación directa que de comprobar por deducción desde otros puntos. Considerando la actitud de los padres cariñosos con respecto a sus hijos, hemos de ver en ella una reviviscencia y una reproducción del propio narcisismo, abandonado mucho tiempo ha. La hiperestimación, que ya hemos estudiado como estigma narcisista en la elección de objeto, domina, como es sabido, esta relación afectiva. Se atribuyen al niño todas las perfecciones, cosa para la cual no hallaría quizá motivo alguno una observación más serena, y se niegan o se olvidan todos sus defectos, como lo demuestra la apasionada repulsa de la sexualidad infantil. Pero existe también la tendencia a suspender para el niño todas las conquistas culturales, cuyo reconocimiento hemos tenido que imponer a nuestro narcisismo, y a renovar para él privilegios renunciados hace mucho tiempo. La vida ha de ser más fácil para el niño que para sus padres.

La enfermedad, la muerte, la renuncia al placer y la limitación de la propia voluntad han de desaparecer para él, y las leyes de la naturaleza, así como las de la sociedad, deberán detenerse ante su persona. Habrá de ser de nuevo el centro y el nódulo de la creación: *His Majesty the baby*, como un día lo estimamos ser nosotros. Deberá realizar los deseos incumplidos de sus progenitores, y llegar a ser un grande hombre o un héroe en lugar de su padre, o, si es hembra, casarse con un príncipe, para tardía compensación de su madre. El punto más espinoso del sistema narcisista, la inmortalidad del *yo*, tan duramente negada por la realidad, conquista su afirmación refugiándose en el niño. El amor parental, tan conmovedor y tan infantil en el fondo, no es más que una resurrección del narcisismo de los padres, que revela evidentemente su antigua naturaleza en esta su transformación en amor objetivado.

III

Las perturbaciones a las que está expuesto el narcisismo primitivo del niño, las reacciones con las cuales se defiende de ellas el infantil sujeto y los caminos por los que de este modo es impulsado constituyen un tema importantísimo, aún no examinado, y que habremos de reservar para un estudio detenido y completo.

Por ahora podemos desglosar de este conjunto uno de sus elementos más importantes, "el complejo de la castración" (miedo a la pérdida del pene en el niño y envidia del pene en la niña), y examinarlo en relación con la temprana intimidación sexual. La investigación psicoanalítica que nos permite, en general, perseguir los destinos de los instintos libidinosos cuando estos, aislados de los instintos del *yo*, se encuentran en oposición a ellos, nos facilita en este sector ciertas deducciones sobre una época y una situación psíquica en las cuales ambas clases de instintos actúan en un mismo sentido e inseparablemente mezclados como intereses narcisistas. De esta totalidad ha extraído A. Adler su "protesta masculina", en la cual ve casi la única energía impulsora de la génesis del carácter y de las neurosis, pero que no la funda en una tendencia narcisista, y, por lo tanto, aún libidinosa, sino en una valoración social. La investigación psicoanalítica ha reconocido la existencia y la significación de la "protesta masculina" desde un principio, pero sostiene, contra Adler, su naturaleza narcisista y su procedencia del complejo de castración. Constituye uno de los factores de la génesis del carácter y es totalmente inadecuada para la explicación de los problemas de las neurosis, en las cuales no quiere ver Adler más que la forma en la que sirven a los instintos del *yo*. Para mí resulta completamente imposible fundar la génesis de la neurosis sobre la estrecha base del complejo de castración, por muy poderosamente que el mismo se manifieste también en los hombres bajo la acción de las resistencias opuestas a la curación. Por último, conozco casos de neurosis en los cuales la "protesta masculina", o en nuestro sentido el complejo de castración, no desempeña papel patógeno alguno o no aparece en absoluto.

La observación del adulto normal nos muestra muy mitigada su antigua manía de grandezas y muy desvanecidos los caracteres infantiles de los cuales dedujimos su narcisismo infantil. ¿Qué ha sido de la libido del *yo*? ¿Habremos de suponer que todo su montante se ha gastado en cargas de objeto? Esta posibilidad contradice todas nuestras deducciones. La psicología de la represión nos indica una solución distinta.

Hemos descubierto que las tendencias instintivas libidinosas sucumben a una represión patógena cuando entran en conflicto con las representaciones éticas y culturales del individuo. Esto no significa nunca que el sujeto tenga un mero conocimiento intelectual de tales representaciones, sino que reconoce en ellas una norma y se somete a sus exigencias. Hemos dicho que la represión parte del *yo*, pero aún podemos precisar más diciendo que parte de la propia estimación del *yo*. Aquellos mismos impulsos, sucesos, deseos e impresiones que un individuo determinado tolera en sí, o, por lo menos, elabora conscientemente, son rechazados por otros con indignación o incluso ahogados antes que puedan llegar a la conciencia. Pero la diferencia que contiene la condición de la represión puede ser fácilmente expresada en términos que faciliten su consideración desde el punto de vista de la teoría de la libido. Podemos decir que uno de estos sujetos ha construido en sí un ideal, con el cual compara su *yo* actual, mientras que el otro carece de semejante ideal. La formación de un ideal sería, por parte del *yo*, la condición de la represión.

A este *yo* ideal se consagrada el amor ególatra del cual en la niñez era objeto el *yo* verdadero. El narcisismo aparece desplazado sobre este nuevo *yo* ideal, adornado, como el infantil, con todas las perfecciones. Como siempre en el terreno de la libido, el hombre se demuestra aquí, una vez más, incapaz de renunciar a una satisfacción ya gozada alguna vez. No quiere renunciar a la perfección de su niñez, y ya que no pudo mantenerla ante las enseñanzas recibidas durante su desarrollo y ante el despertar de su propio juicio, intenta conquistarla de nuevo bajo la forma del *yo* ideal. Aquello que proyecta ante sí como su ideal es la sustitución del perdido narcisismo de su niñez, en el cual era él mismo su propio ideal.

Examinemos ahora las relaciones de esta formación de un ideal con la sublimación. La sublimación es un proceso que se relaciona con la libido objetivada y consiste en que el instinto se orienta sobre un fin diferente y muy alejado de la satisfacción sexual. Lo más importante de él es el apartamiento de lo sexual. La idealización es un proceso que tiene efecto en el objeto, engrandeciéndolo y elevándolo psíquicamente, sin transformar su naturaleza. La idealización puede producirse tanto en el terreno de la libido del *yo* como en el de la libido objetivada. Así, la hiperestimación sexual del objeto es una idealización del mismo. Por consiguiente, en cuanto la sublimación describe algo que sucede con el instinto y la idealización, algo que sucede con el objeto, se tratará de dos conceptos totalmente diferentes.

La formación de un *yo* ideal es confundida erróneamente, a veces, con la sublimación de los instintos. El que un individuo haya trocado su narcisismo por la veneración de un *yo* ideal no implica que haya conseguido la sublimación de sus instintos libidinosos. El *yo* ideal exige esta sublimación, pero no puede imponerla. La sublimación continúa siendo un proceso distinto, cuyo estímulo puede partir del ideal, pero cuya ejecución permanece totalmente independiente de tal estímulo. Precisamente en los neuróticos hallamos máximas diferencias de tensión entre el desarrollo del *yo* ideal y el grado de sublimación de sus primitivos instintos libidinosos, y en general, resulta más difícil convencer a un idealista de la inadecuada localización de su libido, que a un hombre sencillo y mesurado en sus aspiraciones. La relación existente entre la formación de un *yo* ideal y la causación de la neurosis es también muy distinta de la correspondiente a la sublimación. La producción de un ideal eleva, como ya hemos dicho, las exigencias del *yo* y favorece más que nada la represión. En cambio, la sublimación representa un medio de cumplir tales exigencias sin recurrir a la represión.

No sería de extrañar que encontrásemos una instancia psíquica especial encargada de velar por la satisfacción narcisista en el *yo* ideal y que, en cumplimiento de su función, vigile de continuo al *yo* actual y lo compare con el ideal. Si una tal instancia existe, no nos sorprenderá nada descubrirla, pues reconoceremos en el acto en ella aquello a lo que damos el nombre de *conciencia moral*. El reconocimiento de esta instancia nos facilita la comprensión de la llamada manía de consideración, o, más exactamente, de observación, tan manifiesta en la sintomatología de las enfermedades paranoicas y que quizá puede presentarse también como perturbación aislada o incluida en una neurosis de transferencia. Los enfermos se lamentan entonces de que todos sus pensamientos son descubiertos por los demás y observados y espiados todos sus actos. De la actuación de esta instancia les informan voces misteriosas, que les hablan característicamente en tercera persona. ("Ahora vuelve él a pensar en ello; ahora se va"). Esta queja de los enfermos está perfectamente justificada y corresponde a la verdad. En todos nosotros, y dentro de la vida normal, existe realmente un tal poder, que observa, advierte y critica todas nuestras intenciones. La manía de observación lo representa en forma regresiva, descubriendo con ello su génesis y el motivo por el que el enfermo se rebela contra él.

El estímulo para la formación del *yo* ideal, cuya vigilancia está encomendada a la conciencia, tuvo su punto de partida en la influencia crítica ejercida de viva voz por los padres, a los cuales se agrega luego los educadores, los profesores y, por último, toda la multitud innumerable de las personas del medio social correspondiente (los contemporáneos, la opinión pública).

De este modo son atraídas a la formación del *yo* ideal narcisista grandes magnitudes de libido esencialmente homosexual y encuentran en la conversión del mismo una derivación y una satisfacción. La institución de la conciencia moral fue primero una encarnación de la crítica parental y luego de la crítica de la sociedad, un proceso como el que se repite en la génesis de una tendencia a la represión, provocada por una prohibición o un obstáculo exterior. Las voces, así como la multitud indeterminada, reaparecen luego en la enfermedad, y con ello, la historia evolutiva de la conciencia regresivamente reproducida. La rebeldía contra la instancia censora proviene de que el sujeto, correlativamente al carácter fundamental de la enfermedad, quiere desligarse de todas estas influencias, comenzando por la parental, y retira de ellas la libido homosexual. Su conciencia se le opone entonces en una representación regresiva, como una acción hostil orientada hacia él desde el exterior.

Las lamentaciones de los paranoicos demuestran también que la autocrítica de la conciencia coincide, en último término, con la autoobservación en la cual se basa. La misma actividad psíquica que ha tomado a su cargo la función de la conciencia se ha puesto también, por lo tanto, al servicio de la introspección que suministra a la filosofía el material para sus operaciones mentales. Esta circunstancia no es quizá indiferente en cuanto a la determinación del estímulo de la formación de sistemas especulativos que caracteriza a la paranoia.

Será muy importante hallar también en otros sectores indicios de la actividad de esta instancia observadora y crítica, elevada a la categoría de conciencia y de introspección filosófica. Recordaré, pues, aquello que H. Silberer ha descrito con el nombre de "fenómeno funcional" y que constituye uno de los escasos complementos de valor indiscutible aportados hasta hoy a nuestra teoría de los sueños. Silberer ha mostrado que, en estados intermedios entre la vigilia y el sueño, podemos observar directamente la transformación de ideas en imágenes visuales, pero que, en tales circunstancias, lo que surge ante nosotros no es, muchas veces, una representación del contenido mental, sino del estado en el que se encuentra la persona que lucha con el sueño. Asimismo ha demostrado que algunas conclusiones de los sueños y ciertos detalles de los mismos corresponden exclusivamente a la autopercepción del estado de reposo o del despertar. Ha descubierto, pues, la participación de la autopercepción —en el sentido de la manía de observación paranoica— en la producción onírica. Esta participación es muy inconstante. Para mí hubo de pasar inadvertida, porque no desempeña papel alguno reconocible en mis sueños. En cambio, en personas de dotes filosóficas y habituadas a la introspección se hace quizá muy perceptible.

Recordaremos haber hallado que la producción onírica nace bajo el dominio de una censura que impone a las ideas latentes del sueño una deformación. Pero no hubimos de representarnos esta censura como un poder especial, sino que denominamos así aquella parte de las tendencias represoras dominantes en el *yo* que aparecía orientada hacia las ideas del sueño. Penetrando más en la estructura del *yo*, podemos reconocer también en el *yo* ideal y en las manifestaciones dinámicas de la conciencia moral este censor del sueño. Si suponemos que durante el reposo mantiene aún alguna atención, comprenderemos que la premisa de su actividad, la autoobservación y la autocrítica, puedan suministrar una aportación al contenido del sueño, con advertencias tales como "ahora tiene demasiado sueño para pensar" o "ahora despierta".

Partiendo de aquí podemos intentar un estudio de la autopercepción en el individuo normal y en el neurótico.

Al introducir nuestra diferenciación de instintos sexuales e instintos del *yo*, tenemos que reconocer en la autopercepción una íntima relación con la libido narcisista. Nos apoyamos para ello en dos hechos fundamentales: el de que la autopercepción aparece intensificada en las parafrenias y debilitada en las neurosis de transferencia, y el de que en la vida erótica el no ser amado disminuye la autopercepción, y el serlo, la incrementa. Ya hemos indicado que el ser amado constituye el fin y la satisfacción en la elección narcisista de objeto.

No es difícil, además, observar que la carga de libido de los objetos no intensifica la autopercepción. La dependencia del objeto amado es causa de depresión; el enamorado es humilde. El que ama pierde, por decirlo así, una parte de su narcisismo, y sólo puede compensarla siendo amado. En todas estas relaciones parece permanecer enlazada la autopercepción con la participación narcisista en la vida erótica.

La percepción de la impotencia, de la imposibilidad de amar, a causa de perturbaciones físicas o anímicas, deprime extraordinariamente la autopercepción. A mi juicio, es esta una de las causas del sentimiento de inferioridad del sujeto en las neurosis de transferencia. Pero la fuente principal de este sentimiento es el empobrecimiento del *yo*, resultante de las grandes cargas de libido que le son sustraídas, o sea, el daño del *yo* por las tendencias sexuales no sometidas ya a control ninguno.

A. Adler ha indicado acertadamente que la percepción de algunos defectos orgánicos actúa como un estímulo sobre una vida anímica capaz de rendimiento, y provoca, por el camino de la hipercompensación, un rendimiento más intenso. Pero sería muy exagerado querer referir todo buen rendimiento a esta condición de una inferioridad orgánica primitiva. No todos los pintores padecen algún defecto de la visión, ni todos los buenos oradores han comenzado por ser tartamudos. Existen también muchos rendimientos extraordinarios basados en dotes orgánicas excelentes. En la etiología de las neurosis, desempeña la inferioridad orgánica un papel insignificante, el mismo que el material de la percepción actual en cuanto a la producción onírica. La neurosis se sirve de ella como de un pretexto, lo mismo que de todos los demás factores que pueden servirle para ello. Si una paciente nos hace creer que ha tenido que enfermar de neurosis porque es fea, contrahecha y sin ningún atractivo, siendo así imposible que nadie la ame, no tardará otra en hacernos cambiar de opinión mostrándonos que permanece tenazmente refugiada en su neurosis y en su repulsa sexual, no obstante ser extraordinariamente deseable y deseada. Las mujeres histéricas suelen ser, en su mayoría, muy atractivas o incluso bellas, y, por otro lado, la acumulación de fealdad y defectos orgánicos en las capas inferiores de nuestra sociedad no contribuye perceptiblemente a la frecuencia de las enfermedades neuróticas en este medio.

Las relaciones de la autopercepción con el erotismo (con las cargas libidinosas de objeto) pueden encerrarse en las siguientes fórmulas: deben distinguirse dos casos, según que las cargas de libido sean consentidas por el *yo* o hayan sufrido, por el contrario, una represión. En el primer caso (dado un empleo de la libido aceptado por el *yo*), el amor es estimado como otra cualquier actividad del *yo*. El amor en sí, como anhelo y como privación, disminuye la autopercepción, y el ser amado o correspondido, la posesión del objeto amado, la intensifica de nuevo. Dada una represión de la libido, la carga libidinosa es sentida como una grave disminución del *yo*, la satisfacción del amor se hace imposible, y el nuevo enriquecimiento del *yo* sólo puede tener efecto retrayendo de los objetos la libido que los investía.

La importancia del tema y la imposibilidad de lograr de él una visión de conjunto justificarán la agregación de algunas otras observaciones, sin orden determinado.

La evolución del *yo* consiste en un alejamiento del narcisismo primario y crea una intensa tendencia a conquistarlo de nuevo. Este alejamiento sucede por medio del desplazamiento de la libido sobre un *yo* ideal impuesto desde el exterior, y la satisfacción es proporcionada por el cumplimiento de este ideal.

Simultáneamente ha destacado el *yo* las cargas libidinosas de objeto. Se ha empobrecido en favor de estas cargas, así como del *yo* ideal, y se enriquece de nuevo por las satisfacciones logradas en los objetos y por el cumplimiento del ideal.

Una parte de la autopercepción es primaria: el residuo del narcisismo infantil; otra procede de la omnipotencia confirmada por la experiencia (del cumplimiento del ideal); y una tercera, de la satisfacción de la libido objetiva.

El *yo* ideal ha conseguido la satisfacción de la libido en los objetos bajo condiciones muy difíciles, renunciando a una parte de la misma, considerada rechazable por su censor. En aquellos casos en los que no ha llegado a desarrollarse tal ideal, la tendencia sexual de que se trate entra a formar parte de la personalidad del sujeto en calidad de perversión. Los hombres cifran su felicidad en volver a ser su propio ideal, también en lo que respecta a los instintos sexuales, como en su niñez.

El enamoramiento consiste en una afluencia de la libido del *yo* al objeto. Tiene el poder de levantar represiones y volver a instituir perversiones. Dado que tiene afecto, según el tipo de aposición, y sobre la base de la realización de condiciones eróticas infantiles, podemos decir que todo lo que cumple estas condiciones eróticas es idealizado.

El ideal sexual puede entrar en una interesante relación auxiliar con el *yo* ideal. Cuando la satisfacción narcisista tropieza con obstáculos reales, puede ser utilizado el ideal sexual como satisfacción sustitutiva. Se ama entonces, conforme al tipo de la elección de objeto narcisista, aquello que hemos sido y hemos dejado de ser o aquello que posee perfecciones de que carecemos. La fórmula correspondiente sería: Es amado aquello que posee la perfección que le falta al *yo* para llegar al ideal. Este caso complementario entraña una importancia especial para el neurótico, en el cual ha quedado empobrecido el *yo* por las excesivas cargas de objeto e incapacitado para alcanzar su ideal. El sujeto intentará entonces retornar al narcisismo, eligiendo, conforme al tipo narcisista, un ideal sexual que posea las perfecciones que él no puede alcanzar. Esta sería la curación por el amor, que el sujeto prefiere, en general, a la analítica. Llegará incluso a no creer en la posibilidad de otro medio de curación e iniciará la cura con la esperanza de lograrlo en ella, orientando tal esperanza sobre la persona del médico. Pero a este plan curativo se opone, naturalmente, la incapacidad de amar del enfermo, provocada por sus extensas represiones. Cuando el tratamiento llega a desvanecer un tanto esta incapacidad, surge a veces un desenlace indeseable: el enfermo se sustrae a la continuación del análisis para realizar una elección amorosa y encomendar y confiar a la vida en común con la persona amada el resto de la curación. Este desenlace podría parecernos satisfactorio si no trajese consigo, para el sujeto, una rigurosa dependencia de la persona que le ha prestado su amoroso auxilio.

Del ideal del *yo* parte un importante camino para la comprensión de la psicología colectiva. Este ideal contiene, además de su parte individual, su parte social: es también el ideal común de una familia, de una clase, o de una nación. Además de la libido narcisista, atrae a sí gran magnitud de la libido homosexual que ha retornado al *yo*. La insatisfacción provocada por el incumplimiento de este ideal deja eventualmente en libertad un montante de la libido homosexual, que se convierte en conciencia de la culpa (angustia social). Este sentimiento de culpabilidad fue, originariamente, miedo al castigo de los padres o, más exactamente, a perder el amor de los mismos. Más tarde los padres quedan sustituidos por la multitud indeterminada de los contemporáneos. La frecuente causación de la paranoia por una mortificación del *yo*; esto es, por la ausencia de satisfacción en el campo del ideal de *yo*, se nos hace así comprensible, e igualmente la coincidencia de la idealización y la sublimación en el ideal del *yo* y la regresión de las sublimaciones y la eventual transformación de los ideales en las parafrenias.

IV

ENSAYOS

LOS DOS PRINCIPIOS DEL SUCEDER PSÍQUICO

1911

Hemos advertido hace ya mucho tiempo que toda neurosis tiene la consecuencia de apartar al enfermo de la vida real, extrañándole de la realidad. Este hecho no hubo tampoco de escapar a la observación de P. Janet, el cual nos habla de una pérdida de la *fonction du réel* como de un carácter especial de los neuróticos, aunque sin indicarnos el enlace de esta perturbación con las condiciones fundamentales de la neurosis[29].

La introducción del proceso de la represión en la génesis de la neurosis nos ha permitido llegar al conocimiento de tal enlace. El neurótico se aparta de la realidad —o de un fragmento de la misma— porque se le hace intolerable. Ciertos casos de psicosis alucinatoria, en los cuales ha de ser negado aquel suceso que provocó la demencia (Griesinger), nos presentan el tipo extremo de este apartamiento de la realidad. Pero todo neurótico se conduce idénticamente con un fragmento de la misma. Se nos plantea, pues, la labor de investigar la trayectoria de la relación del neurótico, y en general de todos los hombres, con la realidad, y acoger así, en el cuerpo de nuestras teorías, la significación psicológica del mundo exterior real.

En la psicología basada en el psicoanálisis nos hemos acostumbrado a tomar como punto de partida los procesos anímicos inconscientes, cuyas particularidades nos ha revelado el análisis, y en los que vemos procesos primarios, residuos de

____

[29] P. Janet: "Les néuroses", en Bibliothéque de Philosophie Scientifique, 1909.

una fase evolutiva en la que eran únicos. No es difícil reconocer la tendencia a que estos procesos primarios obedecen, tendencia a la cual hemos dado el nombre de principio del placer. Tienden a la consecución de placer, y la actividad psíquica se retrae de aquellos actos susceptibles de engendrar displacer (represión). Nuestros sueños nocturnos y nuestra tendencia general a sustraernos a las impresiones penosas son residuos del régimen de este principio y pruebas de su poder.

En *La interpretación de los sueños* expusimos ya nuestra hipótesis de que el estado de reposo psíquico era perturbado al principio por las exigencias imperiosas de las necesidades internas. En estos casos, lo pensado (lo deseado) quedaba simplemente representado en una alucinación, como hoy sucede con nuestras ideas eróticas[30]. La decepción ante la ausencia de la satisfacción esperada motivó luego el abandono de esta tentativa de satisfacción por medio de alucinaciones, y para sustituirla tuvo que decidirse el aparato psíquico a representar las circunstancias reales del mundo exterior y tender a su modificación real. Con ello quedó introducido un nuevo principio de la actividad psíquica: no se representaba ya lo agradable, sino lo real, aunque fuese desagradable[31].

---

[30] El estado de reposo puede reproducir exactamente el aspecto de la vida anímica antes del reconocimiento de la realidad por tomar intencionadamente como premisa la negación de la misma (deseo de dormir).

[31] Intentaremos completar con algunas observaciones esta exposición esquemática: Se objetará justificadamente que una tal organización que se abandona al principio del placer y desatiende el mundo exterior no podría conservarse el menor tiempo en vida y, por lo tanto, no habría podido constituirse. Pero el empleo de una tal ficción queda justificado con la observación de que el niño de pecho realiza, si se tienen en cuenta los cuidados maternales, muy aproximadamente un tal sistema. Alucina, probablemente, el cumplimiento de sus necesidades internas, delata su displacer ante el incremento del estímulo, con la descarga motora del llanto y el pataleo, y experimenta en ello la satisfacción alucinatoria. Más tarde, aprende ya a usar intencionadamente, como medio de

Esta introducción del *principio de la realidad* trajo consigo consecuencias importantísimas.

1. —Ante todo, las nuevas exigencias impusieron una serie de adaptaciones del aparato psíquico, sobre las cuales no podemos dar sino ligeras indicaciones, pues nuestro conocimiento es aún, en este punto, muy incompleto e inseguro.

La mayor importancia adquirida por la realidad externa elevó también la de los órganos sensoriales vueltos hacia el mundo exterior y la de la *conciencia*, instancia enlazada a ellos, que hubo de comenzar a aprehender ahora las cualidades sensoriales y no tan sólo las de placer y displacer, únicas interesantes hasta entonces. Se constituyó una función especial —la atención—, cuyo cometido consistía en tantear periódicamente el mundo exterior para que los datos del mismo fueran previamente conocidos en el momento de surgir una necesidad interna inaplazable. Esta actividad sale al encuentro de las impresiones sensoriales en lugar de esperar su aparición. Probablemente se estableció también, al mismo tiempo, un sistema encargado de retener los resultados de

---

expresión, estas manifestaciones de descarga. Como el cuidado de los niños constituye el modelo de su educación ulterior, el dominio del principio del placer no termina del todo hasta el momento en que el sujeto se desliga por completo, psíquicamente, de sus padres. El embrión de las aves, encerrado en el huevo con su provisión de alimento y para el cual los cuidados maternales se limitan al suministro de calor, nos ofrece un acabado ejemplo de un sistema psíquico totalmente aislado de los estímulos del mundo exterior y que puede satisfacer de un modo autístico (según término de Bleuler) sus necesidades de alimento. No consideraremos como una rectificación, sino como una ampliación de nuestro esquema, el hecho de exigir, para el sistema subsistente conforme al principio del placer, dispositivos especiales, por medio de los cuales pueda sustraerse a los estímulos de la realidad. Estos dispositivos no serían sino el factor correlativo a la "represión", que trata los estímulos desplacientes internos como si fueran externos, agregándolos, por lo tanto, al mundo exterior.

esta actividad periódica de la conciencia, una parte de lo que llamamos *memoria*.

En lugar de la represión que excluía de toda carga psíquica una parte de las representaciones emergentes, como susceptibles de engendrar displacer, surgió el *discernimiento*, instancia imparcial propuesta a decidir si una representación determinada es verdadera o falsa; esto es, si se halla o no de acuerdo con la realidad, y que lo decide por medio de su comparación con las huellas mnémicas de la realidad.

La descarga motora, que durante el régimen del principio de la realidad había servido para descargar de los incrementos de estímulo el aparato psíquico y había cumplido esta misión por medio de inervaciones transmitidas al interior del cuerpo (mímica, expresión de los afectos), quedó encargada ahora de una nueva función, siendo empleada para la modificación adecuada de la realidad y transformándose así en acción.

El aplazamiento, necesario ahora, de la descarga motora (de la acción) fue encomendado al proceso del *pensamiento*, surgido de la mera representación. Esta nueva instancia quedó adornada con cualidades que permitieron al aparato anímico soportar el incremento de la tensión de los estímulos durante el aplazamiento de la descarga. Mas para ello se hacía necesaria una transformación de las cargas libremente desplazables en cargas fijas, y esta transformación se consiguió mediante una elevación del nivel de todo el proceso de carga. El pensamiento era probablemente, en un principio, inconsciente, en cuanto iba más allá de la mera presentación, y sólo con su enlace a los restos verbales recibió otras cualidades perceptibles por la conciencia.

2. —La tenaz adherencia a las fuentes de placer disponibles y la dificultad de renunciar a ellas parecen constituir una tendencia general de nuestro aparato anímico, tendencia que podríamos atribuir al principio económico del ahorro

de energías. Con la instauración del principio de la realidad quedó disociada una cierta actividad mental que permanecía libre de toda confrontación con la realidad y sometida exclusivamente al principio del placer[32].

3. —La sustitución del principio del placer por el principio de la realidad, con todas sus consecuencias psíquicas, expuesta aquí esquemáticamente en una única fórmula, no se desarrolla, en realidad, de una vez, ni tampoco simultáneamente en toda la línea, y mientras los instintos del *yo* van sufriendo esta evolución, se separan de ellos los instintos sexuales. Estos instintos observan al principio una conducta autoerótica, encuentran su satisfacción en el cuerpo mismo del sujeto, y de este modo no llegan nunca a sufrir la privación impuesta por la instauración del principio de la realidad. Cuando más tarde se inicia en ellos el proceso de la elección de objeto, no tarda en quedar interrumpido por el período de latencia, que retrasa hasta la pubertad el desarrollo sexual. Estos dos factores, autoerotismo y período de latencia, provocan un estacionamiento del desarrollo psíquico del instinto sexual y lo retienen aún por mucho tiempo bajo el dominio del principio del placer, al cual no logra sustraerse nunca en muchos individuos.

A consecuencia de todo esto se establece una relación más estrecha entre el instinto sexual y la fantasía, por un lado, y los instintos del *yo* y las actividades de la conciencia, por otro. Esta relación se hace muy íntima, tanto en los individuos sanos como en los neuróticos, no obstante ser de naturaleza *secundaria*, según resulta de estas deducciones de la psicología genética. La acción continuada del autoerotismo permite que la satisfacción

---

[32] Como una nación cuya riqueza se basa en la explotación del suelo, pero que reserva un terreno sin cultivar en estado natural (Yellowstone Park).

en objetos sexuales imaginarios, más fácil y pronta, sea mantenida en sustitución de la satisfacción en objetos reales, más trabajosa y aplazada. La represión se mantiene omnipotente en el terreno de la fantasía y consigue inhibir las representaciones *in statu nascendi*, antes de que puedan ser advertidas por la conciencia, cuando su carga de energía psíquica pudiera provocar displacer. Este es el punto débil de nuestra organización psíquica y puede ser utilizado para someter de nuevo al principio del placer procesos mentales devenidos racionales ya. En consecuencia, uno de los elementos esenciales de la disposición psíquica a la neurosis es engendrado por el retraso en educar al instinto sexual en el respeto a la realidad y por las condiciones que han permitido tal retraso.

4. —Así como el *yo* sometido al principio del placer no puede hacer más que *desear*, laborar por la adquisición del placer y eludir al displacer, el *yo* regido por el principio de la realidad no necesita hacer más que tender a lo útil y asegurarse contra todo posible daño[33]. En realidad, la sustitución del principio del placer por el principio de la realidad no significa una exclusión del principio del placer, sino tan sólo un afianzamiento del mismo. Se renuncia a un placer momentáneo, de consecuencias inseguras, pero tan sólo para alcanzar, por el nuevo camino, un placer ulterior y seguro. Pero la impresión endopsíquica de esta sustitución ha sido tan poderosa, que se refleja en un mito religioso especial. La doctrina de que la renuncia —voluntaria o impuesta— a los placeres terrenales tendrá en el más allá su recompensa no es

---

[33] Bernard Shaw describe brillantemente las ventajas del principio de la realidad sobre el principio del placer en las siguientes palabras: *To be able to choose the line of greatest advantage instead of yielding in the direction of the least resistance.* (*Man and Superman*).

más que la proyección mística de esta transformación psíquica. Siguiendo consecuentemente este modelo, las *religiones* han podido imponer la renuncia absoluta al placer terrenal contra la promesa de una compensación en una vida futura. Pero no han conseguido derrocar el principio del placer. El mejor medio para ello habrá de ser la *ciencia*, que ofrece también placer intelectual durante el trabajo y una ventaja práctica final.

5. —La educación puede ser descrita como un estímulo al vencimiento del principio del placer y a la sustitución del mismo por el principio de la realidad. Tiende, por lo tanto, a procurar una ayuda al desarrollo del *yo*, ofrece una prima de atracción para conseguir este fin, el cariño de los educadores, y fracasa ante la seguridad del sujeto infantil de poseer incondicionalmente tal cariño y no poder perderlo en ningún modo.

6. —El arte consigue conciliar ambos principios por su camino peculiar. El artista es, originariamente, un hombre que se aparta de la realidad, porque no se resigna a aceptar la renuncia a la satisfacción de los instintos por ella exigida en primer término, y deja libres en su fantasía sus deseos eróticos y ambiciosos. Pero encuentra el camino de retorno desde este mundo imaginario a la realidad, constituyendo con sus fantasías, merced a dotes especiales, una nueva especie de realidades, admitidas por los demás hombres como valiosas imágenes de la realidad. Llega a ser así realmente, en cierto modo, el héroe, el rey, el creador o el amante que deseaba ser, sin tener que dar el enorme rodeo que supondría la modificación real del mundo exterior a ello conducente. Pero si lo consigue es tan sólo porque los demás hombres entrañan igual insatisfacción ante la renuncia impuesta por la realidad y porque esta satisfacción resultante de la sustitución del principio del placer por el principio de la realidad es por sí misma una parte de la realidad.

7. —En tanto que el *yo* realiza su evolución desde el régimen del principio del placer al del principio de la realidad, los instintos sexuales experimentan aquellas modificaciones que los conducen desde el autoerotismo primitivo, y a través de diversas fases intermedias, al amor objetivado, en servicio de la función reproductora. Si es exacto que cada uno de los grados de estas dos trayectorias evolutivas pueden llegar a ser el sustrato de una disposición a ulteriores afecciones neuróticas, podremos suponer que la forma de esta neurosis ulterior (la elección de neurosis) dependerá de la fase de la evolución del *yo* y de la libido en la que haya tenido efecto la inhibición del desarrollo, causa de la disposición. Los caracteres temporales de los dos desarrollos, aún no estudiados, y sus posibles desplazamientos recíprocos, presentan insospechada importancia.

8. —El carácter más singular de los procesos inconscientes (reprimidos), carácter al que sólo con gran esfuerzo se acostumbra el investigador, consiste en que la realidad mental queda equiparada en ellos a la realidad exterior, y el mero deseo, al suceso que lo cumple, conforme en un todo al dominio del principio del placer. Por esto resulta tan difícil distinguir las fantasías de los recuerdos emergidos en la conciencia. Pero habremos de guardarnos muy bien de aplicar a los productos psíquicos reprimidos la valoración de la realidad y no conceder beligerancia alguna a las fantasías, en cuanto a la producción de síntomas, por no tratarse de realidades, como igualmente de buscar un origen distinto al sentimiento de culpabilidad, por no encontrar ningún delito real que lo justifique. Estamos obligados a servirnos de los valores en curso en el país que exploramos, o sea, en nuestro caso, de la *valuta neurótica*. Inténtese, por ejemplo, hallar la solución del sueño siguiente: Un individuo, que había asistido a su padre durante la penosa enfermedad que le llevó a la muerte, relata que durante los

meses siguientes al funesto desenlace soñó repetidas veces que su padre se hallaba de nuevo en vida y hablaba con él como de costumbre. Pero al mismo tiempo sentía, con dolorosa intensidad, que su padre había muerto ya, aunque él mismo no lo sabía. El único camino que puede conducirnos a la solución de este sueño es introducir algunas agregaciones a la última frase de su relato en la forma siguiente: ...sentía, con dolorosa intensidad, que su padre había muerto ya ("como él deseaba" o "a consecuencia de su deseo"), aunque él mismo no lo sabía ("no sabía que el hijo había tenido tal deseo"). Las ideas latentes del sueño serían entonces las siguientes: constituía para él un recuerdo doloroso haber tenido que desear que la muerte viniera a poner término a los sufrimientos de su padre y hubiera sido terrible que el enfermo se hubiese dado cuenta de ello. Se trata, pues, del conocido caso en que el sujeto se hace a sí mismo los más duros reproches, después de la pérdida de una persona querida, y el reproche retrocede en este ejemplo a la significación infantil del deseo de la muerte del padre.

Para disculpar los defectos del presente trabajo, más preparatorio que expositivo, no bastará quizá declararlos inevitables. Al referirnos a las consecuencias psíquicas de la adaptación al principio de la realidad hemos tenido que indicar opiniones que hubiéramos preferido reservar aún por algún tiempo, y cuya justificación ha de exigir considerable trabajo. Pero quiero esperar que los lectores benévolos advertirán sin dificultad dónde comienza también en este ensayo el régimen del principio de la realidad.

1924

En un trabajo recientemente publicado (*El «yo» y el «Ello»*) hemos atribuido al aparato anímico una estructura que nos permite representar, en forma sencilla y clara, toda una serie de procesos y relaciones. En otros puntos, por ejemplo, en lo que se refiere al origen y a la función de *super-yo*, queda aún mucho que aclarar. Habremos de exigir ahora que tal hipótesis resulte también útil y provechosa en otros terrenos, aunque no sea más que para mostrarnos, desde otro punto de vista, lo ya conocido, agruparlo de otra manera y describirlo más convincentemente. A esta aplicación de la nueva hipótesis podría también enlazarse un provechoso retorno desde la teoría a la experiencia.

En el trabajo indicado se describen las múltiples dependencias del *yo*, su situación intermedia entre el mundo exterior y el *Ello* y su tendencia a servir al mismo tiempo a todos sus amos. Relacionando estas circunstancias con otra ruta mental iniciada en un punto distinto, llegamos a una fórmula sencilla que integra quizá la diferencia genética más importante entre la neurosis y la psicosis: *La neurosis sería el resultado de un conflicto entre el «yo» y su «Ello», y, en cambio, la psicosis, el desenlace análogo de una tal perturbación de las relaciones entre el «yo» y el mundo exterior.*

Nunca conviene confiar mucho en la solución de un problema cuando la misma se presenta tan fácil; pero en este caso recordamos inmediatamente una serie de descubrimientos que parecen confirmarla. Según todos los resultados de nuestro análisis, las neurosis de transferencia nacen a consecuencia de la negativa del *yo* a acoger una poderosa tendencia instintiva dominante en el *Ello* y procurar su descarga motora, o a dar por bueno el objeto hacia el cual aparece orientada tal tendencia. El *yo* se defiende entonces de la misma por medio del mecanismo de la represión; pero lo reprimido se rebela contra este destino y se procura, por caminos sobre los cuales no ejerce el *yo* poder alguno, una satisfacción sustitutiva —el síntoma—que se impone al *yo* como una transacción; el *yo* encuentra alterada y amenazada su unidad por tal intrusión y continúa luchando contra el síntoma, como antes contra la tendencia instintiva reprimida, y de todo esto resulta el cuadro patológico de la neurosis. No puede objetarse que al proceder el *yo* a la represión obedece en el fondo los mandatos del *super-yo*, los cuales proceden a su vez de aquellas influencias del mundo exterior que se han creado una representación en el *super-yo*. Siempre resultará que el *yo* se ha puesto al lado de estos poderes, cuyas exigencias tienen más fuerza para él que las exigencias instintivas del *Ello*, siendo él mismo el poder que impone la represión en contra de aquellos elementos del *Ello* y la afirma por medio de la contracarga de la resistencia. Así, pues, el *yo* ha entrado en conflicto con el *Ello* en servicio del *super-yo* y de la realidad. Tal es la situación en todas las neurosis de transferencia.

De otra parte, nos es también muy fácil extraer del conocimiento adquirido hasta ahora sobre el mecanismo de la psicosis ejemplos que nos indican la perturbación de la relación entre el *yo* y el mundo exterior. En la amencia de Meynert, la demencia aguda alucinatoria forma quizá la más extrema e impresionante de las psicosis; la percepción del mundo exterior cesa por completo o permanece totalmente ineficaz. Normalmente el mundo exterior domina al *yo* por dos caminos: En primer lugar, mediante las percepciones actuales continuamente posibles, y en segundo, con el acervo mnémico de percepciones anteriores, que constituyen, como "mundo interior", un patrimonio y un elemento del *yo*. En la amencia no sólo queda excluida la acogida de nuevas percepciones, sino también sustraída al mundo interior su significación (carga). El *yo* se procura independientemente un nuevo mundo exterior e interior y surgen dos hechos indubitables: que este nuevo mundo es construido de acuerdo con las tendencias optativas del *Ello* y que la causa de esta disociación del mundo exterior es una privación impuesta por la realidad y considerada intolerable. Esta psicosis muestra una gran afinidad interna con los sueños normales. Pero la condición del fenómeno onírico normal es, precisamente, el estado de reposo, entre cuyos caracteres hallamos el apartamiento del mundo real y de toda percepción.

De otras formas de psicosis, las esquizofrenias, sabemos que culminan en un embotamiento afectivo; esto es, en la pérdida de todo interés hacia el mundo exterior. Con respecto a la génesis de los delirios, algunos análisis nos han enseñado que el delirio surge precisamente en aquellos puntos en los que se ha producido una solución de continuidad en la relación del *yo* con el mundo exterior. Si el conflicto con el mundo exterior, en el cual hemos visto la condición de la enfermedad, no se hace aún más patente, ello depende de que en el cuadro patológico de la psicosis quedan a veces encubiertos los fenómenos del proceso patógeno por los de una tentativa de curación o de reconstrucción.

La etiología común a la explosión de una psiconeurosis o una psicosis es siempre la privación, el incumplimiento de uno de aquellos deseos infantiles, jamás dominados, que tan hondamente arraigan en nuestra organización, determinada por la filogenia. Esta privación tiene siempre en el fondo un origen exterior, aunque en el caso individual parezca partir de aquella instancia interior (en el *super-yo*) que se ha atribuido la representación de las exigencias de la realidad. El efecto patógeno depende de que el *yo* permanezca fiel en este conflicto a su dependencia del mundo exterior e intente amordazar al *Ello*, o que, por el contrario, se deje dominar por el *Ello* y arrancar así a la realidad. Pero en esta situación, aparentemente sencilla, introduce una complicación la existencia del *super-yo*, que reúne en sí, en un enlace aún impenetrado, influencias del *Ello* y otras del mundo exterior, constituyendo, en cierto modo, un modesto ideal hacia el que tienden todas las aspiraciones del *yo*: la conciliación de sus múltiples dependencias. En todas las formas de enfermedad psíquica habría de tenerse en cuenta la conducta del *super-yo*, cosa que no se ha hecho hasta ahora. Pero ya podemos indicar, provisionalmente, que ha de haber también afecciones cuya base esté en un conflicto entre el *yo* y el *super-yo*. El análisis nos da derecho a suponer que la melancolía es un ejemplo de este grupo, al que daríamos entonces el nombre de *psiconeurosis narcisistas*. El hecho de que encontremos motivos para separar de las demás psicosis estados tales como la melancolía, no concuerda mal con nuestras impresiones. Pero entonces advertimos que podríamos completar nuestra fórmula genética sin abandonarla. La neurosis de transferencia corresponde al conflicto entre el *yo* y el *Ello*; las neurosis narcisistas a un conflicto entre el *yo* y *super-yo*, y la psicosis, al conflicto entre el *yo* y el mundo exterior. Al principio no podemos decir, ciertamente, si hemos conquistado, en realidad, nuevos conocimientos, o si tan sólo hemos enriquecido nuestra colección de fórmulas; pero, a mi juicio, esta posibilidad de aplicación debe darnos ánimos para mantener la indicada articulación del aparato anímico en un *yo*, un *super-yo* y un *Ello*.

La afirmación de que las neurosis y las psicosis nacen de los conflictos del *yo* con sus distintas instancias dominantes, esto es, que corresponden a un fracaso de la función del *yo*, el cual se esfuerza, sin embargo, en conciliar las distintas exigencias, precisa aún de nuevas investigaciones para ser complementada. Quisiéramos saber en qué circunstancias y por qué medios consigue el *yo* escapar, sin enfermar, a tales conflictos, constantemente dados. Es este un nuevo campo de investigación en el que habremos de encontrar los más diversos factores. Por lo pronto, ya podemos indicar dos: el desenlace de todas estas situaciones habrá de depender, indudablemente, de circunstancias económicas, de las magnitudes relativas de las tendencias combatientes entre sí. Además, el *yo* podrá evitar un desenlace perjudicial en cualquier sentido, deformándose espontáneamente, tolerando daños de su unidad o incluso disociándose en algún caso. De este modo, las inconsecuencias y las chifladuras de los hombres resultarían análogas a sus perversiones sexuales en el sentido de ahorrarles represiones.

Para terminar, recordaremos la interrogante de si el proceso en el cual se aparta el *yo* del mundo exterior constituirá un mecanismo análogo a la represión. A mi juicio, esta cuestión no puede ser resuelta sin nuevas investigaciones, pero, de todos modos, sí puede afirmarse ya que habrá de entrañar, como la represión, una retracción de la carga destacada por el *yo*.

El final del complejo de Edipo

1924

El complejo de Edipo va designándose cada vez claramente como el fenómeno central del temprano período sexual infantil. Luego sucumbe a la represión y es seguido del período de latencia. Pero no hemos visto aún claramente cuáles son las causas que provocan su fin. El análisis parece atribuirlo a las decepciones dolorosas sufridas por el sujeto. La niña, que se cree objeto preferente del amor de su padre, recibe un día una dura corrección por parte de este, y se ve expulsada de su feliz paraíso. El niño, que considera a su madre como propiedad exclusiva suya, la ve orientar de repente su cariño y sus cuidados hacia un nuevo hermanito. Pero también en aquellos casos en los que no acaecen sucesos especiales como los citados en calidad de ejemplos, la ausencia de la satisfacción deseada acaba por apartar al infantil enamorado de su inclinación sin esperanza. El complejo de Edipo sucumbiría así a su propio fracaso, resultado de su imposibilidad interna.

Otra hipótesis sería la de que el complejo de Edipo tiene que desaparecer porque llega el momento de su disolución, como los dientes de leche se caen cuando comienzan a formarse los definitivos. Aunque el complejo de Edipo es vivido también individualmente por la mayoría de los seres humanos, es, sin embargo, un fenómeno determinado por la herencia, y habrá de desaparecer, conforme a una trayectoria predeterminada, al iniciarse la fase siguiente del desarrollo. Resultará, pues, indiferente cuáles sean los motivos ocasionales de su desaparición e incluso que no podamos hallarlos.

Ambas hipótesis parecen justificadas. Pero, además, resultan fácilmente conciliables. Al lado de la hipótesis filogénica más amplia, queda espacio suficiente para la ontogénica. También el individuo entero está destinado, desde su nacimiento mismo, a morir, y también lleva ya indicada, quizá en la disposición de sus órganos, la causa de su muerte. Pero siempre será interesante perseguir cómo se desarrolla el programa predeterminado y en qué forma es aprovechada la disposición por acciones nocivas casuales.

Nuestra penetración ha sido aguzada recientemente por la observación de que el desarrollo sexual del niño avanza hasta una fase en la que los genitales se han adjudicado ya el papel directivo. Pero este genital es tan sólo el masculino, o más exactamente aún, el pene; el genital femenino permanece aún desconocido. Esta fase fálica, que es al mismo tiempo la del complejo de Edipo, no continúa desarrollándose hasta constituir una organización genital definitiva, sino que desaparece y es sustituida por el período de latencia. Pero su desaparición se desarrolla de un modo típico y apoyándose en sucesos regularmente emergentes.

Cuando el sujeto infantil de sexo masculino ha concentrado su interés sobre sus genitales, lo revela con manejos manuales y no tarda en advertir que los mayores no están conformes con aquella conducta. Más o menos precisa, más o menos brutal, surge la amenaza de privarle de aquella parte tan estimada de su cuerpo. Esta amenaza de castración parte casi siempre de alguna de las mujeres que rodean habitualmente al niño, las cuales intentan muchas veces robustecer su autoridad asegurando que el castigo será llevado a cabo por el médico o por el padre. En algunos casos llevan a cabo por sí mismas una atenuación simbólica en su amenaza, anunciando no ya la mutilación del órgano genital, pasivo en realidad, sino la de la mano, activamente pecadora. Con gran frecuencia sucede que el infantil sujeto no es amenazado con la castración por juguetear con el pene, sino por mojar todas las noches la cama. Sus guardadores se conducen entonces como si esta incontinencia nocturna fuese consecuencia y testimonio de los tocamientos del órgano genital, y probablemente tienen razón. En todo caso, tal incontinencia duradera puede equipararse a la polución del adulto, siendo una manifestación de la misma excitación genital que por esta época ha impulsado al niño a masturbarse.

Habremos de afirmar ahora que la organización genital fálica del niño sucumbe a esta amenaza de castración, aunque no inmediatamente, y sin que a ella se agreguen otras influencias, pues el niño no presta al principio a la amenaza fe ni obediencia ningunas. El psicoanálisis ha concedido recientemente un gran valor a dos clases de experiencias que no son ahorradas a ningún niño y por las cuales habría de estar preparado a la pérdida de partes de su cuerpo altamente estimadas: la pérdida, temporal primero y luego definitiva, del pecho materno, y la expulsión diariamente necesaria del contenido intestinal. Pero no se advierte que estas experiencias entren en juego con motivo de la amenaza de castración. Sólo después de haber hecho otra nueva comienza el niño a contar con la posibilidad de una castración, y aún entonces muy vacilantemente, contra su voluntad y procurando aminorar el alcance su propia observación.

Esta observación, que rompe por fin la incredulidad del niño, es su descubrimiento de los genitales femeninos. Siempre se le presenta alguna ocasión de contemplar la región genital de una niña y convencerse de la falta de aquel órgano, del que tan orgulloso está, en un ser tan semejante a él. De este modo se hace ya posible representarse la pérdida de su propio pene, y la amenaza de la castración comienza entonces a surtir sus efectos.

Por nuestra parte no debemos ser tan cortos de vista como los familiares y guardadores del niño, que le amenazan con la castración, y desconocer como ellos que la vida sexual del niño no se reduce por esta época exclusivamente a la masturbación. Aparece también visiblemente en su actitud con respecto a sus padres, determinada por el complejo de Edipo. La masturbación no es más que la descarga genital de la excitación sexual correspondiente al complejo, y deberá a esta relación su significación para todas las épocas ulteriores. El complejo de Edipo ofrecía al niño dos posibilidades de satisfacción, una activa y otra pasiva. Podía situarse en actitud masculina en el lugar del padre y tratar como él a su madre, actitud que hacía ver pronto en el padre un estorbo, o querer sustituir a la madre y dejarse amar por el padre, resultando entonces superflua la madre. El niño no tiene sino una idea muy vaga de aquello en lo que puede consistir la satisfacción amorosa, pero sus sensaciones orgánicas le imponen la convicción de que el pene desempeña en ella algún papel. No ha tenido ocasión tampoco para dudar de que la mujer posea también un pene. La aceptación de la posibilidad de la castración y el descubrimiento de que la mujer aparece castrada, puso, pues, un fin a las dos posibilidades de satisfacción relacionadas con el complejo de Edipo. Ambas traían consigo la pérdida del pene: la una, masculina, como castigo; la otra, femenina, como premisa. Si la satisfacción amorosa basada en el complejo de Edipo ha de costar la pérdida del pene, surgirá un conflicto entre el interés narcisista por esta parte del cuerpo y la carga libidinosa de los objetos parentales. En este conflicto vence normalmente el primer poder, y el *yo* del niño se aparta del complejo de Edipo.

Ya he indicado en otro lugar de qué forma se desarrolla este proceso. Las cargas de objeto quedan abandonadas y sustituidas por identificaciones. La autoridad del padre o de los padres introyectada en el *yo* constituye en él el nódulo del *super-yo*, que toma del padre su rigor, perpetúa su prohibición del incesto y garantiza así al *yo* contra el retorno de las cargas de objeto libidinosas. Las tendencias quedan en parte desexualizadas y sublimadas, cosa que sucede probablemente en toda transformación en identificación, y en parte inhibidas en cuanto a su fin y transformadas en tendencias sentimentales. Este proceso ha salvado, por una parte, los genitales, apartando de ellos la amenaza de castración; pero, por otra, los ha paralizado, despojándolos de su función. Con él empieza el período de latencia que interrumpe la evolución sexual del niño.

No veo motivo alguno para no considerar el apartamiento del *yo* del complejo de Edipo como una represión, aunque la mayoría de las represiones ulteriores se produzcan bajo la intervención del *super-yo*, cuya formación se inicia precisamente aquí. Pero el proceso descrito es más que una represión y equivale, cuando se desarrolla perfectamente, a una destrucción y una desaparición del complejo. Nos inclinaríamos a suponer que hemos tropezado aquí con el límite, nunca precisamente determinable, entre lo normal y lo patológico. Si el *yo* no ha alcanzado realmente más que una represión del complejo, este continuará subsistiendo, inconsciente, en el *Ello*, y manifestará más tarde su acción patógena.

La observación analítica permite reconocer o adivinar estas relaciones entre la organización fálica, el complejo de Edipo, la amenaza de castración, la formación del *super-yo* y el período de latencia. Ellas justifican la afirmación de que el complejo de Edipo sucumbe a la amenaza de castración. Pero con ello no queda terminado el problema: queda aún espacio para una especulación teórica que puede destruir el resultado obtenido o arrojar nueva luz sobre él. Ahora bien: antes de emprender este camino habremos de examinar una interrogante que surgió durante la discusión que antecede y hemos dejado aparte hasta ahora. El proceso descrito se refiere, como hemos dicho expresamente, al sujeto infantil masculino. ¿Qué trayectoria seguirá el desarrollo correspondiente en la niña?

Nuestro material se hace aquí —incomprensiblemente— mucho más obscuro e insuficiente. También el sexo femenino desarrolla un complejo de Edipo, un *super-yo* y un período de latencia. ¿Pueden serle atribuidos asimismo un complejo de castración y una organización fálica? Desde luego, sí; pero no los mismos que en el niño. La diferencia morfológica ha de manifestarse en variantes del desarrollo psíquico. La anatomía es el destino, podríamos decir glosando una frase de Napoleón. El clítoris de la niña se comporta al principio exactamente como un pene, pero cuando la sujeto tiene ocasión de compararlo con el pene verdadero de un niño, encuentra pequeño el suyo y siente este hecho como una desventaja y un motivo de inferioridad. Durante algún tiempo se consuela con la esperanza de que crecerá con ella, iniciándose en este punto el complejo de masculinidad de la mujer. La niña no considera su falta de pene como un carácter sexual, sino que la explica suponiendo que en un principio poseía un pene igual al que ha visto en el niño, pero que lo perdió luego por castración. No parece extender esta conclusión a las demás mujeres, a las mayores, sino que las atribuye, de completo acuerdo con la fase fálica, un genital masculino completo. Resulta, pues, la diferencia importante de que la niña acepta la castración como un hecho consumado, mientras que el niño teme la posibilidad de su cumplimiento.

Con la exclusión del miedo a la castración desaparece también un poderoso motivo de la formación del *super-yo* y de la interrupción de la organización genital infantil. Estas formaciones parecen ser, más que en el niño, consecuencias de la educación, de la intimidación exterior que amenaza con la pérdida del cariño de los educadores. El complejo de Edipo de la niña es mucho más unívoco que el del niño y, según mi experiencia, va muy pocas veces más allá de la sustitución de la madre y la actitud femenina con respecto al padre. La renuncia al pene no es soportada sin la tentativa de una compensación. La niña pasa —podríamos decir que siguiendo una comparación simbólica— de la idea del pene a la idea del niño. Su complejo de Edipo culmina en el deseo, retenido durante mucho tiempo, de recibir del padre, como regalo, un niño, tener de él un hijo. Experimentamos la impresión de que el complejo de Edipo es abandonado luego lentamente, porque este deseo no llega jamás a cumplirse. Los dos deseos, el de poseer un pene y el de tener un hijo, perduran en lo inconsciente intensamente cargados y ayudan a preparar a la criatura femenina para su ulterior papel sexual. Pero, en general, hemos de confesar que nuestro conocimiento de estos procesos evolutivos de la niña es harto insatisfactorio e incompleto.

Es indudable que las relaciones temporales y causales aquí descritas entre el complejo de Edipo, la intimidación sexual (amenaza de castración), la formación del *super-yo* y la entrada en el período de latencia son de naturaleza típica, pero no quiero afirmar que este tipo sea el único. Las variantes en la sucesión temporal y en el encadenamiento de estos procesos han de ser muy importantes para el desarrollo del individuo.

Desde la publicación del interesante estudio de O. Rank sobre el "trauma del nacimiento" no se puede tampoco aceptar sin discusión alguna el resultado de esta pequeña investigación, o sea, la conclusión de que el complejo de Edipo del niño sucumbe al miedo a la castración. Pero me parece aún prematuro entrar por ahora en esta discusión y quizá también poco adecuado comenzar en este punto la crítica o la aceptación de la teoría de Rank.

LA PÉRDIDA DE LA REALIDAD EN
LA NEUROSIS Y EN LA PSICOSIS

1924

Ya en un trabajo reciente expusimos como uno de los caracteres diferenciales entre la neurosis y la psicosis el hecho de que en la primera reprime el *yo*, obediente a las exigencias de la realidad, una parte del *Ello* (de la vida instintiva), mientras que en la psicosis el mismo *yo*, dependiente ahora del *Ello*, se retrae de una parte de la realidad. Así, pues, en la neurosis dominaría el influjo de la realidad y en la psicosis el del *Ello*. La pérdida de realidad sería un fenómeno característico de la psicosis y ajeno, en cambio, a la neurosis.

Sin embargo, estas conclusiones no parecen conciliables con la observación de que toda neurosis perturba en algún modo la relación del enfermo con la realidad, constituyendo para él un medio de retraerse de ella y un refugio al que ampararse, huyendo de las dificultades de la vida real. Esta contradicción parece espinosa, pero es muy fácil de resolver, y su solución ha de fomentar considerablemente nuestra comprensión con la neurosis.

Tal contradicción subsiste, en efecto, solamente mientras nos limitamos a considerar la situación inicial de la neurosis, en la cual el *yo* lleva a cabo la represión de una tendencia instintiva obedeciendo a los dictados de la realidad. Pero esto no es todavía la neurosis misma. Esta consiste más bien en los procesos que aportan una compensación a la parte perjudicial del *Ello*; esto es, en la reacción contra la represión y en su fracaso. El relajamiento de la relación con la realidad es luego la consecuencia de este segundo paso en la producción de la neurosis, y no habríamos de extrañar que la investigación nos descubriese que la pérdida de realidad recae precisamente sobre aquella parte de realidad a cuya demanda fue iniciada la represión.

Así, pues, la génesis característica de la neurosis a consecuencia de una represión fracasada no es nada nuevo. Siempre lo hemos afirmado así, y sólo la nueva relación de este postulado con nuestro tema actual nos ha llevado a repetirlo.

La misma apariencia de contradicción surge con intensidad mucho mayor cuando se trata de una neurosis cuya motivación ocasional ("la escena traumática") nos es conocida y en la que podemos ver cómo el sujeto se aparta de tal suceso y lo abandona a la amnesia. Recordaré aquí, como ejemplo, un caso analizado por mí hace ya muchos años[34], en el cual la sujeto, una muchacha enamorada de su cuñado, quedó sobrecogida ante el lecho mortuorio de su hermana por la idea de que el hombre amado estaba ya libre y podía casarse con ella. Esta escena fue olvidada en el acto, y con ello quedó iniciado el proceso de regresión que condujo a la dolencia histérica. Pero precisamente aquí resulta muy instructivo ver por qué caminos intenta la neurosis resolver el conflicto. Anula por completo la modificación de las circunstancias reales, reprimiendo el instinto de que se trataba, o sea, el amor de la muchacha a su cuñado. La reacción psicótica hubiera consistido en negar el hecho real de la muerte de la hermana.

Podría ahora esperarse que en la génesis de la psicosis se desarrollase algo parecido al proceso que tiene efecto en la neurosis, aunque, naturalmente, entre otras instancias; esto es, que también en la psicosis se hiciesen visibles dos avances, el primero de los cuales arrancaría al *yo* de la realidad, mientras que el segundo tendería a enmendar el daño y

---

[34] Véase *Estudios sobre la histeria*, tomo X de esta edición.

restablecería, a costa del *Ello*, la relación con la realidad. Y, efectivamente, observamos en la psicosis algo análogo; dos avances, el segundo de los cuales tiene un carácter de reparación, pero luego la analogía se convierte en una coincidencia mucho más amplia de los procesos. El segundo avance de la psicosis tiende también a compensar la pérdida de realidad, pero no a costa de una limitación del *yo*, como en la neurosis a costa de la relación con la realidad, sino por otro camino mucho más independiente; esto es, mediante la creación de una nueva realidad exenta de los motivos de disgusto que la anterior ofrecía. Así, pues, este segundo avance obedece en la neurosis y en la psicosis a la misma tendencia, apareciendo en ambos casos al servicio de las aspiraciones del *Ello*, que no se deja dominar por la realidad. En consecuencia, tanto la neurosis como la psicosis son expresión de la rebeldía del *Ello* contra el mundo exterior o, si se quiere, de su incapacidad para adaptarse a la realidad, diferenciándose mucho más entre sí en la primera reacción inicial que en la tentativa de reparación a ella consecutiva.

Esta diferencia inicial se refleja luego en el resultado: en la neurosis se evita, como huyendo de él, un trozo de la realidad, que en la psicosis es elaborado y transformado. En la psicosis, a la fuga inicial sigue una fase activa de transformación, y en la neurosis, a la obediencia inicial, una ulterior tentativa de fuga. O, dicho de otro modo, la neurosis no niega la realidad; se limita a no querer saber nada de ella. La psicosis la niega e intenta sustituirla. Llamamos normal o "sana" una conducta que reúne determinados caracteres de ambas reacciones; esto es, que no niega la realidad, al igual de la neurosis, pero se esfuerza en transformarla, como la psicosis. Esta conducta normal y adecuada conduce naturalmente a una labor manifiesta sobre el mundo exterior y no se contenta, como en la psicosis, con la producción de modificaciones internas; no es *autoplástica*, sino *aloplástica*.

En la psicosis, la elaboración modificadora de la realidad recae sobre las cristalizaciones psíquicas de la relación mantenida hasta entonces con ella; esto es, sobre las huellas mnémicas, las representaciones y los juicios tomados hasta entonces de ella y que la representaban en la vida anímica. Pero esta relación no constituía algo fijo e inmutable, sino que era transformada y enriquecida de continuo por nuevas percepciones. De este modo, se plantea también a la psicosis la tarea de procurarse aquellas percepciones que habrían de corresponder a la nueva realidad, consiguiéndolo por medio de la alucinación. Si los recuerdos falsos, los delirios y las alucinaciones muestran un carácter tan penoso en tantas formas y casos de psicosis y aparecen acompañados de angustia, habremos de ver en ello un indicio de que todo el proceso de transformación se realiza contra la intensa oposición de poderosas energías. Podemos representarnos el proceso conformé al modelo de las neurosis, que nos es más conocido. En las neurosis vemos surgir una reacción de angustia cada vez que el instinto reprimido trata de llegar a la conciencia, y observamos que el resultado del conflicto no es, a pesar de todo, más que una transacción, absolutamente insuficiente como satisfacción. En la psicosis, el trozo de realidad rechazado trata probablemente de imponerse de continuo a la vida anímica, como en la neurosis el instinto reprimido, y por esta razón surgen en ambos casos las mismas consecuencias. La discusión de los diversos mecanismos que han de llevar a cabo en la psicosis, el apartamiento de la realidad y la construcción de otra distinta constituye una labor, aún intacta, de la psiquiatría especial.

Existe, pues, entre la neurosis y la psicosis una nueva analogía consistente en que ambas fracasen parcialmente en la labor emprendida en su segundo avance, pues ni el instinto reprimido puede procurarse una sustitución completa (neurosis), ni la representación de la realidad se deja fundir en las formas satisfactorias. Pero el acento carga, en cada una, en un lugar distinto. En la psicosis, el acento carga exclusivamente sobre el primer avance, patológico ya de por sí y que sólo puede conducir a la enfermedad, y en cambio, en la neurosis, sobre el segundo, sobre el fracaso de la represión, mientras que el primero puede producirse, y en realidad se ha producido innumerables veces, dentro de la salud, aunque no sin dejar tras de sí señales del esfuerzo psíquico exigido. Estas diferencias, y quizá otras muchas, son consecuencias de la diversidad tópica en el desenlace del conflicto patógeno, según que el *yo* haya cedido en él a su adhesión al mundo real o a su dependencia del *Ello*.

La neurosis se limita regularmente a evitar el fragmento de realidad de que se trate y protegerse contra todo encuentro con él. Pero la precisa diferencia entre la neurosis y la psicosis queda mitigada por el hecho de que tampoco en la neurosis faltan las tentativas de sustituir la realidad indeseada por otra más conforme a los deseos del sujeto. Semejante posibilidad es facilitada por la existencia del mundo de la fantasía, un dominio que al tiempo de la instauración del principio de la realidad quedó separado del mundo exterior, siendo mantenido aparte, desde entonces, como una especie de "atenuación" de las exigencias de la vida, y aunque no resulta inasequible al *yo*, sólo conserva con él una relación muy laxa. De este mundo de la fantasía extrae la neurosis el material para sus nuevos productos optativos, hallándolo en él por medio de la regresión a épocas reales anteriores más satisfactorias.

También en la psicosis desempeña seguramente el mundo de la fantasía este mismo papel, constituyendo también el almacén del que son extraídos los materiales para la construcción de la nueva realidad. Pero el nuevo mundo exterior fantástico de la psicosis quiere sustituirse a la realidad exterior, mientras que el de la neurosis gusta de apoyarse, como los juegos infantiles, en un trozo de la realidad —en un fragmento de la realidad distinto de aquel contra el cual tuvo que defenderse— y le presta una significación especial y un sentido oculto al que calificamos de "simbólico", aunque no siempre con plena exactitud. Resulta, pues, que en ambas afecciones, la neurosis y la psicosis, se desarrolla no sólo una *pérdida de realidad*, sino también una *sustitución de realidad*.

El "*block* maravilloso"

1924

Cuando desconfiamos de nuestra memoria —desconfianza que alcanza gran intensidad en los neuróticos, pero que también está justificada en los normales— podemos complementar y asegurar esta función por medio de anotaciones gráficas. La superficie que conserva estas anotaciones, pizarra u hoja de papel, es entonces como una parte materializada del aparato mnémico que llevamos, invisible, en nosotros. Nos bastará, pues, saber el lugar en el que se halla el "recuerdo" así fijado para poderlo "reproducir" a voluntad, con la certeza de que ha permanecido invariable, habiendo eludido así las deformaciones que quizá hubiese sufrido en nuestra memoria.

Pero cuando queremos servirnos ampliamente de esta técnica para perfeccionar nuestra función mnémica, advertimos que podemos poner en práctica dos distintos procedimientos. Podemos, primeramente, elegir una superficie que conserva intacta, durante mucho tiempo, la anotación a ella confiada; esto es, una hoja de papel sobre la que escribiremos con tinta, obteniendo así una "huella mnémica permanente". La desventaja de este procedimiento consiste en que la capacidad de la superficie receptora se agota pronto. La hoja de papel no ofrece ya lugar para nuevas anotaciones y nos vemos obligados a tomar otra nueva. Por otro lado, la ventaja que este procedimiento nos ofrece al procurarnos una "huella permanente" puede perder para nosotros su valor cuando, al cabo de algún tiempo, deja de interesarnos lo anotado y no queremos ya "conservarlo en la memoria". El segundo procedimiento no presenta estos defectos. Si escribimos, por ejemplo, con tiza sobre una pizarra, tendremos una superficie de capacidad receptora ilimitada, de la que podremos borrar las anotaciones en cuanto cesen de interesarnos, sin tener por ello que destruirla o tirarla. El inconveniente está aquí en la imposibilidad de conservar una huella permanente, pues, al querer inscribir en la pizarra cubierta ya de anotaciones alguna nueva, tenemos que borrar parte de las anteriores. Así, pues, en los dispositivos con los cuales sustituimos nuestra memoria, parecen excluirse, entre sí, la capacidad receptora ilimitada y la conservación de huellas permanentes; hemos de renovar la superficie receptora o destruir las anotaciones.

Los aparatos auxiliares que hemos inventado para perfeccionar o intensificar nuestras funciones sensoriales están todos construidos a semejanza del órgano sensorial correspondiente o de una parte del mismo (lentes, cámaras fotográficas, trompetillas, etcétera). Desde este punto de vista, los dispositivos auxiliares de nuestra memoria parecen muy defectuosos, pues nuestro aparato anímico realiza precisamente lo que aquellos no pueden. Presenta una ilimitada capacidad receptora de nuevas percepciones y crea, además, huellas duraderas, aunque no invariables, de las mismas. Ya en *La interpretación de los sueños* (1909) expusimos la sospecha de que esta facultad, poco común, correspondía a la función de dos distintos sistemas (órganos del aparato anímico). Poseeríamos un sistema encargado de recibir las percepciones, pero no de conservar de ellas una huella duradera, conduciéndose así, con respecto a cada nueva percepción, como una cuartilla intacta. Tales huellas permanentes de los estímulos acogidos surgirían luego en los "sistemas mnémicos" situados detrás del sistema receptor. Más tarde (*Más allá del principio del placer*) agregamos la observación de que el fenómeno inexplicable de la conciencia nace en el sistema perceptor en lugar de las huellas duraderas.

Hace poco tiempo ha surgido en el comercio, con el nombre de "*block* maravilloso", un objeto que parece prometer mayor utilidad que la hoja de papel o la pizarra. No pretende ser más que un memorando del cual pueden borrarse cómoda y sencillamente las anotaciones. Pero si lo observamos más detenidamente, encontramos en su construcción una singular coincidencia con la estructura por nosotros supuesta de nuestro aparato perceptor y comprobamos que puede, en efecto, ofrecernos las dos cosas: una superficie receptora siempre pronta y huellas permanentes de las anotaciones hechas.

El *block* maravilloso es una lámina de resina o cera de color obscuro, encuadrada en un marco de papel y sobre la cual va una fina hoja transparente, sujeta en su borde superior y suelta en el inferior. Esta hoja es la parte más interesante de todo el aparato. Se compone, a su vez, de dos capas separables salvo en los bordes transversales. La capa superior es una lámina transparente de celuloide, y la inferior, un papel encerado muy delgado y translúcido. Cuando el aparato no es empleado, la superficie interna del papel encerado permanece ligeramente adherida a la cara superior de la lámina de cera. Para usar este *block* maravilloso se escribe sobre la capa de celuloide de la hoja que cubre la lámina de cera. Para ello no se emplea lápiz ni tiza, sino, como en la antigüedad, un estilo o punzón. Pero en el *block* maravilloso, el estilo no graba directamente la escritura sobre la lámina de cera, sino por mediación de la hoja que la recubre, adhiriendo a la primera, en los puntos sobre los que ejerce presión, la cara interna del papel encerado, y los trazos así marcados se hacen visibles, en un color más obscuro, en la superficie grisácea del celuloide. Cuando luego se quiere borrar lo escrito, basta separar ligeramente de la lámina de cera la hoja superior, cuyo borde inferior queda libre. El contacto establecido por la presión del estilo entre el papel encerado y la lámina de cera, contacto al que se debía la visibilidad de lo escrito, queda así destruido, sin que se establezca de nuevo al volver a tocarse ambos, y el *block* maravilloso aparece otra vez limpio y dispuesto a acoger nuevas anotaciones.

Las pequeñas imperfecciones de este objeto no presentan, naturalmente, para nosotros interés alguno, puesto que nuestra intención no es sino perseguir sus coincidencias con la estructura de nuestro aparato anímico perceptor.

Si después de escribir sobre el *block* maravilloso separamos con cuidado la hoja de celuloide de la de papel encerado, seguimos viendo lo escrito sobre la superficie de este último y podemos preguntarnos qué utilidad ha de tener la hoja de celuloide. Pero en seguida advertimos que el papel encerado se rasgaría o se arrugaría si escribiésemos directamente sobre él con el estilo. La hoja de celuloide es, por lo tanto, una cubierta protectora del papel encerado, destinada a protegerle de las acciones nocivas ejercidas sobre él desde el exterior. El celuloide es un "dispositivo protector contra las excitaciones", y la capa que las acoge es propiamente el papel. Podemos ya recordar aquí que en *Más allá del principio del placer* expusimos que nuestro aparato perceptor se componía de dos capas: una protección exterior contra los estímulos, encargada de disminuir la considerable magnitud de los mismos, y bajo ella, la superficie receptora.

La analogía no tendría mucho valor si terminase aquí. Pero aún va más lejos. Si levantamos toda la cubierta —celuloide y papel encerado—, separándola de la lámina de cera, desaparece definitivamente lo escrito. La superficie del *block* queda limpia y dispuesta a acoger nuevas anotaciones. Pero no es difícil comprobar que la huella permanente de lo escrito ha quedado conservada sobre la lámina de cera, siendo legible a una luz apropiada. Así, pues, el *block* no ofrece tan sólo una superficie receptora utilizable siempre de nuevo, como la pizarra, sino que conserva una huella permanente de lo escrito, como la hoja de papel. Resuelve el problema de reunir ambas facultades *distribuyéndolas entre dos elementos —sistemas— distintos, pero enlazados entre sí.* Coincide, pues, exactamente con la hipótesis antes citada sobre la estructura de nuestro aparato anímico perceptor. La capa que acoge los estímulos no conserva su huella permanente y los fundamentos de nuestra memoria nacen en otro sistema vecino.

No debe preocuparnos aquí que las huellas permanentes de las anotaciones recibidas no sean ya utilizadas en el *block* maravilloso. Basta que exista. Alguna vez ha de concluir la analogía de un tal aparato auxiliar con el órgano que copia. El *block* maravilloso no puede tampoco "reproducir" las inscripciones borradas "desde el interior". Sería realmente maravilloso si pudiera hacerlo así, como nuestra memoria. De todos modos, no nos parece muy aventurado comparar la cubierta compuesta por el celuloide y el papel encerado con el sistema receptor de los estímulos y su dispositivo protector; la lámina de cera, con el sistema inconsciente situado detrás de él; y la aparición y desaparición de lo escrito, con la conducta correspondiente de la conciencia en cuanto a las percepciones. Pero, además, confieso que me siento inclinado a llevar más allá la comparación.

En el *block* maravilloso, la escritura desaparece cada vez que suprimimos el contacto entre el papel receptor del estímulo y la lámina de cera, que guarda la impresión. Esta circunstancia coincide con una idea que hace tiempo nos hemos formado sobre el funcionamiento del aparato psíquico perceptor, pero que nunca habíamos aún expuesto. Hemos supuesto que desde el interior son constantemente enviadas al sistema perceptor y retiradas de él inervaciones de carga psíquica. En tanto que el sistema se mantiene investido de energía psíquica, recibe las percepciones acompañadas de conciencia y transmite el estímulo a los sistemas mnémicos inconscientes. Pero cuando la carga de energía psíquica es retraída de él, se apaga la conciencia y cesa la función del sistema. Es como si lo inconsciente destacase, por medio del sistema receptor y hacia el mundo exterior, unos sensibles tentáculos y los retrajese una vez comprobados los estímulos. En nuestra hipótesis adscribimos las interrupciones que en el *block* maravilloso provoca una acción exterior al efecto de una discontinuidad de las inervaciones, y en lugar de una supresión real del contacto suponemos una insensibilidad periódica del sistema perceptor. Por último, suponemos también que este funcionamiento discontinuo del sistema perceptor constituye la base de la idea del tiempo.

Si se imagina que mientras una mano escribe en el *block* maravilloso hay otra que levanta periódicamente la cubierta, se tendrá una idea de la forma en que por nuestra parte hemos tratado de representar la función de nuestro aparato psíquico perceptor.

En el otoño de 1927 un periodista germano-americano, G. S. Viereck, al que hubiera recibido con mucho gusto si alguna vez se le hubiera ocurrido venir a verme, publicó una entrevista conmigo en la que se hablaba de mi falta de creencias religiosas y de mi indiferencia ante la posibilidad de una vida de ultratumba. Esta supuesta entrevista fue muy leída y me procuró, entre otras, la siguiente carta de un médico americano.

«…Lo que más me ha impresionado ha sido su respuesta a la pregunta de si creía en una subsistencia de la personalidad después de la muerte. Según el informador, había contestado usted secamente: "Eso me tiene sin cuidado".

»Le escribo hoy para comunicarle un suceso vivido por mí el año mismo en que terminaba mis estudios universitarios. Una tarde que me encontraba en el quirófano ingresaron el cadáver de una anciana y lo colocaron sobre una de las mesas de disección. Hondamente impresionado por la expresión de serena dulzura de aquel rostro muerto, pensé en el acto: "No; no hay Dios. Si hubiera un Dios, no habría permitido que una mujer tan bondadosamente amable viniera a la sala de disección".

»Al regresar luego a casa, abrigaba la firme decisión de no volver a entrar en una iglesia. Las doctrinas del cristianismo me habían inspirado ya antes graves dudas.

»Pero cuando me hallaba reflexionando sobre todo esto, surgió en mi alma una voz que me aconsejó meditar mi resolución. Mi razón respondió a esta voz: "Si alguna vez adquiero la certeza de que los dogmas cristianos son verdaderos y de que la Biblia es la palabra de Dios, los aceptaré sumisamente".

»En los días siguientes, Dios hizo sentir claramente a mi alma que la Biblia es la palabra de Dios, que todo lo que se nos enseña sobre Jesucristo es verdad y que Jesús es nuestra única esperanza. Desde entonces, Dios se me ha revelado con otros muchos signos inequívocos.

»Como "hermano médico" (*brother physician*) le ruego que medite sobre cuestión tan esencial, le aseguro que si lo hace sinceramente, Dios revelará a su alma la verdad, como a mí y a otras muchas personas...»

A esta carta contesté cortésmente que le felicitaba de que una tal experiencia le hubiese permitido conservar su fe. Dios no había hecho tanto por mí. No me había hecho oír jamás una tal voz, y si no se daba ya mucha prisa —teniendo en cuenta mi avanzada edad—, no sería culpa mía si continuaba siendo hasta el fin lo que ahora era: *an infidel jew*.

El amable colega americano aseguraba en su carta que el judaísmo no constituía un obstáculo para llegar a la verdadera fe, y aducía para demostrarlo diversos ejemplos. Por último, me comunicaba que se rezaba por mí, implorando a Dios que me otorgase la fe verdadera.

Tales plegarias no han surtido hasta ahora el menor efecto. Pero la experiencia religiosa de mi amable corresponsal me ha hecho pensar, pareciéndome interesante intentar su explicación por motivos afectivos, ya que, además de su singularidad, presenta fundamentos lógicos harto débiles. Dios permite cosas más fuertes que la de que una mujer de rostro simpático acabe en una sala de disección. Tales cosas han sucedido siempre y sucedían todos los días en la época en que el médico americano terminaba sus estudios. Por otro lado, su carrera hace suponer que no podía ignorar estas y otras miserias. Y entonces, ¿por qué su rebelión contra Dios hubo de estallar precisamente al experimentar aquella impresión ante el cadáver de la anciana?

La explicación es harto fácil para toda persona acostumbrada a considerar analíticamente los sucesos interiores y los actos de los hombres; tan fácil, que se mezcló espontáneamente en mi memoria con el hecho mismo al que se refería. Al citar en una discusión la carta del piadoso colega expuse que, según escribía en ella, el rostro de la anciana le había recordado el de su propia madre. En realidad, la carta no contenía nada semejante, y yo mismo me di en seguida cuenta de ello; pero precisamente este error de memoria constituye la explicación que se nos impone al leer las palabras con las que el sujeto describe a la anciana (*sweet faced dear old woman*). El efecto despertado por el recuerdo de la madre es el responsable de la debilidad de juicio demostrada en aquella ocasión por el médico. Dejándonos llevar por el vicio psicoanalítico de aducir como material probatorio cosas que desde el punto de vista general parecen verdaderas nimiedades, susceptibles de otra distinta explicación menos profunda, nos fijaremos también en las palabras "hermano médico" empleadas a mi intención de la carta.

Podemos, pues, representarnos el proceso en la siguiente forma: la visión del cuerpo desnudo (o que ha de ser desnudado) de una mujer que le recuerda a su madre despierta en el joven la nostalgia de la madre, procedente del complejo de Edipo y completada en el acto por la rebelión contra el padre. La imagen del padre y la de Dios no se hallan aún muy separadas en él, y el deseo de la muerte del padre puede hacerse consciente como duda de la existencia de Dios y quererse legitimar ante la razón como indignación por el maltrato infligido al objeto materno. El niño considera típicamente el comercio sexual entre el padre y la madre como una violencia ejercida sobre la madre. La nueva tendencia, desplazada al terreno religioso, no es más que una repetición de la situación del complejo de Edipo y sigue en consecuencia, al poco tiempo, igual destino, sucumbiendo a una poderosa corriente contraria. Durante el conflicto no es mantenido el nivel del desplazamiento, no se aduce argumento ninguno para la justificación de la idea de Dios, ni se dice tampoco con qué signos inequívocos hubo de demostrar Dios su existencia al sujeto, desvaneciendo sus dudas. El conflicto parece haberse desarrollado en la forma de una psicosis alucinatoria: voces internas que se hacen perceptibles para desaconsejar la rebelión contra Dios. El combate interno tiene de nuevo en el terreno religioso su desenlace, predeterminado por el destino del complejo de Edipo: una completa sumisión a la voluntad de Dios-padre. El joven se ha hecho creyente y acepta todo lo que desde niño se le ha enseñado acerca de Dios y de Jesucristo. Ha vivido una experiencia religiosa y se ha convertido.

Todo esto es tan sencillo y transparente que no podemos rechazar la interrogante de si la comprensión de este caso nos habrá descubierto algo sobre la psicología de la conversión religiosa. Remitiremos al lector a una excelente obra de Sante de Sanctis (*La conversión religiosa*, Bologna, 1924) en la que se utilizan todos los descubrimientos del psicoanálisis. Su lectura confirma la sospecha de que no todos los casos de conversión religiosa se muestran tan transparentes como el que antecede, pero también que nuestro caso no contradice en ningún punto las opiniones que la investigación moderna ha formado sobre esta cuestión.

Lo que distingue a nuestra observación es su enlace con una ocasión especial que hace brotar una vez más la incredulidad antes de quedar definitivamente dominada para el individuo.

ÍNDICE

Obras Completas de Sigmund Freud
Tomo XIV

Impreso en los talleres de
DocuMaster
(Master Copy, S. A. de C.V.)
Plásticos #84, Local 2, ala sur,
Fracc. Industrial Alce Blanco,
Naucalpan de Juárez, C. P. 53370.